온몸으로 체험(體)해야 개달음이 되고,
가슴으로 타인의 아픔에 공감(仁)하며,
무수한 시행착오끝에 생기는 우여곡절의 지혜(智),
체인지(體仁智)는 변한다.

"체험없는 개념은 관념이고,
 개념없는 체험은 위험하다!"
진정한 의미의 체인지(體仁智)가 있어야
우리가 원하는 체인지(change)가 시작된다!
                    지식생태학자 유영만

2018. 1. 知感生態學者 劉永晥

CHANGE

일러두기

1. 저자가 사용한 인용문은 대부분 원서의 내용을 그대로 옮겨 실었습니다.
   따라서 띄어쓰기나 맞춤법 등이 본 도서의 형식과 다를 수 있음을 알려드립니다.
2. 본 도서에 수록된 이미지 중 저작권자를 찾지 못해 미처 협의를 마치지 못한 것이 있습니다.
   사진 저작권을 갖고 계신 분은 위너스북으로 연락주시면 정당한 저작권료를 지급하도록 하겠습니다.

'경계'를 넘어 '경지'에 이르는
지혜의 보물지도

유영만 지음

Winner's Secret Library · 위너스북
WINNER'S BOOK

프
롤
로
그

PROLOGUE

4차 산업혁명을 맞이하며
다시 생각해보는 '체인지'의 의미

체인지體認知가 체인지體仁知로 바뀐 사연

체인지體仁知의 출발은 체인지體認知였다. 유영만의 체인지體認知라는 제목으로 전자신문에 2012년 1월 9일부터 주 5회 칼럼을 5년 동안 500회 쓴 적이 있다. 세 가지 한자를 붙여서 만든 조어, 체인지體認知는 변화를 의미하는 영어단어 change와 발음이 똑같다. 진정한 변화라면 직접 체험體해보고 깨달認았을 때 남는 지식知이 있어야 한다는 가정에서 출발한 문제의식의 소산이었다. 아무리 좋은 지식도 타인에게 일방적으로 전수받은 지식이거나 누군가에게 들었던 지식은 현실 변화에 무력하다. 이렇게 생각해낸 체인지體認知가 체인지體仁知로 바뀐 사연은 이렇다. 체인지體認知를 구성하는 세 가지 한자를 확연하게 구분할 수 없어서, 그동안 쓴 글을 세 가지 카테고리로 나누는 데 문제가 생겼기 때문이다. 즉 체體와 인認, 체體와 지知는 구분되지만 인認과 지知는 구분이 되지 않고 인지認知처럼 하나의 단어로 묶이기 때문이다. 체體는 몸이지만 인지認知는 새로운 사실을 알아채서 머릿속에 각인하는 과정이다. 즉 인지는 몸으로 체험한 생각을 머리로 정리하면서 탄생하는 앎이다. 그래서 체인지體認知의 '인認'을 다른 글자로 바꾸려고 고민하다가 어질 인仁을 만나게 되었다.

체인지體認知의 '인認'이 개인이 깨달은 '앎knowing'을 강조하는 반면 체인지體仁知의 '인仁'은 다른 사람의 아픔을 느낄 줄 아는 관계 차원의 공감 능력을 강조한다. 물론 체인지體認知의 '인認'역시 체험적 느낌이 동반하는 체화된 앎이지만 그 앎이 다른 사람이나 공동체로 확산하지 못하는 한계를 지니고 있다. 이런 점에서 체인지體認知의 인認이 수직적 깊이를 추구하는 앎을 강조하는 반면 체인지體仁知의 '인仁'은 수평적 관계의 확산을 추구하는 '느낌feeling'을 강조한다. 깨달음이 개인차원에 머무르는 체인지體認知와 인간 관계로 확산하면서 사회적 변화를 일으키는 체인지體仁知에 주목해서 체인지體認知의 인認을 인仁으로 바꾸었다. 무엇보다도 체인지體仁知의 인仁을 통해서 강조하려는 것은 내가 경험해보지 못한 타인의 아픔에 공감하는 능력이다. 체험적 고통으로 깨달은 앎과 느낌으로 다른 사람의 아픔을 치유해줄 수 있다. 다른 사람의 아픔을 보고 같이 아파하고 위로해주는 능력이 바로 측은지심惻隱之心이다. 우리가 새로운 지식을 공유하고 창조하는 이유는 다른 사람의 아픔을 함께 고민하고 공감하며 치유해주기 위해서다. 타인의 아픔을 긍휼히 여기는 측은지심을 강조하기 위해서 체인지體認知의 '인認'을 체인지體仁知의 '인仁'으로 바꿨다. 체인지體認知는 체험을 상대적으로 강조하면서 진정한 변화가 일어나려면 체험적 깨달음이 축적되어야 함을 강조한 개념이라면 체인지體仁知는 체험해봐야 타인의 아픔을 공감할 수 있다는 인仁을 강조한 개념이다.

이제는 체인지體仁智다!

이제 체인지體仁知는 한 단계 더 발전해서 체인지體仁智로 변신을 거듭해야 하는 시점에 이르렀다. 체인지體仁知와 체인지體仁智의 근본적인 차이는 지능과 지식을 넘어서는 지성과 지혜의 차이다. 체인지體仁知의 지식도 체험적 느낌으로 체득하는 지혜의 성격을 포함하고 있다. 지능과 지식보다 지성과 지혜를 강조하는 이유는 4차산업혁명이 다가오면서 인간학습을 능가하는 머신러닝Machine Learning이나 딥러닝Deep Learning을 통해 웬만한 지식과 지능은 인공지능이 순식간에 대체할 가능성이 현실화되고 있기 때문이다. 인공지능이 머신러닝이나 딥러닝을 하며 인간이 수십 년간 공부하면서 축적한 지식과 그런 지식을 개발하는 지능을 순식간에 대체하기 시작했다. '인간은 무엇인가'와 같은 근원적인 물음과 함께 기계가 할 수 없는 인간 고유의 능력이 무엇인지를 밝히는 데 많은 관심과 노력을 집중하는 학계는 물론 기업의 주요 관심사를 눈여겨볼 필요가 있다. 특히 4차 산업혁명이라는 화두가 갑자기 우리 곁으로 다가오면서 3차 산업혁명과 근본적으로 무엇이 다른지, 4차 산업혁명이 몰고 오는 근본적인 변화의 실상과 충격에 대해서 의견이 분분한 시점이다. 그래서 지능, 지식과 근본적으로 다른 지성, 지혜의 본질과 성격을 근본적으로 성찰하고 전망해야 한다는 문제의식이 싹트고 있다.

4차 산업혁명은 기술혁명이며 기술혁명은 곧 사람혁명이고 사람혁명은 곧 인간의 사고혁명이다. 사고혁명이 일어나려면 기계가

대체할 수 없는 인간 고유의 능력이 무엇인지 밝혀야 한다. 인공지능을 장착한 로봇이나 기계가 머신러닝을 한다고 해도 동물성이나 식물성, 사물성이나 기술성으로 대체할 수 없는 인간의 고유한 특이점singularity이 무엇인지를 찾고 개발하는 데 주력해야 한다.

기계가 대체하기 어려운 인간의 고유한 첫 번째 능력은 바로 호기심을 기반으로 질문하는 능력이다. 기계는 정해진 알고리즘 안에서 가능한 질문을 하지만 인간은 무한한 호기심을 품고 생각지도 못한 질문을 한다. 질문은 무한한 가능성을 열어 놓고 전대미문의 색다른 대안을 모색할 수 있는 관문이다. 질문이 바뀌면 관문이 바뀌고 세상을 바라보는 관점도 바뀐다. 질문은 익숙한 집단의 소속감에서 벗어나 낯선 세계로 진입하려는 용기 있는 결단이다.

기계가 쉽게 대체할 수 없는 인간의 고유한 두 번째 능력은 감수성을 기반으로 타인의 아픔에 공감하는 능력이다. 감수성은 타인의 아픔을 나의 아픔처럼 가슴으로 생각하는 측은지심이다. 감수성으로 포착되는 측은지심이 있어야 타인의 입장에서 보고 들으며 생각하고 느낄 수 있는 공감 능력이 생긴다. 내가 타자의 입장이 되어 직접 해보지 않으면 공감 능력은 생기지 않는다. 머리는 좋지만 따뜻한 가슴이 없는 책상 똑똑이Book Smart가 문제가 되는 것도 공감 능력이 없기 때문이다.

기계가 대체하기 어려운 인간의 고유한 세 번째 능력은 이연연상=連聯想의 상상력으로 세상을 변화시키는 창의력이다. 창의력은 없었던 생각을 새롭게 제기하는 발상發想이 아니라 익숙한 기존의 것을 낯선 방식으로 연결하는 연상聯想이다. 감수성으로 포착된 타인의 아픔을 어떻게 하면 치유할 수 있을 것인지 다양한 아이디어를 내는 과정이 바로 이연연상으로 새로운 가능성을 모색하는 창의력이다. 창의적 아이디어는 자신이 직간접적으로 체험하면서 보고 느낀 점을 근간으로 주어진 문제를 해결하기 위해 다양한 방식으로 조합하면서 떠오르는 연상의 결과다.

기계가 대체하기 어려운 인간의 고유한 마지막 능력은 시행착오를 겪으며 문제 해결할 때 깨닫는 체험적 통찰력이자 실천적 지혜Practical Wisdom다. 이런 실천적 지혜는 딜레마 상황이나 생각지도 못한 불확실한 회색지대에서 주어진 상황이 지니고 있는 특수한 상황적 고유함을 윤리적으로 판단하는 능력을 지칭한다. 실천적 지혜는 아리스토텔레스가 《니코마코스 윤리학》[1]에서 전문가가 갖추어야 할 최고의 덕목으로 지칭한 프로네시스phronesis이다. 실천적 지혜는 단순한 사실관계나 법률과 규칙이나 원칙, 직무기술을 아는 것만으로는 부족하다. 서로 갈등하는 몇 가지 선의의 목표를 조율하거나 어느 하나를 골라야 하는 실천적이고 도덕적인 기술이 필요하다. 상황의 특수성을 고려하지 않고 절차와 규율만 고수하는 전문가가 많을수록 어처구니없는 일이 벌어지는 경우가 많아진다. 실천적 지혜를 지니고 있는 사람은 감정 이입하여 다른 이의 사고와 감정을 헤아리는 인지 기술과 정서적 능력을 갖추고 있으면서도 사실을 객관적으로 판명하는 논리적 분석력을 함께 지니고 있다. 아리스토텔레스는 "실천적 지혜란 도덕적 자발성과 도덕적 스킬의 조합"이라고 말했다. 실천적 지혜를 지니고 있는 사람은 상황과 관계없이 무조건 규칙을 따르기보다 예외적으로 규칙을 적용해야 할 상황이 어떤 상황인지를 오랜 경험으로 알고 있다. 해당 분야의 베테랑이 문제가 발생할 때마다 매뉴얼이나 이전의 사례 그리고 규칙이나 규율에서 벗어나 임기응변으로 순식간에 위기 상황을 탈출한다.

배리 슈워츠와 케니스 샤프의 《어떻게 일에서 만족을 얻는가》[2]에는 다음과 같은 사례가 나온다. 레모네이드를 사달라고 조르는 아들에게 아버지는 가게에 하나밖에 없는 마이크스 하드 레모네이드를 무의식적으로 사주었다. 전혀 들어본 적이 없는 이 레모네이드가 알코올 도수 5도인 제품인 줄도 모르고 레모네이드라는 글씨만 믿고 아들에게 사준 것이다. 때마침 경비원이 레모네이드를 홀짝이던 아들을 발견하고 경찰에게 신고했다. 경찰은 구급차를 불러 급히 아들을 데리고 병원으로 갔지만, 아들에게 아무런 알코올 흔적을 발견하지 못한 의사들은 아들을 퇴원시키려고 했다. 하지만 경찰은 아들을 아동 보호소의 위탁 가정에 맡겼다. 경찰은 원하지 않았지만, 절차에 따라야 했다. 3일 동안 보호소에 머문 아들은 엄마가 있는 집으로 가도 좋다는 판결을 내렸지만 아버지는 집을 떠나 2주 동안 호텔에 투숙해야 한다는 조건을 내세웠다. 판사도 이러고 싶지 않았지만 주정부의 법률적 절차에 따라야 했다. 2주가 지나서야 가족은 다시 만났다. 알코올이 든 음료수인 줄 모르고 아들에게 건넨 아버지는 아들에게 이런 음료수를 정기적으로 주거나 아이가 알코올을 남용해도 눈감는 아버지와 동일한 처벌을 받은 것이다. 상황에 따른 도덕적 판단과 실천적 지혜를 발휘하지 않고 그냥 관례대로 규율과 절차에 따라 법 집행을 감행한 판사의 고지식함이 가져온 어처구니없는 사례다. 원칙은 소중하지만, 판단이 실종된 원칙은 끔찍한 일을 저지를 수 있다. 규율이 맥락에 대한 이해 없이 적용되어서는 안 된다. 원칙은 또 다른 원칙과 갈등하지만 조율되어야 한다. 엄격한 규율과 교조적인 원칙이 상황판단과 조율에 필요한 실천적 지혜를 주변으로 몰아낸다면, 훌륭한 판단은 기대하기 어렵다.

배리 슈워츠와 케니스 샤프는 실천적 지혜를 발휘하려면 공감과 거리감이 동시에 필요하다고 한다. 다른 사람이 겪고 있는 아픔을 제대로 이해하지 못하면 올바른 판단을 할 수 없다. 나아가 다른 이의 관점에 너무 깊이 빠져들어도 주어진 상황을 냉철하게 바라볼 수 없다. 공감하는 의사는 미묘한 감정의 실마리를 알아채는 통찰력과 상상력이 있으며, 말로 표현하지 않는 내용을 듣기 위해 몸짓 언어와 표정을 읽어내는 예민함이 있다. 현명한 의사가 되기 위해서는 공감을 통제하고 일정한 거리감을 유지하는 지혜도 필요하다. 실천적 지혜를 지니고 있는 사람은 마치 재즈 뮤지션처럼 상황이 요구하는 리듬에 맞추어 즉흥연주를 한다. 기존의 악보를 따르면서도, 상황적 맥락이 요구하는 즉흥성을 발휘한다. 자신의 독창성을 잃지 않으면서도 주변 상황이 요구하는 음악을 즉석에서 만들어낸다. 실천적 지혜를 지니고 있는 사람은 무엇보다도 주어진 문제 상황에서 최선의 방향으로 문제가 해결될 수 있도록 도덕적 판단을 내리는 몸에 밴 기술 능력을 지니고 있다. 도덕적 판단력을 겸비한 실천적 지혜의 소유자는 자기 안위를 목적으로 하거나 타인의 아픔에 눈을 감고 일정한 규율과 절차에 따라 일방적으로 판단하지 않는다. 실천적 지혜가 발휘됨으로써 궁극적으로 혜택을 보는 사람은 아픔을 겪고 있는 타인이다. 자신의 전문성을 함부로 사용하지 않는다. 실천적 지혜를 보유하고 있는 사람은 항상 전문성을 발휘함으로써 일어날 수 있는 역기능의 폐해나 혹시 모르는 타인의 아픔을 먼저 생각한다.

실천적 지혜는 타고나는 게 아니라 다양한 체험적 느낌과 노하우가 축적되어 발현하는 지혜다. 실천적 지혜는 한 가지 정답이 존재하는 상황이 아니라 여러 가지 현명한 대답이 가능한 상황에서 다양한 체험이 축적되어 생기는 지혜다. 실천적 지혜는 흑백논리처럼 엄격하게 구분되는 이분법적 잣대가 아니라 이것도 저것도 답이 될 수 있고 때로는 이럴 수도 저럴 수도 없는 딜레마 상황에서 현명한 의사 결정과 신속한 조치를 취하는 무수한 연습에서 생기는 깨달음이자 판단력이다. 실천적 지혜는 시행착오와 우여곡절, 파란만장과 우회축적, 호시탐탐 기회를 엿보면서 절치부심 고뇌하면서 숙성되는 지혜다. 실천적 지혜는 책상에 앉아서 책으로 배우는 관념적 논리가 아니라 넘어지고 자빠져보고 일어나서 상황을 반추하며 다양한 실천과정을 성찰하면서 몸으로 체득하는 지혜다. 이런 실천적 지혜는 단순히 지식을 축적한다고 생기지 않는다. 온몸으로 체험體하면서 공감仁할 때 비로소 생기는 결과, 지식知으로 세상을 바꾸면서 무수한 시행착오와 딜레마 상황을 극복하면서 몸으로 깨닫는 지혜가 필요한 시점이다. 이제 지식을 능가하는 지혜와 지능을 넘어서는 지성이 필요하다. 아인슈타인도 말하지 않았던가. 지성은 학교 교육으로 가르칠 수 없다. 지성은 오로지 인생 전반에서 겪는 다양한 시행착오 경험으로 체득할 수 있을 뿐이다. 문제는 기계나 인공지능이 인간의 지능과 지식을 대체하면서 머리를 써서 뭔가를 찾아내고 문제를 해결하는 기회조차도 점차 줄어들고 있다는 점이다. 예를 들면 길을 찾을 때도 내비게이션이 대신 찾아주기 때문에 힘들게 머리를 쓰지 않아도 되고 냉장고가 생기면서 인간은 상온에서 음식을 상하지 않게 보관하는 방법을 몰라도 되는 세상이 펼쳐지고 있다. 자동화 기술이 발전할수록 기계가 인간의 뇌 기능을 대체하기 시작하면서 인간은 더 이상 골머리를 앓는 문제를 갖고 씨름하지 않아도 되는 세상을 맞이하고 있다. 인간이 편리해질수록 사실은 심오한 진리를 탐구하려는 동기가 저하하고 몰입도도 약화한다. 인간이 편리함을 추구할수록 불리해지고, 기술이 스마트smart해질수록 인간은 거꾸로 스튜핏stupid해지는 경향을 간과해서는 안 된다.

"자동화 시스템이 진보할수록 능력을 개발할 동기는 떨어지며, 예외적인 상황에 맞닥뜨릴 확률은 높아진다."[3] 《메시MESSY》라는 책을 쓰는 하포드의 말이다. 자동화가 진행될수록 인간의 불편한 일을 기계가 대체하면서 인간은 편리함의 덫에 걸리기 시작한다. 힘들고 불편한 일을 기계에 맡기고 나서 인간은 머리를 써서 해결해야 하는 복잡한 문제에 직면하는 상황이 점차 줄어든다. 그 결과 예

측불허의 예외적인 상황이나 비상사태가 발생했을 때 인간의 대응 능력이 부실해지고 속수무책 파국에 빠질 가능성은 더 커진다. 하포드는 계속해서 경고한다. "자동화는 일상적인 혼란 상황은 깔끔하게 정돈하는 데 도움을 주지만, 이따금 예기치 못한 혼돈을 만들어낸다."[4] 문제는 예기치 못한 혼돈 상황이 발생했을 때 인간은 대책을 마련할 수 없는 무능력 상태로 노출된다는 점이다. 예기치 못한 혼돈 상황에 대처하기 위해서 인간은 체험으로 축적한 지혜를 개발해야 한다. 자동화된 프로그램대로 돌아가지 않고 생각지도 못한 사태가 발생했을 때 대응할 수 있는 순간적인 판단 능력과 즉흥적인 임기응변력으로 무장하고 있어야 한다. 비슷한 맥락에서 《메시MESSY》 책에 인용된 인지 심리학자 게리 클라인Gary Klein의 알고리즘에 대한 경고는 더욱 의미심장하다. "사람들이 알고리즘에 의존할수록 판단력은 점점 떨어지며, 이는 결국 알고리즘에 더욱 의존하게 만든다. 이러한 과정은 악순환 고리를 만든다. 알고리즘에 의사결정을 맡길수록, 사람들은 수동적으로 행동하며 비판적인 의심도 점점 하지 않게 된다."[5]

4차 산업혁명으로 자동화, 지능화, 연결화가 가속할수록 인간은 기존 지식만으로는 위기 상황에 대처할 수 없다. 특히 자동화의 역설이 일어날 경우, 자동으로 잘 돌아가던 시스템이 예기치 못한 문제 상황에 빠졌을 때 인간은 번뜩이는 영감과 지혜로 순간적인 판단을 내리고 신속하게 대처할 수 있는 지혜를 갖춰야 한다. '지능'이란 '답이 정해져 있는 물음'에 대해 재빨리 정확한 답을 내놓는 능력이라면 '지성'이란 '답이 없는 물음'에 대해 그 물음을 계속 되묻는 능력이다. 다사카 히로시가 쓴 《슈퍼제너럴리스트》[6]에 나오는 말이다. 정해진 물음에 답하는 지능은 인공지능이 인간을 능가한 지 오래다. 이제 답이 없는 물음에 의문의 꼬리표와 호기심의 질문을 계속 던지면서 전대미문의 문제와 만나 씨름하는 가운데 지혜를 쌓아나가는 수밖에 없다. 지능은 인공지능이 거의 다 대체하고, 수십 년간 축적한 지식도 기계가 하룻밤 사이에 잠을 안 자고 공부해서 잊어버리지도 않는 초능력을 갖춰가고 있다. 이제 지능이나 지식은 인공지능에 맡기고 인간은 더 고차원적인 사유 능력을 개발하고, 인공지능과 공존하는 삶을 살아가는 지혜, 즉 체인지體仁智가 필요하다. 그렇기에 체인지體仁知는 체인지體仁智로 다시 한번 변신을 거듭한다.

2017년 한 해의 끝자락에서 새로운 시작을 잉태하며
지식생태학자 유영만

| 차 례 |

프롤로그 4차 산업혁명을 맞이하며 다시 생각해보는 '체인지'의 의미 **004**

체 體 참된 지혜로 나아가는 첫 번째 관문

01 주관적 체험이 객관적 경험보다 힘이 세다 _026
  '체험'과 '체념' : 한계 앞에 체념하지 말고 불가능에 도전하라

02 생각의 '발로'는 '발로'부터 시작된다 _032
  '접속 경험'보다 '접촉 경험'을 가져라

03 제대로 힘들어야 힘들어간다 _037
  내려가야 올라올 수 있다 | 오르락내리락의 묘미

04 굶주려야 몸부림칠 수 있다 _044
  몸부림의 목적 | 사무쳐 몸부림칠 만큼 그리운 것

05 '즉시' 읽지 않으면 '다시' 읽기 어렵다 _050
  미루기 제왕의 두 친구 : 다음, 다다음과 다시, 또다시

06 남다른 '시작'을 해야 남다른 '시금석'을 마련한다 _055
  시작과 시련 | 시작이 두렵다면 시작하지 마라 | 성취했을 때 또 다른 시작이 시작된다

07 '반복'은 어느 순간 위대한 '반전'을 일으킨다 _062
  매일 반복하는 일이 내 미래를 결정한다

08 '모두' 하자고 해놓고 '아무도' 하지 않는다면 _067
  링겔만 효과, 우리의 씁쓸한 초상 | 3이 두 개 모이면 33해진다

09 서칭만으로 서핑할 수 없다 _073
  검색에 의존하면 검증 능력이 없어진다

10 르네상스맨 다빈치가 맥가이버를 찾아간 까닭은? _078
  모범생과 모험생

"몸을 움직여 체득한 것은 절대 잊히지 않는다!"

11 당신의 미래는 고진감래인가, 고진통래인가 _084
지금 행복해야 나중에도 행복할 수 있다

12 쓰지 않으면 쓰러진다 _089
'대작'도 '다작'에서 나온다

13 인생을 확실히 망치는 열 가지 비결, 대공개! _095

14 때^{dirt}와 때^{timing}의 관계: 사람은 다 때가 있는 법이다 _099
데이비드 오길비 이야기

15 시계와 나침반의 대화: 인생이라는 사막을 건널 때 필요한 것 _104
극한의 '사막'에서 새로운 '사유'가 시작된다

16 꿈을 깨야 꿈을 꿀 수 있다 _109
꿈과 행복 : 꿈이 없어서 행복하다 | 꿈으로 가는 5대 열사

17 사상思想은 연상聯想이다 _116
삶이 곧 앎이고 앎이 곧 삶이다

18 '산물'이 없으면 '부산물'도 없다 _125

19 '빠듯한' 하루와 '뿌듯한' 하루 _132
일단 시작해야 한다

인仁 　참된 지혜로 나아가는 두 번째 관문

01 싸가지 2.0의 시대, '네 가지'를 생각하다 _140
　학사 · 석사 · 박사 위의 학위 : 밥사 · 술사 · 감사 · 봉사

02 '텅 빈 오만함'에서 '꽉 찬 겸손함'으로 _144
　휘둘려봐야 휘두를 때를 알 수 있다 | '같이' 할 수 있는 일이 '가치'가 있다

03 접대를 뒤집으면 대접이 된다 _151
　귀하게 대접받으려면 귀를 기울여라 | 우리와 그들은 '남'이 아니라 '님'이다

04 자세와 자격을 갖춰야 품격이 만들어진다 _157
　파격과 충격을 넘어 감격을 줘라

05 앞모습은 바꿀 수 있지만 뒷모습은 바꿀 수 없다 _162
　내 '뒤통수'와 '등'은 어떤 모습일까

06 '밥통'을 주고받으면 '소통'의 문이 열린다 _167
　밥과 빵의 차이

07 다 '받아'주는 '바다' 같은 리더가 필요한 이유 _171
　릴레이션십 없는 리더십은 사상누각이다

08 눈총 주지 말고 눈빛을 줘라 _176
　관심과 애정의 시계는 자동시계가 아니다 | 머리, 가슴, 배 : 당신은 지금 어디가 아픈가

09 성공하는 남자와 여자의 열 가지 조건 _183
　성공하는 남자의 조건 | 성공하는 여자의 조건

10 감사 십계명: 자나 깨나 범사에 감사하라 _189

"어진 생각과 판단으로 세상을 바라보는 눈을 키운다!"

11 S대학교와 S기업의 심각한 말로 _192
머리만 쓰게 만드는 건 교육 아닌 사육 | 남의 인생이 아닌 내 인생 살기

12 도 씨네와 고 씨네 아이들 : 인생의 성패에 관하여 _197
도 씨 집안의 일곱 남매 | 고 씨 집안의 다섯 아이들

13 트위터와 페이스북의 칠거지악 _202

14 인생을 사는 데 필요한 여섯 가지 _207
육성급 인재의 조건 | 인생을 사는 데 필요한 여섯 가지 끈

15 백수가 직장인이 되는 데 반드시 필요한 것들 _212
이력서와 추천서 | IQ, EQ, SQ 그리고 JQ | 인연을 연인으로 변화시키기

16 '비웃음'을 극복해야 '비상'할 수 있다 _219
헛웃음, 비웃음, 쓴웃음 그리고 아이디어 | 실수했다고 실소를 보내지는 말자

17 영혼이 없는 인재人材는 인재人災 _224

18 누구 장단에 춤을 추랴 _231
대책을 위한 네 가지 '춤'

19 미래의 전문가는 사이 전문가 _236
전문가 사이의 차이를 전공하는 호모 디페랑스

지智 참된 지혜를 완성하는 마지막 관문

01 '절박' 해야 '대박'을 낳는다 _244
　　뇌는 곤경에 빠질수록 창조적으로 변한다 | 대박 탄생의 메커니즘

02 '신념' 없는 '개념'은 '관념'에 지나지 않는다 _250
　　나는 개념 없이 살고 있지 않은가

03 '미완성'은 '완성'으로 향하는 소리 없는 아우성이다 _255
　　'미완성'은 부끄러워하는 마음속에서 '완성'을 지향한다

04 한 우물만 파다가는 매몰될 수 있다 _260
　　인재人材는 인재人災가 될 수 있다 | 재수 없는 천재와 끌리는 바보

05 개주소와 지유소 : 요즘 우리 사회에 절실히 필요한 것 _266
　　내가 먹는 음식과 지식이 나를 결정한다

06 정상에 선 사람은 정상이 아니다 _271
　　상식에 시비를 걸어라

07 '기회'는 짧고 '기다림'은 길다 _276
　　자연이 알려주는 삶의 지혜

08 세상을 비춰보는 세 가지 거울, 삼매경 _281
　　삼매경이 주는 인생의 교훈들

09 비전의 네 가지 종류 : 슬픈, 아닌, 몰래, 함께 _286
　　비판과 비난 그리고 비전

10 저명해지려면 공명을 일으켜야 한다 _292
　　검색하는 사람보다 검색당하는 사람이 세상을 이끈다

"시행착오 끝에 깨달은 체험적 지혜가 지식을 능가한다!"

11 의미가 심장에 박히면 의미심장해진다 _297
상처가 아물면 아름다운 '앎의 무늬'가 생긴다

12 가교로서의 상창교와 종교로서의 상창교 _302

13 굳은 머릿속에 낯선 생각의 씨앗 심기 _306
고욤나무에는 감이 열릴 수 없다!? | 주의는 요주의해야 된다

14 합리적 문화와 효율적 시스템의 중요성 _311
옥황상제가 보낸 다섯 명의 과학자 | 직급별 보내버리고 싶은 것

15 '반문'을 던져야 '반전'을 맞이할 수 있다 _317
'고물'도 다시 보면 '보물'이 될 수 있다 | '쓰레기'와 '쓸 이야기'

16 '경계'를 넘어서야 '경지'에 이를 수 있다 _324
'뜻밖'의 생각은 '뜻 밖'에서 일어난다

17 4차 산업혁명은 사고혁명이다 _328

18 세상을 다르게 보는 시선, 곡선 _335
'속도'보다 '밀도'에서 행복을 느낀다

19 직선적 지식보다 곡선적 지혜가 중요하다 _341
낯선 마주침이 주는 삶의 지혜

에필로그 체인지體認智로 나만의 지혜를 창조하라 _350
참고문헌 _366

체

참된 지혜로 나아가는 첫 번째 관문

"몸을 움직여 체득한 것은
절대 잊히지 않는다!"

체滯에서 체體로의 변신

정체停滯되면 정체성正體性, identity도 변신을 멈춘다. 나만의 정체正體를 찾기 위해서는 내 몸을 가만히 정지停止하고 있으면 알 수 없다. 정체성은 부단히 몸을 움직여 체험하고 실험하며 모색해야 한다. 정체성은 책상에서 알 수 없다. 오로지 몸을 움직여서 느껴봐야 알 수 있다. 그렇게 밝혀진 정체성도 사실은 그때까지 알아낸 진정한 정체성의 일부일 뿐이다. 나머지 정체성은 영원히 탐구해도 알 수 없는 미완성未完成이다. 그래서 내 몸이 겪는 체험과 체험으로 깨닫는 지혜는 그 자체가 아름다움을 추구하는 영원한 미완성美完城이다.

주관적 체험이
객관적 경험보다 힘이 세다

비슷한 말 같지만 차이가 있는 두 개의 단어, 바로 경험과 체험이다. 조수석에 앉아서 누군가가 운전해주는 대로 가면 자신이 어디를 거쳐서 여기까지 왔는지 기억이 나지 않는 경우가 많다. 반면 직접 운전한 사람은 완벽하게 기억이 재생되지는 않지만 조수석에 앉아온 사람보다 지나온 길을 훨씬 잘 기억해낸다. 이때 조수석에 앉아서 머리로 인지했거나 간접적 매개과정을 통해서 알게 되는 과정이 경험이다.

체험은 직접 운전하면서 목적지까지 가는 여정에 대한 남다른 고민과, 길을 찾아가는 여정을 직접 몸으로 겪는 과정 모두를 지칭한다. 반면 경험은 어떤 일이 내게 일어났지만 특별한 기억이나 추억으로 간직되지 않았거나 의미부여가 되지 않아서 스쳐 지나간 흔적을 의미한다. 또한 경험은 나 아닌 제3자가 겪어본 일을 내가 지칭할 때에도 쓰인다. 다시 말해 경험은 당사자의 주관적 가치판단이나 의미부여가 배제된 상태를 지칭한다.

체험은 동일한 상황도 다르게 보고 느낄 수 있으며, 체험이 피부로 와 닿는 과정도 다르기 때문에 지극히 개인적이고 구체적이다. 경험이 객관적이고 추상적이라면 체험은 주관적이고 구체적이다. 하느님에게 경험하게 해달라고 하지 않고 체험하게 해달라고 기도하는 이유는, 아무리 좋은 하느님의 말씀도 내가 직접 몸을 움직여 깨닫지 않으면 모든 사람들에게 통용되는 객관적이고 보편적인 경험에 머무르기 때문이다.

이런 점에서 경험은 반복될 수 있지만 체험은 반복될 수 없다. 동일한 사람이 동일한 상황에서 동일한 일을 반복해서 겪는다고 해도 동일하게 체험되지는 않는다. 체험은 매번 다르게 주관적으로 느끼고 인식되기 때문이다. 경험에 비해 체험은 극히 개인적이고 주관적이다. 동일한 체험을 했어도 사람마다 받아들이는 인식의 수준과 깊이, 깨닫는 교훈과 의미가 다른 이유는 그 체험을 이해하고 해석하는 방식에 차이가 존재하기 때문이다.

어떤 체험은 특정한 개인이 특수한 상황에서 개인적으로 겪은 일이기에, 보편적인 언어나 많은 사람들이 공감하는 방식으로 설명하기 어렵다. 본인이 체험하는 과정에서 몸소 부딪히고 느꼈던 점을 말로 옮기기 어려운 경우가 많기 때문이다. 체험을 통해 내가 얻은 느낌을 말로 표현하면, 다른 사람들은 그 느낌을 짐작만 할 수 있다. 직접 느껴보지 않으면 이해할 수 없기 때문이다. 개인의 특수한 체험이 다른 사람들에게도 전달되어 공감을 이끌어내면, 그 체험은 누구에게나 통용될 수 있는 경험이 된다. 믿음이 깊어지면서 직접 하느님을 만났다는 한 개인의 특수한 체험은, 체험하지 않은 수많은 사람들에게 말로 표현할 길이 없다. 애를 낳으면서 체험한 산통은 애 낳아본 체험이 없는 남자들에게 아무리 설명을 해도 이해할 길이 없다. '다른 사람의 체험'이 나에게는 '누군가가 체험한 경험'으로 들릴 뿐이다.

결국 '경험의 체험화'를 통해 나만의 독창적인 지식이 특수화되어 탄생하고, '체험의 경험화'를 통해서 나만의 독창적인 지식이 일반화되어 다른 사람에게 전달된다. 아무리 훌륭한 경험이라고 해도 자신의 체험으로 체화되지 않으면, 그 경험은 먼발치서 들리는 메아리에 지나지 않는다. 체험 없는 경험은 공허할 뿐이고, 생각 없는 체험은 맹목일 뿐이다.

'체험'과 '체념' :
한계 앞에 체념하지 말고 불가능에 도전하라

우리가 습관으로 만들어야 할 것은 '체념諦念'이 아니라 '체험體驗'이다. 습관은 하루아침에 생기지 않는다. 반복하다 보면 자신도 모르게 무의식적으로 일어나는 행위가 습관이다. '체념'을 자꾸 하면 습관으로 굳어져 작은 일에도 '푸념'만 늘어놓는 사람이 된다. 해보기도 전에 무의식중에 안 된다고 생각하고 단념하고, 왜 나에게만 이런 일이 벌어지느냐고 푸념을 늘어놓는 일이 많아지면, 체념의 독버섯이 자신도 모르게 자라게 된다. 그래서 필자는 한계 앞에서 '단념'하거나 '체념'하기 전에 불가능에 도전하는 '체험'을 즐겨보라고 권하고 싶다.

'체념'은 습관적인 '단념'과 '푸념' 속에서 '포기'를 불러오지만, '체험'은 험난한 시련과 역경 속에서도 또 다른 도전을 시작할 용기를 북돋운다. 유투브YouTube 동영상을 통해 수많은 사람들에게 감동을 안겨주었던 영업사원 빌 포터Bill Porter 이야기는, 체념을 습관적으로 하는 사람들에게 새로운 도전적 체험이 얼마나 인생을 획기적으로 바꾸어놓는가를 알려준다.

뇌성마비 장애를 안고 태어난 빌 포터는 어머니와 함께 오랫동안 취업 자리를 구하지만 매번 거절당한다. 마지막으로 찾아간 생

유투브 동영상을 통해 수많은 사람들에게 감동을 안겨주었던 영업사원 빌 포터 이야기는, 체념을 습관적으로 하는 사람들에게 새로운 도전적 체험이 얼마나 인생을 획기적으로 바꾸어놓는가를 알려준다.

활용품 회사인 왓킨스도 역시나 빌을 거절한다. 실의에 찬 채로 왓킨스를 나서던 빌은 저 멀리서 자신을 기다리고 있는 어머니의 얼굴을 보고 다시 한 번 요청하기로 마음먹는다. 자신을 아무도 원하지 않는 곳으로 보내도 좋다고 말하며, 간절한 마음을 전하는 빌. 결국 빌은 왓킨스의 영업사원이 되는 데 성공한다. 하지만 기쁨도 잠시, 영업에 나선 빌은 적지 않은 난관에 부딪치게 된다. 세상 사람들은 그를 문전박대하거나 불쌍하다며 동정하기만 할 뿐, 그가 파는 상품에 대해서는 조금도 관심을 갖지 않았다. 하지만 빌은 어머니가 싸준 샌드위치 속에 적힌 글귀 '인내, 끝까지 인내하기 Patience, Persistence'를 매일 가슴속에 새기며 영업에 전념한다.

어머니의 기도와 정성으로 안정적인 삶을 살던 빌에게 또 하나의 큰 시련이 닥치게 된다. 어머니가 치매에 걸린 것이다. 절망으

체·인·지

로 울먹이는 어머니를 바라보며, 빌은 앞으로 어머니의 도움 없이 혼자 살아야 한다는 사실을 깨닫게 된다. 빌은 영업에 최선을 다하며 혹독한 홀로서기에 나선다. 시간이 지나자 하루도 빠짐없이 문을 두드리는 빌의 '성실함'을 알아주는 고객들이 늘어갔고, 덩달아 빌의 실적도 높아졌다. 빌은 사람들의 거절을 더 좋은 상품으로 다시 와달라는 '신호'로 여기며, 새로운 상품이 나올 때마다 거절했던 고객들을 다시 찾아갔다.

이런 빌의 인내忍耐는 24년 후, 그를 왓킨스의 영업왕 자리에 올려놓았다. 장애로 인해 쓸 수 없는 오른손은 뒤로 감추고 왼손에 무거운 가방을 든 채, 하루도 빠짐없이 15킬로미터를 걸으며 고객을 만났던 영업왕 빌 포터! 수많은 고객에게 감동을 선사한 그의 성공은 인내가 빚어준 값진 열매였다. 느린 걸음이었지만 절대 멈추지 않았던 빌 포터의 삶이 우리에게 말한다.

"인내하고 또 인내하고 끝까지 인내하라."

당신은 지금 불가능에 도전하면서 '체험'하고 있는가? 아니면 한계 앞에서 '체념'하고 있는가? 한계에 도전해보지도 않은 채 미리 안 된다고 생각하고 체념해버리면, 색다른 체험을 할 기회는 영원히 사라져버린다. 색다른 도전 체험을 즐기는 사람은 당연히 색다른 실패 체험도 많이 할 것이다. 색다른 실패 체험은 색다른 실력을 낳는 원동력이다.

생각의 '발로'는
'발로'부터 시작된다

'지리학을 공부한 학자가 지리를 잘 모른다'는 어린 왕자의 역설은 지리를 발로 걸으면서 공부하지 않고 책상에 앉아서 요리조리 머리만 굴려 공부하기 때문에 생겨났다. 지리는 발로 걸어봐야 피부로 느껴지고 몸으로 터득된다. 하지만 현실은 이렇다. 교육학자는 교육 현장을 발로 뛰면서 현장의 아픔을 이해하지 않고 창백한 연구실에서 논리적으로 공부만 한다. 또한 경영학자는 경영 현장의 아픔을 몸으로 이해하지 않고 경영학적 논리로만 경영 현장을 재단한다.

언제부터인가 우리는 몸을 움직이지 않고 책상에 앉아서 혹은 텅 빈 방 안에서 생각하고 고민만 하게 되었다. 그래서인지 지리地理에 학學이 붙어 지리학地理學이 되고, 경영經營에 학學이 붙어 경영학經營學이 탄생하며, 교육教育에 학學이 붙어 교육학教育學이 탄생하면서, 지리와 경영 그리고 교육 현장과 거리가 먼 이론理論이 양산되었다. 현장을 이해하는 데 도움이 안 되는 이상異常한 논리論理와 이론異論이 만들어진 것이다. 그래서 사람들이 '학'을 떼는 경우가 많다. 지리와 경영 그리고 교육을 공부하면 공부할수록 학문적 탐구 대상과 현장이 격리된다. 게다가 학문이 점점 전문화되면서 더욱 심각한 문제점을 낳고 있다.

발로 뛰며 공부하지 않으면 남다른 생각과 아이디어는 탄생하지 않는다. "걷는다는 것은 침묵을 횡단하는 것이며 주위에서 울려오는 소리들을 음미하고 즐기는 것이다."《걷기 예찬》이라는 책을 쓴 다비드 르 브르통David Le Breton의 말이다. 걸으면서 자신과 대화하고 주변 사물과 대화를 하면 놀랍게도 내면에서 잠자고 있던 내 목소리가 들리고 사물이 말을 걸어온다. 화가 치밀어오를 때, 분노가 풀리지 않을 때, 고민이 꼬리에 꼬리를 물고 이어질 때, 일단 밖으로 나가서 걸어보자. 걸으면 몸이 상쾌해지고 마음도 한결 가벼워진다. 몸이 쉬고 있으면 마음이 바쁘고, 몸이 움직이면 마음이 쉰다. 걷는다는 것은 머리와 가슴에 휴식할 시간을 주는 것이다.

중요한 것은 "나는 천천히 걷지만 절대로 뒷걸음질 치지 않는다."
는 링컨Abraham Lincoln의 말을 기억하는 것이다. 걷다 보면 생각이 열
리고 고민이 해결되며 분노가 가라앉는다. 생각의 발로發露는 발로부
터 열린다. 걸으면 길이 열리고 생각이 열리며 마음도 열린다. 열린
생각과 마음으로 어제와 다른 길을 열어보는 것은 어떤가.

'접속 경험'보다 '접촉 경험'을 가져라

일본의 한 유치원에서는 아이들이 등원하면 맨발로 달리기를 시킨
다고 한다. 또한 발바닥 근육을 자극하면 뇌세포에 새로운 자극이
전달되어 이제까지 해보지 않은 새로운 생각을 할 수 있다는 과학
적 연구결과도 속속 발표되고 있다. 그야말로 생각의 '발로'는 '발
로'부터 얻어지는 것임이 과학적으로 입증된 것이다. 맨발로 흙을

밟아본 적이 언제인가. 요즘 세상은 콘크리트 건물과 아스팔트로 뒤덮여 있다. 그 결과 사람들은 흙과 만날 기회를 잃어버렸다. 인간의 질병이 날이 갈수록 심각해지고 그 종류도 다양해지는 가장 큰 원인 중의 하나는 인간이 흙으로부터 멀어졌기 때문일 것이다.

맨발로 맨땅을 밟는 기회를 상실하면서 생각의 '발로發露'를 찾지 못할 뿐만 아니라 인간의 '말로末路'를 앞당기고 있는 것은 아닌지 곰곰이 생각해볼 일이다. 몸으로 부딪혀 체험하는 '접촉 경험'이 사라지고 마우스 클릭으로 만나는 '접속 경험'이 늘면서 '사색思索'하지 않은 현대인들이 크게 늘었고 그들의 얼굴은 점점 '사색死色'이 되어가고 있다. 온몸으로 사유하는 체험적 깨달음보다 손가락으로 마우스를 클릭하면서 때와 장소를 가리지 않고 '검색檢索'하는 현대인들. 우리 모두 검색하지 않으면 아무것도 하지 못하는 심각한 '검색병'에 걸려 있지는 않은지 곰곰이 생각해볼 필요가 있다.

걷는 대신 자동차를 타고, 몸을 움직여 배우는 대신 검색으로 지혜를 얻고, 접촉이 아닌 접속하는 시간이 많아질수록 우리의 몸은 병들어가고 마음은 황폐해진다. 남다른 생각의 발로는 낯선 발자취에서 비롯된다. 발자취가 바뀌지 않으면 생각의 발로도 바뀌지 않는다. 발자취는 발로 밟고 지나갈 때 남는 흔적이다. 누군가가 밟고 지나간 흔적을 반복해서 밟고 지나가는 삶이라면 당신의 생각의 발로는 도태된다. 이전의 생각의 발로를 따라갈 수밖에 없기 때문이다.

색다른 생각의 발로는 이미 누군가 밟고 지나간 발자취를 따라가서는 일어나지 않는다. 낯선 발자취가 새로운 역사를 만든다. 역사는 언제나 낯선 발자취에서 비롯되었다. 겁먹지 말고 역사에 남을 발자취, 나만의 생각의 발로를 남겨보자.

체 · 인 · 지

禮

참된 지혜로 나아가는 **첫 번째 관문**

—
03

제대로 힘들어야
힘들어간다

《비서처럼 하라》의 저자 조관일 박사는 "한 사람이 일생 동안 경험하는 고통의 총량은 불변하다."고 말했다. 이를 '고통총량 불변의 법칙'이라고 한다. 젊어서 우여곡절의 어려움을 몸소 경험한 사람은 인생의 후반기에 삶의 보람과 가치를 만끽하는 경우가 많다. 역으로 젊어서 별다른 고생 없이 살았다면 인생의 후반기에 견디기 어려울 정도의 고통을 겪을 수 있다. 인생 전반에 걸쳐서 한 사람이 경험하는 고통의 총량은 정해져 있기 때문이다.

길을 건널 때 육교를 선택하면 올라갈 때에는 힘들지만 내려갈 때는 힘이 들지 않는다. 만약 지하도를 선택해서 길을 건너기로 결정했다면 처음에는 내리막이라 쉽고 나중에는 오르막이라 어렵다. 결국 길을 건너는 데 필요한 고통의 총량은 동일하다. 물론 육교와 지하도를 선택하지 않고 무단 횡단을 감행할 수도 있다. 운 좋게 별다른 어려움 없이 무단 횡단으로 길을 건널 수도 있다. 하지만 운 나쁘게 무단 횡단한 죄과를 치를 수도 있고, 쉽게 길을 건너려다 불의의 사고를 당해서 인생을 영원히 어렵게 살 수도 있다.

육교와 지하도를 통해 길을 건너는 방법은, 살면서 만나는 위기를 극복하거나 문제를 해결하는 과정에도 그대로 적용될 수 있다. 인생에는 무한정 올라가는 상승곡선만 존재하는 것은 아니다. 또한 인생에 한없이 내려가는 하강곡선만 있는 것도 아니다. 올라가면 내려와야 하고, 내려가면 올라갈 때가 반드시 온다. 오르막이 있으면 내리막이 있고, 내리막이 있으면 오르막이 있는 것이다. 지금 내려가고 있다고 해서 너무 좌절하거나 절망하지 말 것이며, 지금 올라가고 있다고 해서 마냥 즐거워해서도 안 된다. 내려가면 올라갈 때가 올 것이고, 올라가면 내려와야 할 때가 반드시 온다.

사람은 저마다 힘든 인생을 살아간다. 다만 힘든 정도와 수준이 다를 뿐이다. 힘들지 않고 편안하게 살아온 사람은 후에 힘든 시절을 맞이할 것이고, 지금 힘든 사람은 나중에 지금보다 힘들지 않은 삶을 맞이할 것이다. 힘들지 않으면 힘을 기울이지 않고 평소와 유사한 방식으로 문제를 해결한다. 하지만 힘이 들면 이전과는 다른 방식으로 힘쓰는 방법을 생각하기 시작한다. 힘든 시간을 보내봐야 이전과 다른 방식으로 문제를 해결할 힘이 생기는 것이다. 그래서 이런저런 고생을 많이 해본 사람일수록 문제를 해결하는 능력이 탁월하다.

내려가야 올라올 수 있다

"내려가야 올라올 수 있다."는 말은 필자의 전작인 《내려가는 연습》이라는 책에 사용했던 표현이다. 이 말을 다시 언급하는 이유는 위로 오르는 것에만 익숙한 요즘의 현실을 꼬집어보기 위해서다. 현대인들은 남들보다 앞서, 빠르게 오르는 것을 최고의 가치로 여긴다. 오르는 것은 승리를 위한 것이지만 내려가는 것은 생존을 위해서다. 올라가는 것 못지않게 내려가는 것이 중요한 이유다. 올라가는 데 실패하면 다음에 다시 도전하면 되지만 내려가는 데 실패하면 생존 자체가 보장되지 않는다. 우리나라 사람들은 대부분 어릴 때부터 주입받은 경쟁의식 때문에 속도가 조금만 느려져도 조급증에 빠진다. 일정 규모에 이르면 성장이 아닌 성숙, 양이 아닌 질로 삶의 패러다임을 근본적으로 바꿔야 한다.

위기가 찾아올수록 위기의 본질을 파고드는 치열한 노력이 필요하다. 통념을 깨고 현실의 이면을 들여다봐야만 본질을 발견할 수 있다. 본질에 대한 각성은 스스로 새로운 준비에 나서도록 한다. 문제는 눈앞에 놓인 오르막길을 오르기만 할 뿐, 나중에 내려갈 생각을 미리 하지 않는 데 있다. 오르막이 영원하지 않으리라는 사실을 알고는 있다. 하지만 남들과 경쟁하는 데 정신이 팔려 길의 이모저모를 유심히 살피지 않는다. 그러다 내리막을 만나면, 허무하고 허탈해진다. 다시 한 번 정상을 바라본다. 가슴이 아프다. 저곳에 오르기 위해 고생했던 시간들이 너무도 아깝다. 그러나 지금부터 내려가야 한다. 지금 당장 내려가야, 살아남을 수 있다.

앞에서 말했듯이 올라가는 것은 승리를 위해서다. 그러나 내려가는 것은 '살아남기 위함'이다. 내려가는 길은 또 다른 발견이다. 올라가는 나는 구경꾼이지만, 내려가는 나는 관찰자다. 살아남기 위해 주변의 사소한 변화에도 신경을 곤두세운다. 과거가 발목을 잡는다. 좋았던 시절의 기억은 수시로 떠오른다. 하지만 과거는 추억이고, 추억은 마취제일 뿐이다. 언제나 과거는 선이고, 현실은 악이다.

과거를 찬양하며 현실에 불만을 토로해봐야 현

실은 바뀌지 않는다. 더욱 멀어질 뿐이다. 지금 있는 그대로의 현실을 직시하고, 이렇게 될 수밖에 없었던 근본적인 원인과 사태의 본질을 꿰뚫어보려는 노력이 중요하다. 무엇보다도 과거의 성공 체험에서 벗어나 지금의 위기 상황을 탈출하도록 도와줄 내면적 성찰이 필요하다.

오르락내리락의 묘미

언젠가 〈포스코신문〉에 '오르락↗ 내리락↘'이라는 글이 실렸다. 오르는 기쁨에만 심취하면 내리막길로 추락하는 절망을 견디지 못할 것이다. 오르막의 즐거움과 더불어 내리막의 즐거움을 맛보려면 '내려가는 연습'을 해야 한다. 요즘 출간되는 모든 자기계발서는 어떻게 하면 빨리 정상에 올라갈 수 있을 것인지에 대한 책이라고 해도 과언이 아니다. 세대별 성공하는 처세법, 단기간에 주식이나 투자 등을 통해 일확천금을 버는 법 등 한결같이 올라가는 노하우를 알려주는 책들이 출판계의 대세다. 올라가려고 발버둥치는 오름 중독증 환자들, 그렇게 오르려다 실패하고 좌절한 청춘, 아예 오를 기회조차 갖지 못하는 절망적인 사람들, 어쩔 수 없이 시간에 쫓겨 살다 중년을 맞이한 사람들을 위로하는 책 또한 요즘 출판계를 이끌고 있다.

위로와 격려, 배려와 사랑은 필요하다. 하지만 삶이란 언제나 오르려다 실패하고 바닥에서 절치부심하다 다시 기회를 잡아 오르고 또다시 장애물을 만나 한없는 나락으로 추락하는 과정을 반복하는 게 아니던가. 오르는 것만이 최선의 방책이라는 생각을 버려야 한다. 올라갔더라도 언젠가는 더 낮은 곳으로 내려와야 더 높은 곳으로 오를 수 있다.

올라가는 연습만 해서 마침내 성공한 사람은 자화자찬으로 포장된 가식으로 자신의 내면을 가리기 때문에, 자만심만 키우게 된다. 그렇게 성공한 사람은 갑자기 추락할 수밖에 없는 상황에 직면하면 재기하기 어려울 정도로 심각한 좌절감을 맛볼 것이다. 그런데 올라가는 연습과 동시에, 기회가 될 때마다 내려가는 시나리오를 구상하고 언제든지 바닥으로 내려갈 수 있다고 생각하는 사람은, 일이 뜻대로 되지 않아도 주어진 상황을 냉정하게 받아들인다.

바닥으로 내려간다고 너무 좌절하거나 절망할 필요가 없다. 바닥으로 내려가는 형국이면 아무리 발버둥치고 온 힘을 다해도 이미 어쩔 수 없는 난국임을 받아들여야 한다. 마음을 비우고 힘을 빼야 다치지 않고 바닥에 안착할 수 있다. 이제 필요한 것은 바닥에서 느끼는 정직한 절망이다. 정직한 절망만이 바닥에서 다시 정상으로 올라갈 수 있는 희망을 꽃피울 수 있다.

위로와 격려, 배려와 사랑은 필요하다.
하지만 삶이란 언제나 오르려다 실패하고
바닥에서 절치부심하다 다시 기회를 잡아 오르고
또다시 장애물을 만나 한없는 나락으로 추락하는
과정을 반복하는 게 아니던가.
오르는 것만이 최선의 방책이라는
생각을 버려야 한다.

體

참된 지혜로 나아가는 **첫 번째 관문**

—
04

굶주려야
몸부림칠 수 있다

모든 '몸부림'은 '굶주림'과 함께 온다. "모든 몸부림은 추락하지 않으려는 의지다. 지금보다 나빠지지 않으려는 처절함이다." 진동선 사진작가의 말이다. 몸부림은 주로 굶주림과 함께 온다. 배부르면 몸부림치지 않는다. 등 따시고 배부르면 몸부림보다 나태함과 게으름을 친구로 삼는다. 굶주려야 굶주림을 극복하려는 몸부림이 시작된다. '몸부림'은 '몸'을 '부림'이다. 몸을 부리지 않고서는 아무것도 이룰 수 없다. '몸부림'치는 노력이라야 작은 성취라도 이룰 수 있다. 또한 '몸부림'은 '몸'을 '부름'이다. 몸을 누군가가 또는 무엇인가가 불러야 '몸부림' 친다. '몸'이 '부름'을 받아야 '몸부림' 치는 갈급함과 갈망이 시작된다. 갈급함과 간절함이 극에 달해야 '몸부림' 치며, '몸부림' 치는 갈급함과 간절함이 있어야 '몸부림' 끝에 누군가를 만나고 어딘가에 다가갈 수 있다.

몸부림치지 않고서는 위대함이 만들어지지 않는다. 그래서 몸부림은 위대함을 낳는 어머니다. 위대해지기 위해서는 몸부림을 쳐야 한다. 몸부림 없이 태어나는 위대함은, 설혹 위대해지더라도 금방 무너지는 사상누각의 순간적 위대함일 뿐임을 기억하자.

몸부림의 목적

'몸부림'은 '다가감'이다. 춥고 배고파야 '몸부림' 치며, '몸부림' 쳐야 몸이 꿈의 부름을 받아 꿈의 목적지로 조금씩 다가갈 수 있다. 그래서 '몸부림'은 꿈으로 다가가는 '처절함'이자 '치열함'이다. 어딘가로, 누군가에게 다가가기 위해서는 '몸부림' 쳐야 한다. '몸부림' 끝에 이루어지는 만남과 '마주침'이라야 '몸부림' 치는 환희를 맛볼 수 있다. '몸부림'의 목적은 다가가 마주치는 데 있다. '몸부림' 치는 고뇌와 노력의 강도가, '몸부림' 끝에 마주친 즐거움과 기쁨의 강도를 결정한다. 당신은 지금 어디로 다가가고 있는가? 지금 여기에서 거기로 다가가는 여정 중에 당신은 얼마나 '몸부림' 치고 있는가? 모든 몸부림은 치열하다. 대강, 대충 치는 몸부림은 없다. 열정에 오로지 지독한 열정밖에 없듯이, 몸부림에 도 치열하고 처절한 몸부림밖에 없다. 치열하고 처절하지 않으면 몸부림이 아니다. 이런 의미에서 몸부림은 무엇인가를 향한 지독함이며 누군가를 위한 처절함이다. '몸부림'은 '치열함'이자 '처절함'이다. 김소연 작가는 《마음사전》이라는 책에서 처절함을 이렇게 표현했다.

"처참함은 너덜너덜해진 남루함이며, 처절함은 더 이상 갈 데가 없는 괴로움이며, 처연함은 그 두 가지를 받아들이고 승인했을 때의 상태다. 처참함이 차마 눈 뜨고 볼 수 없는 정황이라면, 처절함은 차마 손댈 수 없는 정황이며, 손을 댈 수도 있지만, 눈길도 손길도 효력이 없으리란 걸 알고 있는 상태다. …… 누군가 우리를 처참하게 했을 때, 우리는 행동할 게 없어지고 말이 쌓인다. 하지만 누군가 우리를 처절하게 했을 때, 우리는 말이 없어지고 대신 처신할 것만 오롯이 남는다. 그 누구 때문에 우리가 처연해진다면, 그때는 말도 필요 없고 행동도 필요치 않은 상황이다. 처참함 때문에 우리는 죽고 싶지만, 처절함 때문에 우리는 이 악물고 싶어진다. 처연함은 삶과 죽음이 오버랩되어서 죽음처럼 살고, 삶처럼 죽게 한다."

그래서 우리는 처참해지기 전에 처절해야 한다. 처참해지면 속수무책이지만, 처절하면 속수무책에도 손을 쓸 수 있다. 처절해야 보이지 않는 가능성의 문이 열리며, 불가능도 가능해진다. 처절한 몸부림은 불가능에 도전하는 치열함이며, 한계를 넘어서려는 지독한 열정이다.

사무쳐 몸부림칠 만큼 그리운 것

'몸부림'은 '사무침'이며 '그리움'이다. 사무치는 그리움을 갈망하는 사람이라야 '몸부림' 치는 고통을 감내할 수 있다. 뼛속 깊숙이 사무친 사람은 인생을 대하는 자세와 태도가 근본부터 다르다. 뼛속 깊숙이 맺힌 사연이라야 사무칠 수 있다. 사무친 사연은 원망과 원한을 가져올 수도 있지만, 사연의 사무침은 또한 강렬한 그리움에 불을 질러 애간장을 태울 수 있다. 사무치는 사연이 애간장을 태운다. 애간장을 태우는 사무침이 몸부림치게 만든다. 얼마나 사무쳤으면 몸부림치는 고통을 감내하면서까지 그리움을 향해 몸을 던질까. 사무칠 정도의 그리움이 지금 여기에서 저기로 이동하는 미래의 그림을 그리도록 돕는다.

그림도 그리움을 그리는 것이라고 하지 않던가. 글도 그리움을 긁는 행위라고 하지 않던가. 꿈에 대한 그리움을 긁으면서 글을 쓰고 그림을 그리면, 사무치는 그리움이 리얼리티reality, 즉 현실로 다가와 나다움이 완성되는 것이 아닐까.

몸부림은 결국 나다움을 그리워하고 절치부심하면서 호시탐탐 기회를 노리는 일이다. 또한 꿈으로 가는 목적지에 도달하려는 치열한 암중모색暗中摸索이다.

'즉시' 읽지 않으면
'다시' 읽기 어렵다

'72:1법칙'이라고 있다. '72:1법칙'은 마음먹은 일을 72시간, 즉 3
일 이내에 행동으로 옮기지 않으면 성공할 확률이 1퍼센트도 안
된다는 뜻이다. 예를 들어보자. 운동하기로 결심하고 '내일부터
운동하겠다'는 결연한 각오를 한다. 그런데 이게 웬일인가? 조깅
의 걸림돌인 비가 오고 있지 않은가? 운동하기로 결심한 사람은
내심 비가 오고 있음을 반갑게 받아들이면서 자기합리화의 탈을
쓴다. 잘됐다. 운동하기로 결심했지만 어차피 아직 운동할 마음의
준비가 되어 있지 않으니 내일부터 하겠다고 다짐한다.

하지만 오늘이 지나고 내일이 오면, 결심은 사라지고 또 다른 핑계거리를 궁리한다. 그리고 다시 내일부터 운동을 할 수밖에 없는 자기합리화의 근거를 찾는다. 결국 '내일 또 내일'이라는 가수 김수철의 노래를 부르면서 영원히 운동을 '다시' 하기에 어려운 국면으로 접어들게 된다. 그러고는 운동하는 것을 아예 포기하게 된다.

다짐한 것을 즉시 실천하지 않으면 '다음'에 '다시' 하기는 하늘에 별따기다. 물론 하늘에 별을 따는 사람도 있다. 하지만 다짐했던 일을 즉시 실행에 옮기지 않고 '다음'에 '다시' 하겠다고 결심하면서 '다음'으로 미룬 '다음'에 '다시' 시도할 경우, 그 '다짐'을 '다시' 실천하기는 생각보다 쉽지 않다.

시간이 지나면서 '다시' 하기로 결심한 사항을 실천하는 데에는 생각지 못한 장애요인이나 걸림돌이 등장한다. 의지의 점진적 희석과 각색으로 인해 본래 마음먹었던 일을 '다시' 실천하기 어려워지는 것이다. 이 모든 훼방꾼들은 어떻게 하면 결심한 일을 하지 못하게 막을지만 고민하는 친구들이다. 이 훼방꾼들을 물리치는 유일한 방법은 지금 바로 실천에 옮기는 것이다.

책을 사놓고 내일 또는 다음에 보자고 옆에 쌓아두면, 정작 내일이나 '다음'에는 읽어야 할 '다른' 책이 계속 생겨나, 결국 쌓아둔 책은 잊히고 만다. '다음'에 보겠다고 뒤로 미루는 행동은 '다

음'에 안 보겠다고 스스로 '다짐' 하는 것과 다름없다. 읽어야 할 책, 지금 봐야 할 자료는 가차 없이 그 '즉시' 읽거나 봐야 한다. 그렇지 않으면 시시각각 쌓여가는 모든 정보를 소화하기는 점점 더 어려워진다.

정보는 저절로 지식이 되지 않는다. 정보를 실제 적용하면서 느끼는 새로운 깨달음이 정보에 추가되어야, 정보는 비로소 지식이 된다. 지식은 정보를 실제 적용하면서 생긴 통찰력의 보고요, 땀과 수고와 정성의 결정체다. 다음에 보겠다고 쌓아놓은 자료나 정보, 보고서, 책 등을 다음에 '다시' 보기는 참으로 어렵다. 이제 정보가 없어서 고민했던 '정보빈곤증' 은 정보가 너무 많아서 고민되는 '정보과다증' 으로 바뀌고 있다. '다시' 봐야 할 책은 얼마든지 있

체·인·지

다. 그러나 '다음'에 '다시' 보겠다고 쌓아놓은 책이 많아지면 '다음'에 '다시' 보기는 하늘에 별따기가 된다.

미루기 제왕의 두 친구 : 다음, 다다음과 다시, 또다시

친구나 가까운 사람들과 오랜만에 전화를 하게 되면, 그동안 하고 싶었던 이야기와 옛 추억을 떠올리면서 이런저런 이야기를 하게 된다. 그리고 통화가 끝날 때쯤, "야, 우리 '언제' 한번 보자."고 하면서 전화를 끊는다. 하지만 결국 두 사람은 '언젠가' 한번 만나지 못하고 이런저런 연유로 다시 통화를 하게 된다. 그러고는 또다시 이렇게 말한다. "조만간 우리 한번 보자고."

그러나 그 두 사람은 '조만간' 볼 기회를 갖지 못할 가능성이 높다. '언제' 한번 보자거나 '조만간' 보자는 사람치고 언제 한번 본 사람이 거의 없으며, '조만간'에 본 사람도 극히 드물다. '언제' 한번 보자는 이야기는 지금 너 보기 싫다는 이야기와 같다.

Monday, Tuesday, Wednesday, Thursday, Friday, Saturday, Sunday는 있어도 '언젠가Someday'는 없다. 보고 싶으면 '즉시' 수첩을 꺼내서 '지금' 당장 날을 잡아야 한다. 그렇지 않으면 참으로

'다시' 보기는 어렵다.

'지금' 하지 않으면, 할까 말까 하는 고민 속에 '감금' 된다. 이렇게 감금된 '언제' 한번과 '조만간' 이 세상엔 참 많다. '즉시' 하지 않으면 '반드시' 하지 못하는 경우가 부지기수다. '즉시' 하지 않으면 시시각각 할까 말까 하는 고민이 꼬리를 물고 늘어진다. 그렇게 시간이 지나면 '반드시' 하지 않아도 되는 자기합리화를 위해 '또다시' 고민에 고민을 한다.

반드시 하겠다고 '다시' '다짐' 하기 전에 또는 '다음' 에 하겠다고 '다시' '다짐' 하기 전에, 생각하고 계획했으면 '즉시' 실천에 옮겨야 한다. 내일 하겠다고 '다짐' 하는 사람은 '반드시' '다시' 내일을 기다린다. '다음' 에 하겠다고 '다짐' 하는 사람들은 '다시' '다른' 고민을 하면서 자기합리화의 이유를 찾아 '다다음' 을 또 고민할 수밖에 없다.

체 · 인 · 지

남다른 '시작'을 해야
남다른 '시금석'을 마련한다

시작하지 않고는 목적지에 도달할 수 없다. 주연도 한때는 조연이었다. 정상에 오른 사람도 한때는 바닥을 기었다. 최고도 한때는 최악의 상황에서 헤맸다. 마라톤 선수도 한때는 짧은 거리밖에 달리지 못했다. 뭐든 처음부터 한꺼번에 성취할 수는 없다. 천 리 길도 한 걸음부터 시작한다. 높은 곳에 오르려면 낮은 곳에서 시작해야 된다는 등고자비登高自卑의 철학을 보더라도, 시작하는 처음이 있어야 끝나는 마지막을 맞이할 수 있다. 뭔가를 시작해야 뭔가가 된다. 시작하지 않고 되는 일은 없다.

시작하는 방법은 따로 없다. 그냥 시작하면 된다. 그런데 많은 사람들은 시작하기 위한 이론과 방법을 지나치게 연구한다. 어떻게 시작하는 것이 가장 효과적인 방법인가를 연구하고 완벽하게 시작하는 방법을 알기 위해, 우리는 오랫동안 준비만 하지 않는가. 완벽하게 준비해서 시작하려다 완벽하게 시작하지 못할 수 있다. 어느 정도 준비가 되었을 때 시작하지 않으면 평생 시작할 수 없다.

일단 뭔가를 시작하면 위기도 따르고 이전에는 경험해보지 못한 도전과제에도 직면한다. 때로는 도저히 감당할 수 없다고 생각되는 한계 상황에 놓이기도 한다. 이때 여기가 끝이라고 포기하면 여기서 나의 성장은 멈춘다.

도전하기도 전에 한계선을 그으면 거기가 바로 한계다. 누군가는 한계라고 선을 그어놓은 그 지점에서 도전을 시작한다. 한계를 넘어서는 가장 확실한 방법은 우선 한계지점까지 가보는 것이다. 한계지점까지 가보지도 않고 한계라고 생각하는 사람은 영원히 한계를 넘어설 수 없다.

그런 사람이 지금의 한계가 결코 넘을 수 없는 벽이 아니라는 사실을 깨닫는 유일한 방법은 그 한계를 넘어서는 다른 사람을 목격하는 방법뿐이다. 남들이 한계 상황을 넘어서는 모습을 보고서야 비로소 그 지점이 한계가 아니라는 사실을 깨닫는다.

체·인·지

시작과 시련

불가능과 한계 상황을 넘어서는 유일한 방법은, 남들이 불가능하다고 생각하는 불가능한 방법으로 도전하는 것이다. 한 번에 불가능한 한계 상황을 넘어서지 못하면 이전과는 다른 방법으로 도전을 시도하고, 그렇게 계속 시도하다 보면 난공불락의 벽도 넘어설 수 있다. 높디높은 벽 앞에서 절망하지만 말고 언젠가는 넘을 수 있다는 자신감과 희망을 가져보자. 내 앞에 놓인 장벽은 물리적 장벽이기보다 심리적 장벽인 경우가 많으니 말이다. 장벽을 향한 무한도전의 반복은 장벽을 넘어서는 색다른 방법을 깨닫는 소중한 체험적 학습기회가 된다.

1950년대까지 높이뛰기로 넘을 수 있는 인간의 한계는 2미터였다. 그 당시 대부분의 높이뛰기 선수들은 모두 앞으로 뛰기를 시도했다. 그런데 1968년 멕시코 올림픽대회 높이뛰기 우승자인 미국의 딕 포스베리Dick Fosbury가 체조와 다이빙의 재주넘기에서 힌트를 얻어, 장애물을 등으로 넘는 일명 '배면 뛰기'를 고안해냈다. 그리고 이 방법으로 인간의 한계라고 여겨지던 2미터의 벽을 넘었다. 그 이후 '포스베리 플롭기법'으로 명명된 이 방법은 오늘날 모든 높이뛰기 선수들의 기본 동작이 되었다.

정상적인 사람은 정상적인 생각과 행동으로 정상적으로 시작

딕 포스베리의 배면 뛰기

한다. 정상적으로 시도하면 평범한 사람들의 사고 수준을 넘어서는 발상을 하기가 어렵다. 높이뛰기에서 인간의 한계라고 여겨지던 2미터를 넘을 수 있었던 딕 포스베리는, 정상적인 사람이 생각하지 못한 역발상을 시도해서 비정상적인 방법으로 정상을 차지했다. 이러한 질적 전환은 양적 축적 없이 불가능하다. 혁명적인 변화가 일어나는 변곡점에 오기까지는 우여곡절, 산전수전, 파란만장, 노심초사, 절치부심 등을 겪으며 축적된 내공연마의 과정이 존재한다. 이 과정이 있었기에 어느 순간 물리적 장벽을 넘어서는 변곡점을 만날 수 있는 것이다. 당연한 말이지만 어느 날 갑자기 일어나는 변화는 없다.

체·인·지

시작이 두렵다면 시작하지 마라

시작始作이 두려운가? 두려우면 시작하지 마라. 시작하지 않으면 시험試驗도 시련試鍊도 없다. 시험을 통과하지 않은 사람, 시련을 견디지 못한 사람치고 위대한 시금석을 마련한 사람을 본 적이 없다. 시작해서 남다른 시험도 치르고 시련도 겪어봐야 남다른 목적지에 도달할 수 있다. 시작하면 시험과 시련은 따라온다. 시험을 견뎌내고 시련을 이겨낸 사람만이 마침내 꿈의 목적지인 시원始原에 도달할 수 있다.

이때 이전과는 다른 방법으로 쉬지 않고 시추試錐해야 시원始原, 즉 사물이나 현상이 시작되는 뿌리를 만날 수 있다. 시추란 지각 내부 상태를 파악하기 위해 또는 석유·천연가스·온천·지하수 등을 채취하기 위해 지각 속에 구멍을 뚫는 일을 말한다. 시추란 또한 내가 진정 하고 싶은 것이 무엇인지를 알기 위해 다양하게 시도하는 탐험을 의미한다. 여기저기를 파봐야 물줄기를 찾아낼 수 있는 것처럼 이런저런 시도를 해봐야 내면에 잠자고 있는 욕망의 물줄기를 만날 수 있다.

시작始作하지 않으면 시작詩作이 안 된다. 무조건 시작해야 시상詩想이 떠오른다. 시작始作하면 시작하기 이전의 시상과는 전혀 다른 시상도 떠오른다. 완벽한 시상을 갖고 시작詩作하려고 마음먹다 시작始作도 못할 수 있다. 이런저런 시작詩作이 습작習作을 만들고 습작의 누적이 대작大作, 걸작傑作, 명작名作을 가져온다. 이런 점에서 시작始作은 시작試作, prototype하는 것이다. 시험적인 작품試作, prototype을 만들어, 그것이 본래 의도했던 바에 걸맞은지를 신속하게 판단하고, 잘못된 부분을 수정하면서 완성작에 조금씩 접근하려고 노력하는 시도가 시작試作이다. 시작始作은 시작試作을 통해서 완성작에 다가가는 것이다. 걸작과 대작도 완성작이 아니라 미완성작, 실패작이다. 미완성작이고 실패작이라고 생각해야 지금보다 더 위대한 걸작과 대작을 창작할 발전가능성이 생겨난다.

<u>성취했을 때 또 다른 시작이 시작된다</u>

완성작은 오로지 자신이 판단하는 잠정적 결론이다. 완성작을 만들었다고 거기에 만족하면 더 위대한 걸작과 명작은 나오지 않는다. 완성작은 또 다른 완성작을 만들어나는 중간 작품이다. 완성작은 그래서 명사가 아니라 동사다. 완성작은 달성해서 안주하고 만족하는 결과물이 아니라 이전과는 다른 방법으로 시도하면서 끊임없이 더 나은 작품에 이르는 과정이기 때문이다.

이런 점에서 목표, 성과, 성취 그리고 완성은 모두 관념적일뿐이다. 목표를 달성해서 성과를 보여주고, 이를 통해 지금까지 추구했던 바를 완성했다는 성취감을 느끼는 순간 목표와 성과는 종착점이 아니라 또 다른 출발점임을 깨닫게 될 것이다.

성공은 성취가 아니라 성장하는 데 더 중요한 의미가 있다. 성장하는 과정에 성공의 의미와 가치를 둘 때, 그리고 남보다 빠르게 성공하려는 노력보다 과정 속에서 의미심장한 가치를 느낄 때 우리는 보람과 행복을 느낄 수 있다.

중요한 것은 무엇을 위해서 왜 그토록 목표를 향해 매진하고 있는지를 깨닫는 것이다. 내가 이 일을 하는 이유, 해야만 되는 이유, 하지 않으면 안 되는 이유를 알아야 성공만능주의에서 벗어나 자신만의 삶을 살아갈 수 있다. 자신의 존재이유를 아는 사람이라야 자유로운 영혼을 지녔다고 볼 수 있다.

'반복'은 어느 순간
위대한 '반전'을 일으킨다

매일매일 하는 일이 그 사람을 말해준다. 하루도 쉬지 않고 매일매일 하는 일이 그 사람의 정체성을 결정해준다. 매일 술을 마시면 알코올 중독자가 되거나 위스키 감별사가 된다. 알코올 중독자와 위스키 감별사의 차이는 뭘까? 전자는 술을 대책 없이 마시는 사람이지만 후자는 술의 맛과 향을 음미하면서 그 미묘한 차이를 구별해내는 사람이다.

매일 게임을 하면 게임 중독자가 되거나 프로 게이머가 된다. 전자는 게임을 습관적으로 반복하면서 게임 속에서 헤어나오지 못

하는 사람이지만 후자는 게임을 자신의 업으로 삼아 자신의 모든 것을 걸고 의미와 가치를 찾는 사람이다.

매일 쇼핑을 하면 쇼핑 중독자가 되지만 매일 쇼핑을 도와주면 쇼핑 호스트가 된다. 쇼핑 중독자는 "나는 쇼핑한다. 고로 존재한다."고 말하지만, 쇼핑 호스트는 "나는 쇼핑을 도와준다. 고로 나는 존재한다."는 믿음을 갖고 있다. 쇼핑 중독자는 하루라도 쇼핑을 하지 않으면 마음이 허전한 사람이지만 쇼핑 호스트는 하루라도 쇼퍼shopper들을 만나지 않으면 마음이 편하지 않은 사람이다.

매일 똑같은 일을 하더라도 어떤 사람은 중독되지만, 어떤 사람은 지독한 승부근성으로 그 일을 자신의 평생 업으로 삼는다. 이것이 '중독'과 '지독'의 차이다. 뭔가에 '중독'된 사람은 그 일을 습관적으로 반복한다. 그래서 중독은 중증을 일으킨다. 반면 뭔가를 지독한 열정으로 매일같이 반복하는 사람은 어제와 다른 방법으로 남다른 의미와 가치를 추구한다. 그래서 지독함은 '지성至誠이면 감천感天'을 불러온다. 지독한 열정만이 지극의 경지에 오를 수 있는 유일한 원동력이다.

마찬가지로 매일 책을 보면 책벌레가 되지만 매일 책을 읽지 않으면 책과 담쌓고 그럭저럭 살아가는 사람이 된다. 책은 음식과 같아서 하루라도 읽지 않으면 생각에 허기가 진다. 바빠서 책을 읽지 못한다고 핑계를 대는 사람이 많다. 사실은 읽지 않기 때문에 바쁜 것이다. 좋은 음식을 골라 먹어야 몸에 좋듯이, 좋은 책을 골라서 읽어야 생각이 건강해진다. 책벌레는 책이 없으면 하루도 살아가기 어렵다. 안중근 의사는 하루라도 책을 읽지 않으면 입에 가시가 돋는다고 했다. 책은 정신의 음식이다. 정신의 음식을 매일 먹으면 정신을 차릴 수 있지만, 정신의 음식을 가끔 먹거나 아예 먹지 않으면 정신이 나간다.

책을 읽고 매일매일 글을 쓰면 작가가 된다. 작가는 매일 책을 읽으면서 동시에 글을 쓴다. 책을 매일 읽어도 글을 쓰지 않으면 작가가 될 수 없다. 이것이 책만 읽는 사람과 책을 읽고 동시에 글을 쓰는 사람의 차이다. 책을 반복해서 읽고 떠오르는 생각과 느낌을 반복해서 쓰다 보면, 어느 날 갑자기 글눈이 트이고 글발이 생긴다. 책을 읽고 말로만 전하거나 자신의 생각으로 정리하지 않는 사람은 말발은 좋을지 몰라도 글발은 좋지 않다. 글발은 자신의 생각이 글로 정리되어 술술 나올 때까지 끝까지 포기하지 않고 지독하게 써보는 사람에게만 생긴다. 글발은 그래서 '끝발'이 만들어 준다. 하루도 쉬지 않고 글을 끝까지 쓰면 글발이 생기고, 반복해서 글을 쓰면 반전이 일어난다.

매일 반복하는 일이 내 미래를 결정한다

매일 그림을 보기만 하는 사람은 그림 애호가나 감상자가 되지만, 그리워하는 대상을 매일 그리는 사람은 화가가 된다. 그림은 그리워하는 것을 하루도 쉬지 않고 그리는 가운데 나타나는 작품이다. 처음부터 원하는 그림을 그릴 수는 없다. 자신이 그리고 싶은 주제를 선정하고 구도를 정한 다음, 이렇게 그려보고 저렇게 그려보는 가운데 작품이 완성된다. 사실 완성된 작품은 존재하지 않는다. 지금 완성한 작품은 그때부터 미완성의 작품이다. 작품에 아쉬움이 남아야 이전과 다른 작품을 구상할 힘이 생긴다.

작품이란 작가의 품격이다. 그래서 작품은 언제나 실패작이다. 실패작이라야 배움이 일어난다. 미완성이라야 완성을 지향한다. 실패작에서 멈추지 않고 미완성 작품에서 그만두지 않을 때, 작가의 품격이 드러나는 작품이 완성된다.

반복해서 그림을 그리면 반전이 일어난다. 어느 순간 자신의 그림이 작품으로 업그레이드되는 순간을 맞이한다. 작품은 혼신의 힘을 다해 매일 반복할 때, 끝나지 않을 것만 같은 지루한 싸움을 계속 이어나갈 때 탄생한다. 전문가가 되는 유일한 길은 자신이 좋아하는 일을 하루도 쉬지 않고 꾸준히 반복하는 것이다. 한 순간도 쉬지 않고 떨어지는 물방울이 바위를 뚫는다.

위대함은 작은 실천을 진지하게 반복한 결과물이다. 한 걸음이 먼 길을 가게 하고, 1미터의 작은 차이가 100미터의 먼 거리를 완성한다. 모든 위대함은 작은 차이의 반복에서 탄생한다. 반복이 완벽을 만든다. 반복하면 어느 순간 반등이 일어나고 반전이 시작되는 전환점에 이르게 된다.

당신은 지금 무엇을 반복하고 있는가? 당신의 하루 일과에는 어떤 일이 계획되어 있는가? 내가 지금 반복하고 있는 일이 나를 나답게 만들어준다. 내가 누구인지, 앞으로 무엇이 되고 싶은지 알고 싶다면 내가 지금 무엇을 하고 있는지를 보면 알 수 있다.

'모두' 하자고 해놓고
'아무도' 하지 않는다면

한 마을에 '모두everybody', '누군가somebody', '아무나anybody', '아무도nobody'라는 네 사람이 살았다. 어느 날 심각한 문제가 생겨 네 사람이 회의를 했다. 토론 결과 '모두'가 그 일을 맡아 해결하기로 했다. 하지만 '모두'는 '누군가'가 그 일을 할 것이라고 믿었다. 그러나 '아무도' 하지 않았다. 그러자 '누군가' 화를 냈다. 그것은 '모두'의 일이었기 때문이다. 사실 그 일은 '아무나' 할 수 있는 일이었다. 그러나 '아무도' 하지 않았다는 걸 알고, '모두'는 누군가를 책망했다.

'모두'가 동의했지만 '아무도' 하지 않는 이유가 무엇일까? '모두'는 언제나 나 이외의 '누군가'가 그 일을 할 것이라고 가정하기 때문이다. 그리고 내가 먼저 하기보다는 '누군가'가 먼저 그 일을 시작해주었으면 좋겠다는 간절한 바람을 갖고 있다. 그리고 내가 먼저 시작하기에는 감히 용기가 나지 않는다고 생각한다. 사실 일상에서 직면하는 거의 대부분의 일은 '아무나' 쉽게 할 수 있는 일이다. '아무나' 할 수 일이라고 '누구나' 생각하지만 '모두'는 언제나 '누군가'가 먼저 해주기를 기대하면서 기다린다. 그러나 '아무도' 하지 않은 경우가 빈번하게 발생한다.

어떤 일이 잘못되면 '모두'는 자기 책임이 아니라고 주장하면서 '누군가'가 책임져주기를 기대하지만, '아무나' 책임질 일이 아니라고 생각하기에 '아무도' 책임지는 사람은 없다. 결국 '아무나' 불러다 추궁하기 시작하지만 '아무도' 책임질 사람을 찾지 못해서 일이 망가지는 경우가 대부분이다.

링겔만 효과, 우리의 씁쓸한 초상

이런 현상을 극복하기 위해서는 우선 매사에 대한 책임소재를 분명하게 할 필요가 있다. 링겔만 효과Ringelmann effect라는 것이 있다.

줄다리기를 할 때 사람 숫자가 늘어나면 그에 비례해서 줄을 당기는 힘이 늘어나야 되는데, 오히려 줄어드는 현상을 가리키는 말이다. 사람들에게 공동의 책임을 물으면 대중들은 공동의 책임 속으로 숨어버리고 누군가가 해주기를 기대하며 의존하는 경향을 보인다. 무엇인가를 집단으로 추구할 때 개개인별 책임을 정확하게 지정해주지 않으면 '나 하나쯤이야' 하는 안일한 생각이 머리를 드는 것이다.

온전한 내 것이 아니라고 생각되면 사람들은 발을 뺀다. 렌터카를 세차해서 반납하는 사람이 없는 이유와 공공어장의 물고기가 점점 줄어드는 까닭은 내 것이 아니라고 생각하기 때문이다.

이런 문제를 해결하기 위해서는 무엇보다도 문제의 근원을 밖에서 찾지 않고 내 안에서 찾으려는 자세와 태도가 필요하다. 나는 잘못이 없고 나 이외의 다른 사람이나 다른 환경적 여건을 탓한다면 문제는 결코 해결되지 않는다. "내 탓이오."라는 말을 습관처럼 입에 달고 다녀야 한다.

어떤 일이 생기면 우선 내가 먼저 하겠다는 생각을 가져야 한다. 어차피 할 거라면 '지금', '누군가'가 할 거라면 내가 먼저 하자. '아무나' 시작하면 '누군가'가 도와주기 시작하고 결국에는 모두가 참여하기 때문에 그냥 바라만 보는 사람은 '아무도' 없게 될 것이다. 일종의 촉발점을 제공하는 게 중요하다. 그래서 뭔가를 시작하는 처음 한 명이 중요한 것이다.

모든 사람 중에 아무나 한 명이 시작하면 그중에 누군가가 따라 하게 되고, 다시 한 사람이 따라서 힘을 보태면 아무나 따라하게 된다. 그러면 그 일은 결국 거의 모든 사람이 하는 일로 바뀐다. 이런 현상을 3의 법칙이라고 한다. 세 명이 모이면 삼삼해진다. 3은 마법의 숫자다. 두 명을 넘어 세 명이 되면 그룹이 된다. 그래서 세 명이 모이면 인간이 상황을 지배하는 놀라운 일이 벌어지기 시작한다.

아이디어를 낼 때 서로 눈치 안 보고 '아무나' 내기 시작하면 '누군가' 따라서 내기 시작해서 '모두'가 아이디어를 내게 되고, 결국 아이디어를 내지 않는 사람은 '아무도' 없게 된다. '누군가'가 시작하면 '아무나' 따라서 하게 되고, 결국 '모두' 아이디어를 내게 된다. 가만히 관망하는 사람은 이제 '아무도' 없다.

3이 두 개 모이면 33해진다

3은 마법의 숫자다. 강의를 들을 때도 오늘 설명할 주제는 '3가지'라고 말하면 귀가 솔깃하지만, 오늘 말씀 드릴 내용을 17가지로 정리한다고 하면 집중이 되지 않는다. 서론, 본론, 결론도 '3가지'

논의가 모여서 '3단 논법'을 구성한다. 가위, 바위, 보도 세 번 한다. '삼세판'으로 최후 승자를 결정하는 방식에도 3이라는 숫자가 관여되어 있다. 세 판 중에 먼저 두 번 이기는 사람이 승리하는 것이다. 삼행시도 있다. 일본의 하이쿠처럼 짧은 세 줄에 시적 영감을 담아 표현하는 시다. 조신시대 핵심 권력도 영의정, 우의정, 좌의정 등 삼정승으로 나뉘었고, 오늘날도 행정부, 입법부, 사법부 등 삼권분립으로 권력체제가 나뉘어 있다.

이렇게 3이라는 숫자는 만물의 숫자이고 완벽한 숫자다. 플라톤은 "3은 이데아의 숫자." 아리스토텔레스는 "3은 일체라는 표현에 들어맞는 최초의 수." 피타고라스는 "삼각형은 우주적 의미에서 생성의 시작."이라고 말했다고 한다. 또 노자는 《도덕경》에서 "도생일 일생이 이생삼 삼생만물道生一 一生二 二生三 三生萬物."이라고 했다. 도道가 1에서 생기고, 1은 2를 낳고, 2는 3을 낳으면서 만물의 중심에 3이 있음을 강조한다. 또한 '3에서 만물이 나온다'는 '삼생만물三生萬物'의 뜻을 설명하고 있다.

또한 '삼인행 필유아사三人行 必有我師'라는 말이 있다. '세 사람이 같이 가면 그중에 반드시 나의 스승이 있다'는 뜻이다. 이처럼 3이라는 숫자에는 여러 가지로 묘미妙味가 많다.

3은 위대한 변화가 시작되는 마력의 숫자다. 세 명이 모이면 33삼삼해진다. 민족대표도 33인이고, 보신각종도 33번 친다. 땅속 깊이 갇혔던 칠레 광부도 33명이었다. 사람의 척추 뼈도 33마디로 구성되어 있다고 한다. 우주 자연 삼라만상의 중심에 33이 있는 것이다. 그래서 세상이 삼삼한 것일까?

서칭만으로
서핑할 수 없다

책상에 앉아서 컴퓨터로 서칭searching만 해서는 일상을 살아가는 생존기술을 익힐 수 없다. 생존의 노하우는 단순히 생각만으로 익힐 수 없다. 반드시 일상에서 체험적으로 깨달아야 체득된다. 책상에서 아무리 서핑surfing의 노하우를 익힌다 해도 실제로 서핑을 잘하기는 어렵다.

서핑하는 법은 파도치는 바다 한 가운데에서 몸으로 터득할 수밖에 없다. 서핑 방법을 컴퓨터로 서칭한다고 해도 기술을 가르쳐줄지언정 실제로 파도를 잘 타도록 만들어주지는 못한다.

서칭은 접속으로 하지만 서핑은 접촉으로 한다. 오랜 기간 파도에 몸을 부딪치면서 파도의 높낮이와 강도, 서핑에 적절한 타이밍을 체험적 감각으로 익혀야 한다. 최고의 서핑 노하우는 인터넷 검색으로 찾을 수 없다. 그 노하우는 파도와 서퍼가 만나는 접점에서 익히는 방법밖에 없다.

세계 최고의 서퍼는 오늘의 서핑 기술에 안주하지 않고 오늘보다 더 나은 내일의 서핑 기술을 부단히 서칭한다. 여기서 말하는 서칭은 인터넷 검색이 아니라, 이런저런 시도를 해보면서 오늘과 다른 내일의 서핑 기술을 탐색하는 것을 의미한다. 검색은 접촉 없는 접속을 의미하지만, 탐색은 다양한 시행착오를 겪으면서 깨달음을 얻어가는 체험적 접촉을 의미한다. 한 분야의 위대한 전문가가 되기 위해서는 부단한 탐험과 탐색, 실험과 도전을 통해 자기만의 노하우를 체득해야 한다. 몸으로 터득한 노하우만이 자기 실력으로 축적된다. 책상에서 서칭만 하지 말고 일상에서 서핑을 즐겨야 삶의 행복이 어디 있는지를 깨달을 수 있다. 책상에서 책을 읽는 일도 중요하지만 일상에서 산책하는 것도 못지않게 중요하다. 책을 읽고 산책을 해야 책 속 내용이 내 것으로 소화되기 때문이다.

검색에 의존하면 검증 능력이 없어진다

검색하는 사람은 "나는 생각한다. 고로 존재한다."는 말을 "나는 검색한다. 고로 존재한다."는 말로 바꿔서 생각하고 검색한다. 궁금하면 포털사이트 속 '지식인'에게 물어보고 길을 찾을 때나 음식점을 찾을 때도 머뭇거림 없이 바로 검색창에 키워드를 입력한다.

검색하면 내가 찾는 정보가 순식간에 검색창에 뜬다. 검색은 정보를 자신이 찾는 것이 아니라 검색 엔진이 대신 찾아주는 것이다. 당신이 검색하면 할수록 검색 엔진은 당신의 검색 패턴을 판단한다. 다음에 유사 키워드를 입력하면 이전에 찾았던 검색 패턴이나 스타일에 맞는 정보만 찾아주기 위해서다.

검색된 정보는 사실 검색 엔진이 차려준 검색 식단 중 하나다. 검색 엔진에 길들여질수록 다르게 찾을 수 있는 정보가 차단된다. 하지만 다른 정보를 봐야 다른 의사결정을 할 수 있다.

검색 엔진이 차려준 정보 식단은 검색하는 사람의 정보검색 습성에 맞는 정보만 검색해서 보여주기 때문에 위험하다. 《생각조종자들》이라는 책을 쓴 엘리 프레이저Eli Pariser는 인터넷에 필터 버블filter bubble이 존재한다고 주장한다. 필터 버블이란 인터넷 기업이 개인의 인터넷 포털서비스 사용 경향을 분석해서 개인별 맞춤서비스를 제공할 때, 개별 사용자가 볼 수 있는 검색 결과의 폭이 조금씩 좁아지는 현상을 일컫는다.

　인터넷 기업 구글Google을 비롯해 검색서비스를
제공하는 많은 기업들이 사용자 개인의 과거 정보
검색 성향이나 패턴을 분석해 개인별 맞춤서비스
를 제공하고 있다. 최근에는 소셜 큐레이션social
curation 서비스를 통해 SNS에 흘러 다니는 무수한
정보 중에서 사용자가 선호하는 정보만 편집, 가
공해서 전달해주는 서비스까지 등장했다.

　언뜻 보면 정보를 힘들여 찾는 수고를 덜어주
는 편리한 서비스라고 생각되겠지만, 뒤집어 생
각하면 다른 정보를 볼 수 있는 기회가 원천적으
로 차단되기 때문에 균형 잡힌 생각과 판단력을
상실하게 만들 위험이 내포되어 있는 서비스다.

　귀찮고 불편하더라도 책을 찾아보고 발품을 팔
아 직접 현장의 정보를 찾아보고 검색해보자. 검
색에만 의존하면 검색된 정보의 질적 속성을 스스
로 판단하고 검증할 능력이 자라지 않는다.

르네상스맨 다빈치가
맥가이버를 찾아간 까닭은?

어느 날 어떤 사람이 천재적 기질과 재능을 보유한 르네상스적 인간의 전형인 레오나르도 다빈치Leonardo da Vinci와 어떤 위기 상황에서도 주어진 도구를 활용해 순식간에 위기를 탈출하는 해결사 맥가이버를 데리고 낭떠러지에 갔다고 해보자. 낭떠러지에서 두 사람을 동시에 갑자기 아래로 밀어버린다면, 과연 두 사람의 운명은 어떻게 될까?

가정이지만, 아마도 다빈치는 자신이 보유한 다양한 지식을 융합, 위기탈출 방법에 필요한 노하우를 고민하다 그대로 낭떠러지

아래로 추락해서 사망할 것이다. 반면 맥가이버는 순간적인 임기응변을 발휘해 낭떠러지 아래로 추락하다 나뭇가지를 잡고 다양한 수단과 방법, 자신이 보유하고 있는 도구를 활용해 다시 정상으로 기어오를 것이다.

지금 우리가 살아가는 세상은 하나의 정답이 없는 불확실한 상황의 연속이며, 이전에는 직면해본 적 없는 낯선 위기 상황의 연속이다. 이런 상황에서는 아무리 다양한 지식과 기술을 보유하고 있어도, 신속하게 판단하고 의사결정해서 과감하게 행동을 취하지 않으면 죽음을 면하기 어렵다. 그야말로 일촉즉발—觸卽發, 위기 상황의 연속이다. 다빈치는 다방면에 해박한 지식과 식견을 갖춘 인재이지만, 자신도 모르게 직면한 진퇴양난의 위기 상황에서는 손도 써보기 전에 추락할 가능성이 높다. 왜냐하면 다빈치가 습득한 지식과 식견은 위기 상황이 아닌, 자신이 시간과 환경을 통제하고 제어할 수 있는 상황에서 습득한 노하우이기 때문이다.

반면에 맥가이버의 지식은 위기 상황이 발생할 때마다 목숨을 걸고 다양한 시도와 도전을 하는 가운데 체득한 살아 있는 지혜다. 그래서 맥가이버는 어떤 난관이 닥쳐와도 극복해낼 수 있다는 강한 자신감과 긍정적 사고를 지니고 있다. 즉, 문제 상황에 직면할 때마다 문제의 본질을 읽어내고 최적의 해결방법을 찾기 위해 심

맥가이버의 지식은 위기 상황이 발생할 때마다 목숨을 걸고 다양한 시도와 도전을 하는 가운데 체득한 살아있는 지혜다.

사숙고深思熟考하고 고뇌하는 능력, 촌음을 다투는 위기 상황에서도 망설임 없이 위기 속으로 뛰어드는 대담함과 용기를 갖추고 있다. 또한 다양한 문제 상황에 맞춰 자신이 보유하고 있는 지식과 현재 사용 가능한 도구를 활용하는 능력, 일촉즉발—觸卽發의 위기 상황에서 벗어나는 뛰어난 문제해결사적 기질, 정의를 위해서라면 자신의 몸을 아끼지 않고 위기 상황에 몸을 던지는 살신성인殺身成仁의 기질도 갖고 있다. 그래서 맥가이버는 언제나 순간순간 직면하는 상황에 따라 신출귀몰神出鬼沒한 위기탈출 능력을 보여줄 수 있는 것이다.

맥가이버는 다빈치처럼 모든 분야에서 천재적인 기질을 발휘하지는 못하지만, 어떤 위기 상황이 닥쳐도 자신이 가진 체험적 노하우와 도구를 활용하여 능수능란하게 탈출하는 탁월한 문제해결사다.

모범생과 모험생

모범생은 범생이다. 말을 잘 듣는다. 시키는 일은 무엇이든 잘 해낸다. 하지만 뭔가 새로운 일을 스스로 추진해보라고 하면 겁을 먹는다. 모범생은 미지의 세계에 대한 도전의식이 없다. 주어진 상황에서 모범답안을 찾는 데에만 열중한다. 그래서인지 틀 밖에서 새로운 각도로 세상을 바라보거나, 뜻밖의 질문에 대답하는 일에 무척이나 서툴다.

하지만 많은 학부모들은 자식이 커서 모범생이 되기를 원한다. 남이 걸어간 길, 안전한 길을 따라 별 탈 없이 잘 자라기를 바라기 때문이다. 아버지가 의사면 자식도 의사, 판검사면 판검사, 교수면 교수 직업을 갖기를 원하는 경우가 많다. 그렇다 보니 전과목을 모두 잘하는 공부선수가 되어야 한다.

모범생은 부모나 선생님의 칭찬을 먹고 자란다. 정해진 범위 내에서 뛰어난 성적을 올리면 칭찬을 받지만 기대하지 않은 일, 엉뚱한 일, 예상을 벗어나는 일을 하면 야단을 맞는다. 그래서 모범생은 새로운 뭔가에 도전하기보다, 정해진 궤도 안에서 별다른 시련과 역경을 경험하지 못한 채 자란다.

이에 반해서 모험생은 주어진 길, 남이 걸어간 길을 뒤쫓아 따라가는 과정에 큰 재미를 느끼지 못한다. 성공하는 사람들의 여덟 번째 습관은 성공한 사람의 뒤를 따라가지 않는 것이다. 모험생은 무엇보다도 자기 주관이 뚜렷하다. 자신의 가능성을 발굴하기 위해 이제까지 해보지 않은 일, 가보지 않은 곳, 읽어보지 않은 책, 보지 않았던 영화 등을 보면서 다양한 경험을 축적한다. 색다른 도전을 즐기면서 자신의 한계가 어디인지 스스로 찾아보는 노력을 게을리하지 않는다. 자신의 가능성이 얼마나 되는지는 가능성의 한계점까지 가보지 않고서는 알 수 없기 때문이다.

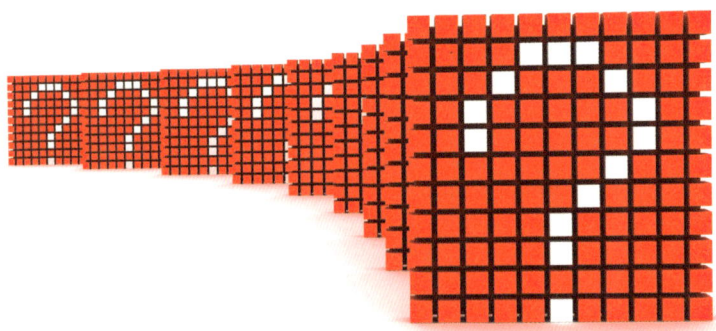

체·인·지

모험생은 누가 뭐라고 해도 자신이 좋아하는 일을 찾고 즐긴다. 그것이 비록 돈이 안 되고 세상 사람들이 비웃는 일이라고 해도 아랑곳하지 않는다. 모험생은 오로지 그 일을 통해 자신의 존재 이유와 의미를 찾는 일에 몰두한다. 모험생은 색다른 질문을 먹고산다. 과거에 성취했던 일에 대해서도, 그 결과가 지금 시점에서 여전히 유효한 것인지를 끊임없이 묻고 또 묻는다. 모험생은 뜻밖의 결과를 찾기 위해 틀 밖에서 질문하고 관찰하고 탐색하는 일에서 재미와 즐거움을 느낀다.

인생에는 여러 가지 우여곡절이 있게 마련이고, 급작스럽게 발생하는 위험 상황도 많다. 갖가지 인생의 난관을 더 잘 헤쳐 나가는 사람은 모범생보다는 모험생일 가능성이 높다. 모범생이 물론 나쁜 건 아니다. 하지만 곱게 길들여진 아이가 살아가기엔 이 세상이 너무 험하다.

당신의 미래는 고진감래인가, 고진통래인가

고생 끝에 달콤한 미래가 오지 않고 고생 끝에 신경통, 관절염, 디스크, 위장병 등 통증만 온다. 그래서 고진감래苦盡甘來가 아니라 고진통래苦盡痛來다. 고진감래가 통용되는 경우는 꿈을 좇는 과정이다. 반면 꿈도 없이 남과 비교해서 앞만 보고 달려가는 사람, 지금 불행하지만 미래의 언젠가는 행복할 것이라는 가정하에 하기 싫은 일을 억지로 하면서 하루하루를 살아가는 사람들에게 고진감래는 고진통래로 다가올 뿐이다. 다시 말해 미래의 행복을 위해 하기 싫은 일을 억지로 하다가는 결국 몸과 마음에 병만 든다.

이런 사람들이 자주 걸리는 병이 있는데 바로 '도착오류arrival fallacy' 라는 병이다. 도착오류는 내가 어딘가에 도착하면 반드시 행복해질 것이라고 믿는 데서 오는 오류다. 하지만 정작 목표를 이루어도 행복을 느끼지 못하는 경우가 많다. 예컨대 연봉 1억이 되면 그때 하고 싶은 일을 마음대로 하면서 행복해지겠다고 다짐하는 사람이 있다고 하자. 죽을 둥 살 둥 노력해서 마침내 1억을 벌면 과연 행복해질까? 아니, 그렇지 않을 가능성이 높다. 1억을 벌게 되면 또 다른 결핍을 느끼게 될 것이고, 결국 그 결핍을 새로운 목표로 삼아 다시 앞만 보고 달려가기 십상이다. 문제는, 그러다 영원히 행복한 인생을 살지 못하고 불행하게 삶을 마감할 수 있다는 데 있다.

마크 트웨인Mark Twain은 "세상에서 가장 위험한 곳이 침대."라고 말했다. 왜냐하면 거기서 80퍼센트의 사람들이 인생을 마감하기 때문이다. 돈을 많이 벌어서 행복하게 살아가려고 하지만, 막상 돈을 벌고 나서 온몸에 남는 것은 신경통이나 관절염, 디스크 같은 질병뿐이다. 그때는 아무리 돈이 많아도 무용지물이다. 고생 끝에 달콤한 미래가 오지 않고 통증만이 남는다. 요즘 젊은이들은 티끌 모아 태산이 되지 않고 티끌 모아봐야 티끌이라고 생각한다. 그들은 또한 고생 끝에 낙이 오는 대신에 골병만 든다고 믿는다.

따라서 지금, 여기서, 행복하고 재미있어야 한다. 성공한 사람이 행복한 것이 아니라 행복한 사람이 성공한다. 즐겁고 재미있게 하다 보면 어느 순간 그 분야의 전문가가 될 수 있다. 즐겨야 창의적인 아이디어가 나온다. 재미있지 않으면 창의적인 아이디어가 나오지 않으며, 재미없는 일을 계속하면 할수록 몸과 마음은 힘들어진다.

좋아하는 일, 가슴이 시키는 일을 하는 사람은 지금 힘들어도 스트레스가 쌓이지 않는다. 꿈을 좇는 사람은 스트레스가 다가와도 다르게 해석한다. 예를 들면 STRESS를 Sports, Travel, Relax, Entertainment, Smile, Sleep이라고 해석한다. 즉 스트레스가 다가오면 운동sports도 하고 여행travel도 즐기면서 릴랙스relax하는 여유를 찾고, 힘들고 어려운 일도 하나의 오락entertainment으로 생각한다. 그리고 꿈을 좇는 사람은 웃음smile을 잃지 않고 충분한 숙면sleep을 취하려고 노력한다.

자신의 꿈을 좇는 여정은 우여곡절과 파란만장한 곡선적 우회 과정이지만, 그 과정 자체에서 재미와 의미를 동시에 느낄 수 있다. 지금 가까이서 즐길 수 있는 행복을 찾지 않고 미래의 언젠가 행복할 것이라는 가정법 인생을 사는 사람들, 오늘도 더 빨리, 더 높이 그리고 더 멀리 달리려는 현대인들은 휴식을 통해 진정한 삶의 의미를 반추해보고 성찰해야 한다.

지금 행복해야 나중에도 행복할 수 있다

필자의 전작《곡선이 이긴다》라는 책에 이런 말이 있다. "행복은 목적지에 존재하는 것이 아니라 목적지로 가는 수많은 간이역에 존재한다." 그런데 요즘 사람들은 목적지로 가는 수많은 간이역을 너무 빨리 지나가기 때문에 행복을 느낄 시간적 여유가 없다. 출근하기 바빠서 느긋한 아침식사는 상상도 못한다. 바쁜 직장인들을 위해 '설레임'이라는 아이스크림처럼 짜먹는 죽이 나왔다고 한다. 아침식사 대신에 운전석에서 죽을 짜먹으며 출근하는 직장인들. 도대체 우리는 무엇을 위해서, 왜 그렇게 여유 없이 달려가는 것일까?

행복은 느긋한 아침식사에 달려 있다고 한다. 당신은 지금 느긋한 아침식사를 하고 있는가? 지금 행복해야 나중에도 행복할 수 있다. 지금 재미있게 일해야 나중에도 재미있게 일할 수 있다. 지금 행복하지 않고 재미도 없는데, 그 고통을 참고 열심히 일하면 미래가 행복할까? 마지못해서 억지로 하기 싫은 일을 참고 견디면, 언젠가는 내가 좋아하는 일을 할 수 있을까? 언젠가someday는 월요일monday부터 일요일sunday 안에 없다. 지금 재미있고 행복해야 미래도 재미있고 행복해질 수 있다.

쓰지 않으면
쓰러진다

"자기 자신 속으로 파고들어 보세요. 그럼으로써 당신에게 자꾸 쓰라는 명령을 내리는 그 근거를 한번 캐보세요. 그런 다음 쓰고 싶은 욕구가 당신의 가슴 깊숙한 곳으로부터 뿌리가 뻗어 나오고 있다면, 또 쓰는 일을 그만두기보다는 차라리 죽음을 택할 수 있는 지 본인 스스로에게 물어보세요. 그리고 조용한 밤중에, 정말 글을 쓰지 않으면 안 될 것인가를 스스로에게 확인해 보십시오. 마음속 깊은 곳에서 울리는 소리에 귀를 기울이십시오. 만일 그 대답이, 글을 쓰지 않으면 차라리 죽을 수밖에 없다는 그 진지한 의문에 대해 명확한 답을 내릴 수 있다면, 당신은 당신의 생애를 그 필연에 의해 만들어 가십시오."

라이너 마리아 릴케Rainer Maria Rilke의 《젊은 시인에게 보내는 편지》에 나오는 구절이다. 쓰지 않으면 쓰러진다. 작가로서 언제나 가슴속에 담고 있는 금언이다. 나는 쓴다. 고로 존재한다. 하루라도 글을 쓰지 않으면 손가락이 굳어서 움직이지 않는다. 매일매일 하는 일이 나를 결정하는 것처럼 매일매일 쓰는 글이 나를 성장시킨다. 글을 쓰는 과정에서 복잡한 생각이 정리되고 생각지도 못했던 생각의 지도를 만나기도 한다.

글은 말과 달라서 매일매일 글 쓰는 근육을 단련시키지 않으면 쉽게 써지지 않는다. 일단 한 줄을 쓰면 그 다음 줄이 써진다. 그리움에 사무치면 그리워하면서 연필로 종이를 긁는다. 아픔을 견디지 못하면 고통을 양념으로 글을 쓴다. 외로움을 견디지 못하면 고독을 안주로 글을 씹어 먹는다. 서러움을 참지 못하면 눈물로 글을 적신다. 몸부림치는 생각을 표현하면 다른 사람을 몸부림치게 만드는 글이 된다. 몸부림친 흔적이 담겨 있는 글이라야 독자를 몸부림치도록 만들 수 있다. 단어를 눈물에 적시고 뜨거운 정감으로 데운 다음, 뼈저린 체험으로 녹여내는 글이 사람들의 눈시울을 뜨겁게 만들고, 몸서리치는 각성을 전해주며, 잠 못 이루는 밤을 홀로 지새우게 만든다.

　그런데 대부분의 논리적 글쓰기는 단어를 채집하고 눈물과 감정을 다 제거한 다음, 메마른 단어들을 논리적으로 짜 맞추고 배열하는 데 치중한다. 논문은 골을 때리지만 논문 뒤 감사의 글은 눈물을 흘리게 만든다. 모든 몸부림치는 생각은 추락하지 않으려는 의지의 증표다. 지금보다 나빠지지 않으려는 처절함이자 지금을 넘어 다른 세계를 꿈꾸는 간절함이다. 무엇인가를 간절히 갈구하려는 자세와 노력이 전과 다른 생각을 임신시킨다.

　몸부림치는 생각의 치열함과 집요함이 내 생각뿐만 아니라 내 몸을 건강하게 만든다. 그래서 생각은 머리로만 하는 것이 아니라, 온몸으로 하면서 가슴으로 느끼는 것이다. 몸부림치지 않은 채 머리로만 이루어지는 생각은 다른 사람의 생각을 바꾸기 어렵다.

'대작'도 '다작'에서 나온다

다작을 하다보면 대작이 나온다. 나는 지금까지 줄기차게 책을 쓰거나 번역했다. 저·역서를 포함해 66권의 책을 썼고 사보, 칼럼, 논문, 학술발표를 포함하면 그동안 쓴 글이 말 그대로 산더미 같을 정도다. 처음으로 책을 쓰기 시작한 1994년부터 지금까지 20여 년의 세월이 흘러갔다. 일 년에 한 권씩 책을 쓰다가, 책 쓰기가 익숙해지면서 6개월에 한 권, 이제는 3~4개월에 한 권의 책을 쓸 수 있는 능력이 생겼다. 책을 쓰는 데 가속도가 붙기 시작하면서 생각나는 대로, 떠오른 아이디어가 도망가기 전에 속사포처럼 글을 쓰게 되었다. 그래서인지 고민하는 글쓰기보다 쏟아내는 글쓰기에 주력했다. 그동안 쓰지 않으면 쓰러진다는 각오로 열정적으로 글을 써왔다.

그럼 나는 왜 쓰는가. 나를 알기 위해서 글을 쓰고, 나다움을 찾아 나답게 살아가기 위해서 글을 쓴다. 머리로 생각만 하는 것과 생각한 바를 글로 쓰는 것 사이에는 큰 차이가 있다. 하얀 종이 위를 하루 종일 들여다보면 머릿속이 백지처럼 하얘진다. 그런데 종이 위에 몇 글자를 쓰고 그러다 한 줄을 쓰고 다시 한 줄을 쓰기 시작하면 다시 세 번째 줄을 쓸 수 있고 그렇게 한 문단의 글이 완성된다. 그것이 다시 한 장의 글이 되고 한 권의 책이 되는 것이다.

첫 한 줄에서 천 페이지의 글이 완성되고 다시 한 권의 책이 탄생하는 것이다. 그러니 말이 되든 안 되든 무조건 써놓고 고치는 편이 좋다. 머리로 고민만 하면 아무것도 쓸 수 없다. 일단 써놓고 논리적 흐름을 조정하고 강조할 포인트를 결정하라. 그 다음 덧붙여야 할 사례나 예화를 추가하면서 수정하면 한 편의 글을 완성할 수 있다.

이렇게 다작을 하다 보면, 거기서 독자들의 심금을 울리는 글이 나오고 그런 글이 대작과 걸작으로 태어나게 된다. 대작과 걸작, 명작과 수작도 다작하면서 겪는 시행착오와 실패작에서 탄생하는 경우가 많다.

처음부터 위대한 작품을 쓴 작가는 없다. 위대한 글도 보잘것없는 글에서 시작된다. 세상 사람들이 알아주지 않는, 세상 사람들의 관심에서 벗어난 숱한 실패작을 양산하는 과정에서 색다른 글쓰기 실력이 쌓인다. 위대한 작품도 독자들로부터 외면 받으면서 느끼는 서러움과 서글픔을 밥 먹듯이 먹고 태어난다. 쓰다 보면 쓰임새를 발견하고 어떻게 써야 하는지를 알게 된다. 가만히 앉아서 고민한다고 독자들의 쓰임을 받는 글이 써지는 건 아니다. 우선 펜을 들고 한 줄을 써보자. 다음 한 줄이 생각날 것이다.

인생을 확실히 망치는
열 가지 비결, 대공개!

《성공하는 사람의 일곱 가지 습관》이라는 책이 있다. 성공하는 사람의 여덟 번째 습관은 성공하는 사람을 뒤쫓지 않는 것이다. 성공하는 사람은 이미 성공한 사람의 일곱 가지 습관을 참고는 하되 그대로 따르지는 않는다.

무엇이든 남이 하는 방식대로 따라해서는 남을 따라잡을 수 없다. 내 방식대로 해야 가장 잘할 수 있고, 신이 나며, 재미도 생기는 법이다. 성공하는 방법은 성공한 사람들의 노하우를 통해 배울 수도 있지만, 성공하지 못하는 사람들의 '이렇게 하면 반드시 실패한다' 는 반례 또한 우리에게 반면교사反面教師의 교훈을 제공해 준다.

다음을 잘 살펴보라. 이렇게 하면 인생을 확실히 망칠 수 있다. 만약 다음의 열 가지 행동 중 본인이 평소에 하는 행동이 한두 가지라도 있다면, 지금부터라도 반성하고 고쳐나가야 한다. 실패한 인생을 살고 싶지 않다면 말이다.

① 과거에 배운 지식으로 가급적 오랫동안 버텨라

배움을 멈추고 지금 알고 있는 지식과 경험을 근간으로 세상을 바라보라. 그러면 언제나 흘러간 과거만 보일 것이고, 현재나 미래도 아름다운 추억으로 채색될 것이다.

② 운동은 가끔 하고 음주와 흡연을 즐겨라

가급적 몸을 움직이지 말고 때와 장소를 불문하고 음주와 흡연을 즐겨라. 멀지 않아 병원에서 오랫동안 휴가를 보내거나 평생 안식년에 돌입하게 될 것이다.

③ 오늘 할 일은 가능하면 내일로 미루고 내일이 되면 다시 모레로 미뤄라

내일 또 내일을 주문처럼 외우고, 수단과 방법을 가리지 말고 오늘 할 수 있는 일을 내일로 미루는 다양한 방법을 모색하라.

④ 무조건 시기하고 질투하라

안 되는 일이 생기면 무조건 남의 탓으로 돌리고, 나보다 잘하는 사람을 만나면 지위고하를 막론하고 무조건 험담하라. 그리고 비난의 화살을 쏴라.

⑤ 부정적인 생각을 갖고 있는 사람들과 정기적으로 어울려라

긍정적으로 생각하는 사람과 어울려서 불필요하게 에너지를 소모하지 마라. 안 되는 방법만 고민하는 사람과 정기적으로 어울리고, 세상을 향해 불평불만을 쏟아내라.

⑥ '~덕분에'라는 말보다 '~때문에'라는 말을 애용하라

'~덕분에'라는 말을 하는 사람과는 어울리지 말고 '~때문에'라는 말을 입에 달고 다니면서 세상의 복음인양 전파하라. 동네방네 돌아다니면서 모든 사람들을 '~때문에'라는 말이 지닌 부정적인 바이러스로 오염시켜라.

⑦ 절대로 행동으로 옮기지 말고 걱정하고 고민만 해라

무슨 일이 있어도 몸은 움직이지 말고 머리로 생각만 해라. 매사를 인정하지 말고 부정하거나 걱정해라. 걱정대학 부정학과와 자포자기학과에 입학해서 수석으로 졸업해라.

⑧ **일이 잘 되면 내 탓이고, 잘 안되면 남의 탓으로 돌려라**

일이 잘되면 내가 잘해서 잘된 것이고 잘 안 풀리면 다른 사람이나 좋지 못한 환경 때문이라고 생각하라. "내 탓이오."라고 말하는 사람은 가차 없이 처벌하고, 남의 탓으로 돌리는 사람은 칭찬해주고 상을 줘라.

⑨ **타인을 험담하고 비난하는 시간을 최대한 많이 확보하라**

사람을 만나면 우선 약점이나 단점을 세심하게 찾아내고, 콕콕 찔러 말해줘라. 누군가 잘나가면 그 사람의 과거 치부를 들어 내 전국 방방곡곡에 알려라.

⑩ **타인의 아픔을 무시하고 나의 기쁨에 매진하라**

다른 사람이 겪고 있는 불편이나 불안, 불만족은 무조건 간과하거나 무시하고, 나의 즐거움을 위해 전력투구하라. 다른 사람에게 신경 쓸 시간은 없다.

때dirt와 때timing의 관계 :
사람은 다 때가 있는 법이다

"사람은 다 때dirt가 있는 법이다." 어느 목욕탕의 간판 문구다. 여기서 '때'는 때dirt가 아니라 시의적절한 타이밍을 의미할 수도 있다. 누구나 다 자신의 재능을 꽃피울 때timing가 있다. 다만 언제 그 꽃을 피울 것인지 시기가 문제다. 때를 기다려야 한다. 언젠가는 반드시 때가 올 것이다.

봄에 피는 꽃이 있는가 하면 한여름의 열기를 뚫고 피는 꽃도 있다. 서늘한 가을에 멋스러움을 한껏 자랑하면서 피는 꽃도 있고 한겨울 엄동설한의 추위를 견디며 피는 꽃도 있다. 봄에 피는 꽃이

다른 꽃보다 유독 아름다울 이유는 없다. 다만 때가 되어서 꽃을 피우는 것이다.

자연에 있는 모든 꽃들에게 이른 봄에 무조건 꽃을 피우라고 강요한다면, 그때부터 자연은 자연스러운 아름다움을 상실하게 될 것이다. 자연이 아름다운 이유는 때를 맞춰 꽃을 피우는 생명체가 있기 때문이다. 여름에 피는 꽃은 봄에 피는 꽃을 질투하고 시기하지 않으며, 가을에 피는 꽃과 겨울에 피는 꽃도 앞서 핀 꽃과 자신을 비교하며 스스로 자괴감에 빠지지 않는다. 오로지 자기다움으로 남다름을 입증할 뿐이다. 그리고 주어진 조건에서 자신이 언제 꽃을 피워야 할지를 스스로 터득했을 뿐이다.

여기서 주목할 사실은 봄에 피는 꽃은 꽃을 피울 준비를 봄에 하지 않고 한겨울부터 준비한다는 사실이다. 혹한의 추위 속에서 새봄의 희망을 싹틔우는 것이다. 오랜 기간 준비하면서 때가 되면 정열적으로 꽃을 피우고 열매를 맺고 씨앗을 남긴다. 여름에 피는 꽃은 이른 봄부터 꽃피울 준비를 시작해서 다른 식물이 무더위에 지쳐 흐느적거릴 때 온 힘을 다해 꽃을 피우고 다음을 기약한다.

자연의 모든 생명체는 그냥 때를 기다리지 않는다. 언제 올지 모르는 때를 만나기 위해 평소에 치밀하고 치열한 준

체·인·지

비를 한다. 가만히 있는 것 같지만 사실은 때를 맞이하기 위해 격전을 방불케 할 정도로 부산하게 움직이는 것이다. 우리도 꽃처럼 느긋하게 때를 기다려보자. 자신에게는 때가 안 온다고 불평불만을 터뜨리기보다 아직은 때를 포착할 실력이 갖춰져 있지 않다고 생각하자. 기회는 기다림 끝에 어느 날 갑자기 다가온다. 그 때를 놓치지 않기 위해 조용하지만 치밀하고 치열하게 준비해야 한다.

데이비드 오길비 이야기

38세의 실업자입니다. 대학을 중퇴했습니다.
요리사, 세일즈맨, 외교관을 거쳐 농사도 지어봤습니다.
마케팅에 대해서는 아무것도 모르고
카피는 써보지도 않았습니다.
광고가 재미있어서 업業으로 삼겠다고 결심했으며
연봉 5,000달러를 희망합니다.

이런 사람을 채용할 광고회사가 있을까? 런던의 한 광고대행사가 고용한 이 사람은 3년 뒤 세상에서 가장 유명한 카피라이터가 되었으며, 이후 세계에서 열 번째로 큰 광고대행사를 설립했다. 그의

'현대 광고의 아버지' 라 불리는 데이비드 오길비

이름은 데이비드 오길비David Ogilvy, 세계적인 광고대행사 오길비 앤 매더Ogilvy & Mather의 창립자이며 1920년대 이후 광고계의 번영을 이끈 '현대 광고의 아버지' 다.

오길비는 고전학자이자 중개인이었던 아버지의 사업 실패로 몹시 가난한 어린 시절을 보냈다. 재수 끝에 옥스퍼드대학교에 들어갔지만, 우울증으로 시험에 낙제한 후 퇴학당했다. 그래서 노동으로 생활을 영위하기 위해 파리로 가 마제스틱 호텔 주방에서 조리사로 일하다가, 영국으로 돌아와 오븐 방문판매원으로 일했다. 마제스틱 호텔 주방에서 요리사로 일하면서 얻은 경험은 훗날 그가 광고대행사의 대표가 되었을 때 많은 영향을 주었고, 그가 리더십을 이야기할 때마다 주로 인용하는 재료가 되었다.

1935년 영국으로 돌아와 오븐 방문판매원으로 일하며 주목할 만한 세일즈 수완을 발휘하던 오길비는 회사의 권유로 세일즈맨을 위한 가이드북을 만들었고, 그중 한 부를 형이 일하던 런던의 광고대행사 매더 앤 크로우더Mather & Crowther에 보낸 것을 계기로 광고계에 입문하였다. 〈포춘〉은 햇병아리 시절 오길비가 작성한 세일즈 가이드북을 '가장 훌륭한 세일즈 매뉴얼'이라고 호평했다.

1948년에 오길비는 뉴욕 매디슨 가에 오길비 앤 매더를 설립했다. 당시 오길비 앤 매더는 단 한 명의 클라이언트도 없이 시작했지만, 설립자의 의지가 담긴 명확한 비즈니스 철학을 토대로 승승장구했다. 그리고 현재 100여 개 나라에 약 359개의 지사를 거느린 세계적인 광고대행사로 발전했다.

무수한 실패를 경험하지만 시행착오 끝에 찾은 한 줄기 빛을 잡고 혼신의 노력을 멈추지 않는 사람, 새로운 도전을 감행하다 끝이 보이지 않는 바닥으로 추락하지만 거기서 주저앉지 않고 반전을 거듭한 끝에 마침내 역전의 감동적 스토리를 만들어가는 사람에게 우리는 박수를 보낸다. 그런 사람 중 한 명이 바로 광고계의 살아있는 전설, 오길비가 아닐까.

언젠가 높이 날기 위해서 기회를 기다린 사람들, 그들은 그냥 기다리지 않았다. 기다리는 동안 더 높이, 오래 날 수 있도록 부단히 내공을 연마했다. 위대한 성취를 이룬 사람들의 공통점은 어느 날 갑자기 떴다가 지지 않는다는 사실이다.

시계와 나침반의 대화 :
인생이라는 사막을 건널 때 필요한 것

시계는 시간을 보는 것이고 나침반은 방향을 보는 것이다. 지금이 몇 시인지도 궁금하지만, 지금 어디로 가는지는 더 궁금할 것이다. 사람이 처한 환경과 문제의식에 따라 방향보다 시간이 더 궁금할 수 있지만, 내가 어디로 가고 있는지가 더 중요한 문제가 될 수도 있다. 예를 들면 사막을 건너는 사람에게는 시계보다 나침반이 더 중요하다. 사막을 건너는 사람에겐 지금이 몇 시인지보다, 지금 내가 가려는 목적지를 향해서 올바르게 가고 있는지가 더 중요하기 때문이다. 시간이 부족하면 쉬었다 내일 가도 되지만, 잘못된 방향으로 접어들면 걷잡을 수 없는 위험에 빠질 수도 있다. 물론 잘못 들어선 길이라면 다시 원점에서 시작할 수도 있지만, 지금의 상황이 위태롭다면 잘못된 방향 선택은 치명적일 수 있다. 그래서 상황이 시시각각 바뀌는 사막에서는 시계보다 나침반이 필수품이다.

한편 등산하는 사람에겐 나침반보다 시계가 더욱 중요할 수 있다. 등산에선 제한된 시간 내에 특정 목적지에 도달하지 못하면 극도의 위험에 빠질 수 있다. 시간대별로 온도와 기후 변화가 극심한 산이 많기 때문이다. 물론 등산하는 사람에게도 나침반은 필요하다. 하지만 필요성보다 중요성에 비추어보면 등반가에게는 나침반보다 시계가 더 중한 역할을 한다.

등산을 사막 건너기와 비교해보자. 등산 코스는 어느 정도 정해져 있어서 방향을 점검하는 나침반은 그다지 소중한 역할을 하지 못한다. 반면 불확실성의 강도나 수준은 등산보다 사막이 훨씬 높다. 불확실성과 우연성이 높을수록 시계보다는 나침반이 더 소중한 소지품이다.

우리가 살아가는 현재는 확실한 것은 점점 줄어들고 우연히 일어날 사건이 많아지는 세상이다. 따라서 등산하기 패러다임보다는 사막 건너기 패러다임으로 세상을 살아가야 할 것이다. "나침반 바늘은 정확한 방향을 가리키기 전에 항상 흔들린다. 인생도 마찬가지다. 그러므로 지금 흔들리고 있는 것을 걱정할 필요가 없다. 언젠가는 바른 방향을 가리키게 될 것이기 때문이다." 김은주 작가가 쓴《달팽이 안에 달》이라는 책에 나오는 말이다. 흔들리되 방향을 잃지 않는 게 중요하다.

극한의 '사막'에서 새로운 '사유'가 시작된다

산은 언제나 거기 있지만, 사막은 여기 있다가 저기로 순식간에 옮겨질 수도 있다. 그만큼 사막은 산에 비해 불확실성이 높고 미래의 상황을 예측하기 어렵다.

앞에서도 언급했듯이 등산하는 사람에게는 시계가 중요하지만 사막을 건너는 사람에게는 나침반이 중요하다. 등산하는 사람에게는 시간을 다투는 속도가 중요한 변수지만, 사막을 건너는 사람에게는 속도보다 올바른 방향설정이 그 무엇보다도 소중하기 때문이다. 방향 없는 속도는 곧 죽음을 의미할 수도 있다. 이런 점에서 등

산하는 사람에게는 '시간時間'이 중요하지만 사막을 건너는 사람에게는 '시각視覺'이 중요하다. 등산하는 사람에게는 제한된 시간 또는 기후가 허락하는 시간 내에 정상이나 일정한 목적지에 도달하지 못하면 위험천만한 일이 발생할 수 있다. 반면에 사막을 건너는 사람에게는 시시각각 변화하는 바람과 모래의 움직임에 따라 어떻게 대응할 것인지를 결정하는 시각이 중요하다. 그에 따라 생사가 결정될 수 있기 때문이다.

사막을 건너는 사람에게는 목적지에 도달하는 게 무엇보다도 중요하다. 오늘 가지 못한 목표량은 내일 가도 되지만, 방향을 잃어버리면 영원히 목적지에 도착할 수 없다. 사막을 건너는 사람은 가던 길이 막히면 옆으로 돌아가고, 급할수록 돌아가는 우회적 전략을 사용한다. 때로는 심각한 모래바람이 지나가기를 기다렸다가 다시 전진한다. 그래서 난국, 위기, 곤란, 역경, 시련이 상존하는 상황에서는 등산을 통한 정상정복 전략보다 사막 건너기를 통해 목적지에 도착하는 전략이 더 유용하다.

언제 어떤 상황이 펼쳐질지 모르는 예측불허의 상황에서는 불완전한 인간이, 불확실한 미래를 확실하게 알기란 불가능하다. 더욱이 거기에 맞는 체계적인 계획을 세워서, 그 계획을 차근차근 단계적으로 달성한다는 건 상상도 할 수 없다. 따라서 궁극적인 목적의식과 자신의 존재이유에 대한 자기 나름의 문제의식을 잊지 않는 것이 중요하다. 목적의식을 잃지 않고 꾸준히 노력하면서 기회를 엿보는 사람에게는 언젠가 때가 찾아온다.

꿈을 깨야
꿈을 꿀 수 있다

"어제는 history, 내일은 mistery, 오늘은 present!"

이 짤막한 대사는 영화 〈쿵푸 팬더〉에 나오는 말이다. 사람이 바꿀 수 있는 것은 어제도 내일도 아니다. 선물로 주신 오늘, 지금 이 순간이다. 지금을 바꾸면 후회로 점철된 과거도 아름다운 추억 으로 재생되고, 베일에 쌓인 미지의 미래未來도 아름다운 미래美來 로 다가온다.

영화 〈죽은 시인의 사회〉에 나오는 명대사 '카르페 디엠Carpe diem'도 마찬가지다. 카르페 디엠은 본래 호라티우스Quintus Horatius

Flaccus의 라틴어 시 한 구절로부터 유래한 명언으로, '현재를 잡아라'라는 뜻이다. 이 영화에 나오는 존 키팅 선생은 "고작 남이 만들어준 미래를 위해 지금 아니면 느낄 수 없는 이 순간의 즐거움을 포기해선 안 된다."고 외친다. 그는 계속해서 "그 누구도 아닌 자기 걸음을 걸어라. 나는 독특하다는 것을 믿어라. 누구나 몰려가는 줄에 설 필요는 없다. 자기 걸음으로 자기 길을 가라. 바보 같은 사람들이 뭐라 비웃든 간에."라고 학생들에게 가르친다.

행복은 자기 걸음으로 자기다움을 찾아갈 때 비로소 다가온다. 처음부터 꿈이 뭔지 아는 사람은 지극히 비정상이다. 산전수전山戰水戰의 어려움을 겪고, 우여곡절迂餘曲折의 다양한 경험을 축적하고, 파란만장波瀾萬丈한 실패 체험을 해본 다음에, 내가 하면 정말 재미있고 신나는 일이 무엇인지를 알아야 제대로 꿈을 꿀 수 있다. 그 이전에 꾼 꿈은 누군가 강요했거나, 막연히 멋있어 보여서 그렇게 되고 싶다는 단순한 소망과 욕망의 표현일 뿐이다. 꿈은 처절하게 깨지고 난 다음에 비로소 꿈틀거리는 갈급한 희망이다.

꿈은 언제부터 꿀 수 있을까? 너무 어린 나이에 꿈을 꾸라고 강요하면 엉뚱한 꿈을 꾸거나, 남의 꿈을 자신의 꿈인양 착각할 수도 있다. 또한 너무 일찍 꿈을 꾸기 시작하면 이런저런 세상 경험을 해보지도 못한 상태에서 작은 우물 안의 꿈이 전부인 것처럼 안하무인眼下無人의 생각과 행동을 보여줄 수도 있다.

"꿈을 꾸되 꿈꾸지 마라." 무슨 말인가. 꿈을 꾸되 지금 꾸고 있는 꿈이 내가 진정 원하는 꿈이 아닐 수도 있음을 명심하라는 말이다. 이런저런 경험 끝에 가슴이 뛰는 꿈이 나타난다. 가슴이 시키는 일이 꿈이다. 머리로 생각하면서 이런저런 사정과 조건을 따지다 보면, 꿈은 싹을 틔우기도 전에 말라 죽을 수 있다. 꿈은 논리적으로 조사하고 분석해서 결정하는 것이 아니라, 넘어지고 엎어지면서 과거의 생각이 산산이 부서질 때 비로소 꾸는 것이다.

꿈을 깨야 꿈을 꿀 수 있다. '꿈 깨라'는 말이 있지 않은가. 허황된 꿈, 실현 불가능한 꿈, 현실에 근거하지 않는 너무 이상적인 꿈은 깨야 한다. 꿈은 지금 발을 딛고 서 있는 오늘의 현실에서 시작된다. 일상에서 시작되는 꿈이라야, 비상할 수 있는 이상적인 꿈이 될 수 있다.

꿈과 행복 :
꿈이 없어서 행복하다

꿈이 있는 사람은 행복하고 꿈이 없는 사람은 불행하다고 한다. 과연 그럴까? 한참 뭔가를 시도하고, 견디기 어려운 좌절의 경험을 해야 할 청춘들에게 꿈을 강요하는 사회를 보면 느끼는 바가 많다. 꿈을 권하는 사회가 잘못된 것은 아니지만 꿈을 강요하는 사회는 뭔가 심각한 문제가 있다고 생각한다.

청춘은 뭔가를 성취하는 시기가 아니라 시도하고 모색하면서 내가 하면 잘할 수 있고 신나는 일이 무엇인지를 탐색하고 발견하는 시기다. 몸을 움직이지 않고, 책상에 앉아서 내 꿈이 무엇인지를 고민만 하기 때문에 머리가 아픈 것이다. 몸을 움직이지 않고 머리만 쓰면 골치가 아프다. 하지만 몸을 움직이고 머리를 쉬게 하면 골치 아픈 문제는 말끔히 사라지고 머릿속은 맑아진다. 그러고 나면 머리로만 고민했던 문제가 쓸데없는 기우였다는 것이 확실해진다.

꿈은 머리로 생각하는 것이 아니라 온몸으로 실천하는 가운데 비로소 다가오는 것이다. 인생에서 가장 위험한 일이, 어릴 때 성공 체험을 하는 것이라고 한다. 너무 빨리 성공하면 마치 그것이 내 삶의 전부라고 자만하기 쉽기 때문이다. 나무도 꿈을 꾸지 않는

체·인·지

다. 그저 주어진 조건과 환경에서 하루하루를 최선을 다해 살아간다. 그러다가 때가 되면 꽃을 피우고 열매를 맺는다. 나무의 꿈은 열매를 맺는 것이 아니라 주어진 조건에서 최선을 다하면서 그 순간 할 수 있는 일을 하는 것이다. 나무는 주어진 환경과 조건을 탓하지 않는다. 나무는 절대로 주변을 나무라지 않는다.

처절함과 처연함 뒤에 슬며시 다가오는 손짓을 만날 때 가슴은 뛰기 시작한다. 그 이전에 만난 일들은 내 인생의 전부를 걸고 열정적으로 몰입할 필요가 없는 일인 경우가 많다. 꿈을 꾸어야 한다는 강박관념 때문에 억지로 만드는 꿈은 꿈이 아니다. 내 가슴을 뛰게 만드는 것, 내가 정말 하고 싶은 것, 나의 삶이 바뀔 만한 힘을 가진 무언가를 발견했을 때 꿈을 꾸어도 늦지 않다. 꿈은 누군가를 위해 꾸는 게 아니라 나를 위해 꾸는 것임을 잊어서는 안 된다.

꿈으로 가는 5대 열사

꿈으로 가는 5대 열사烈士는 다음과 같다.
- ❶ 꿈과 열애熱愛에 빠진 사람은
- ❷ 꿈에 대한 간절한 열망熱望을 갖고 있는 사람이고

❸ 언제나 지금 하고 있는 일을 열심熱心히 하면서 몰입하고

❹ 열중熱中한다.

❺ 마지막 남은 에너지를 쏟아 열정熱情을 불사르다 보면 어느
새 우리가 꾸는 꿈은 현실로 다가온다.

뭐든지 뜨겁게 사랑해야 이루어진다. 간절히 원하고 절박한 심정으로 고대하는 열망이 있어야, 그 어떤 절망도 희망으로 탈바꿈시킬 수 있다. 무조건 열심히 한다고 잘된다는 보장은 없지만, 열심히 하지 않고 위대한 일이 성취된 경우는 없다. 열심히 하되 내가 무엇을 위해, 왜 이 일을 하는지 떠올리면서 중심을 잡고 그 일에 몰입해야 한다. 그게 바로 열중이다. 중심을 잡는다는 것은 일의 콘셉트를 잡는 일이며, 남다르게 일하는 방법을 고민하는 것이다. 그럴 때 사람은 열중할 수 있고, 열정을 불사르며 재미있고 신나게 일할 수 있다.

열정은 작은 불꽃으로 시작한다. '불꽃'이 피기 위해서는 '불길'이 일기 시작해야 되고, '불길'이 일어나려면 '불씨'가 있어야 한다. 불씨는 꿈이고, 불길은 열정이며, 불꽃은 보람찬 성취다. 불씨가 없으면 불꽃이 피지 않듯이, 꿈이 없으면 보람찬 성취를 이룰수 없다. 하지만 '열정熱情'이 지나치면 '격정激情'으로 치달을 수있기 때문에 '냉정冷情'이라는 브레이크가 필요하다. 한편 '냉정'

이 '열정'에 지나치게 간섭하면 '열정'은 꽃을 피우기 전에 사그라지고 만다.

'열정'과 '냉정' 사이에, 훈훈한 '온정溫情'과 세상을 관조하고 성찰하면서 쌓은 '서정敍情'이 관여할 때 '열정'은 꿈을 향한 에너지로 무한 작동될 수 있다. '열정'은 할 수 있다는 자신감과 될 수 있다는 가능성이라는 믿음 위에 피는 불꽃같은 의지다.

세상에는 평탄한 길만 있는 게 아니다. 먼 곳으로 항해하는 배가 단 한 번의 풍파도 만나지 않고 목적지에 도달할 수는 없다. 풍파는 언제나 전진하는 자의 벗이다. 차라리 고난 속에 인생의 기쁨이 있다고 생각하자. 길이 험하면 험할수록 가슴이 뛸 것이다.

사상思想은
연상聯想이다

공업고등학교에 다니면서 인문계 과목을 공부하는 시간보다 용접했던 시간이 많았다. 대학 진학이 목적이 아니라 취업이 목적이었기 때문이다. 대학 입학시험 준비를 하면서 학업 성취도를 올리는 게 목적이 아니라 취업을 준비하기 위한 실기 능력을 향상하는 게 목적이었다. 내 인생의 첫 번째 실패는 용접기능사 시험에서 낙방했던 아픈 체험이다. 용접의 핵심은 용접봉을 녹여서 뜨거운 철물로 이질적 철판을 접합시키는 데 있다. 순간적으로 온도조절을 잘못해서 철판에 구멍이 뚫렸다. 좀 더 정성을 들여 용접해도 합격은

체 · 인 · 지

물 건너간 상황이었다. 이미 불합격이 예고된 상황에서 나는 용접봉을 녹여 철판에 구멍을 크게 뚫어버렸다. 그 후 나는 철판만 생각하면 보름달이 연상된다. 한겨울에 철판을 맨손으로 접촉하면서 내 몸에 각인된 차가움은 추상적 기억이 아니라 생생하게 살아남은 구체적 추억이다. 철판을 용접봉으로 녹여 구멍을 뚫을 수밖에 없었던 실패 덕분에 전혀 관계없는 보름달과 철판을 연결해 상상력을 발휘하는 원동력을 얻은 셈이다. 사람의 생각은 그와 함께 연상되는 연상세계로부터 자유로울 수 없다.

"그 사람의 사상은 그가 주장하는 논리 이전에 그 사람의 연상세계, 그 사람의 가슴에 있다고 믿습니다. 그 사람의 사상이 어떤 것인가를 알기 위해서는 그 사람이 어떤 연상세계를 그 단어와 함께 가지고 있는가를 묻는 것이 더 정확하다고 봐요."[7] 신영복 교수님의 유고집,《냇물아 흘러흘러 어디로 가니》에 나오는 말이다. 철판과 용접이라는 단어는 나에게 한때 일과의 많은 부분을 함께 했던 일상적 사물이자 사연을 품고 있는 일과였다. 하지만 철판을 용접으로 녹여서 붙여본 체험이 없는 사람에게 철판과 용접은 국어사전에 나오는 관념적 단어나 개념에 불과하다. 아파트라는 단어를 떠올리면 어떤 사람은 가수 윤수일의 노래〈아파트〉를 연상하는 사람도 있다. 아파트라는 말은 누군가에게 몇 평인지가 관심의 대상이기도 하고, 강남과 강북, 강변이나 역세권 등 위치가 중요한 정보이기도 하다. 나는 아파트를 떠올리면 건설현장에서 땀 흘리는 노동자들의 모습이 연상된다. 한때 대학 다니면서 여름방학 동안 아파트 건설현장에서 벽돌을 짊어지고 날라본 체험이 떠올라서다. 책을 읽고 개념을 습득해도 그 개념에 나의 체험적 신념이 추가되지 않으면 관념의 파편으로 전락할 수 있다. 특정 단어를 떠올릴 때 연상의 깊이가 깊고 넓이가 넓은 사람은 그 만큼 상상력의 수준과 정도도 높다. 특정 단어를 떠올릴 때 연상되는 세계의 가능성은 곧 그 사람의 상상력 수준을 드러낸다. 가난이라는 말을 떠올렸을 때 부모님이 연상하는 세계와 아이들이 연상하는 세계는 판이할 수밖에 없다. 가난을 직접 체험하면서 몸으로 각인시킨 부모 세대와 가난을 간접 경험하면서 머리로 생각하는 아이들의 세계 인식 수준과 사고의 차이는 실로 엄청날 수밖에 없다. 체험이 부족하면 과거를 연상하는 능력이 부족한 게 아니다. 미래까지 부실해진다.

　"기억은 과거의 것만이 아니고 미래를 구축하기 위한 구성요소다. 기억의 폭이 좁을수록 미래를 폭넓고 독창적으로 구상할 가능성도 줄어든다. 기억을 먹여 살리는 방법은 몸을 먹여 살리는 방법만큼 중요하다... 기억이 빈약하면 이전에 가본 곳 말고는 앞으로 어디로 갈지를 상상할 수 없다."[8] 프랑스인이 가장 사랑하는 영국인, 시어도어 젤딘의 《인생의 발견》에 나오는 말이다. 기억의 폭을 늘리면 지금 여기서 내가 해볼 수 있는 체험의 깊이와 넓이를 심화하고 확장한다. 여기서 말하는 기억은 뭔가를 암기하는 능력보다 자신이 살아오면서 몸에 각인한 각양각색의 체험적 얼룩과 무늬다. "옛날은 가는 게 아니고 이렇게 자꾸 오는 것이었다." 이문재 시인의 〈소금창고〉 시에 나오는 구절 중의 일부다. 옛날이 가지 않고 자꾸 지금 여기로 다가오는 이유는 그 당시의 추억이 강렬한 감정으로 살아남았기 때문이다. 감정이 살아 있을 때 사람은 살아 있다. 어렸을 때 시간 가는 줄 모르고 들판에서 뛰어놀았던 기억, 회색빛 청춘을 보내면서 무수한 방황과 시행착오 끝에 찾은 한 줄기 희망, 우연히 집어 든 한 권의 책이 내 인생의 전환점을 마련했던 계기, 학창시절 나의 단점보다 강점을 칭찬해주면서 꿈과 용기를 심어준 스승과의 운명적인 만남. 이 모든 것이 내 몸의 기억창고에 저장된 잊을 수 없는 추억들이다. 책에서 배울 수 없는 다양한 도전으로 한 성취 체험과 생각지도 못한 실패와 좌절 체험 역시 내 삶의 얼룩이다. 하지만 아름다운 무늬로 재생되는 기억들이다. 생각만 해도 지난 시절의 기억이 구체적인 모습으로 떠오르는 게 많은 사람은 그만큼 다양한 경험을 하면서 살아왔다는 증거다. 기억 창고에 저장된 체험의 흔적이 넓고 깊은 사람은 그만큼 특정한 주제에 대해서도 연결해 상상력을 발휘할 가능성이 높다.

　"양육을 주제로 글을 쓰는 사람은 교육 전문가일 뿐이지만 인형을 가지고 노는 아이는 어머니이다." [9] 체험 없이 책상 공부만으로도 전문가의 길에 오를 수 있지만 다른 사람에게 심금을 울리는 감동을 전하기는 어렵다. 하지만 인형을 가지고 놀면서 엄마 대행 역할을 해보는 어린아이는 어머니의 마음을 몸으로 익힌다. 《천천히, 스미는》라는 책 중에서 〈장난감 극장〉이라는 글을 쓴 G. K. 체스터튼의 말이다. 내가 경험해보지 않은 부분을 말하기는 쉽다. 하지만 체험해보지 않은 분야를 이야기하는 과정에는 설득력이 없다. 책에서 얻은 남의 이야기를 동원해서 인용하고 설명하지만 와 닿지 않는다. 수년간 책상에서 공부하고 결국 박사학위를 받았지만, 너무 한심한 나머지 자신을 한탄하는 파우스트를 보자.

"아, 나는 철학도, 법학도, 의학도, 심지어는 신학까지도 온갖 노력을 기울여 철저히 공부하였다. 그러나, 지금 여기 서 있는 나는 가련한 바보. 전보다 똑똑해진 것은 하나도 없구나. 석사니 박사니 허울 좋은 이름만 들으며 그럭저럭 십 년이란 세월을 위로 아래로 이리저리 내 학생들의 코를 끌고 다녔을 뿐 우리가 아는 게 아무것도 없다는 것을 깨닫고 보니 내 가슴은 거의 타버릴 것만 같다."[10] 괴테의 《파우스트》 비극 1부에 나오는 말이다. 그리고 이어서 파우스트는 고백을 이어간다. "아아! 이렇게 연구실에 처박혀 있다가 겨우 휴일에나 세상 구경을 하는데, 그것도 먼발치에서 망원경을 통해 보는 거라면 어찌 설득을 통해 대중을 인도할 수 있겠습니까?"[11] 세상은 논리적으로 설명하는 사람보다 감성적으로 설득하는 사람이 이끈다. 논리적으로 설명하면, 옳은 이야기지만 먹히지 않는다. 자신의 체험적 각성으로 재해석하지 않기 때문이다.

심장을 두드리는 힘은 체험적 각성이 전해준다. 폐부를 찌르지 않는 정보는 진정한 앎이 아니며, 낡은 나를 넘어뜨리고 다른 나, 타자로서의 나로 변화시키지 않는 만남은 체험이 아니다.[12] 누구나 책을 읽고 사람을 만나며 체험을 한다. 다만 책과 사람, 그리고 체험과 마주치면서 얻은 체험적 각성을 내가 어떻게 해석하고 거기에 의미를 부여하는지가 다를 뿐이다. 니체는 말하지 않았던가. 모든 고통은 해석된 고통이라고.

삶이 곧 앎이고 앎이 곧 삶이다

"요즘 노래하는 젊은 사람들은 얼굴도 예쁘고, 춤도 잘 추고, 노래도 잘 허고…… 첫 번 째 출발이 노래하는 거야. 노래를 하면서 인생을 배우는 거야. 근데 저는 인생을 배우고 노래를 시작했어요. 노래라는 게 결국 '할 이야기', 자기 히스토리이고, 스토리인데, 그렇다고 하믄 누가 할 이야기가 더 많겠어요. 제가 헐 이야기가 더 많죠."[13] 《안녕 돈키호테》라는 책에서 박웅현이 장사익 가수를 인터뷰하는 장면에서 장사익 가수가 한 말이다. 노래는 목소리와 춤으로 보여주는 게 아니다. 노래는 내 삶을 담아 온몸으로 부르는 예술이다. 몸으로 내 인생을 실어 부르는 노래라야 깊은 감동을 줄 수 있다. 앎으로 삶을 증명하려는 아이돌의 노래와 삶으로 앎을 증명하려는 장사익 가수와 같은 노래는 청중에게 전해주는 삶의 깊이와 노래에 담긴 삶의 의미 수준이 다르다. 인생을 배우지 않고 노래를 실험실에서 조련당하면서 배우는 아이돌은 체험 없이 책상에서 공부만 하는 스마트한 인재들과 비슷하다.

"바닷가의 모래가 부드럽다는 것을 책에서 읽기만 하면 다 되는 것이 아니다. 나는 내 맨발로 그것을 느끼고 싶은 것이다. 감각으로 느껴보지 못한 일체의 지식이 내겐 무용할 뿐이다."[14] 앙드레 지드의《지상의 양식》에 나오는 말이다. 맨몸으로 버텨본 시련과 역경, 맨땅에 헤딩하면서 자빠져본 좌절 체험, 눈물 젖은 맨밥을 먹어본 아픔이 노래나 글이나 그림으로 승화될 때 사람의 심금을 울릴 수 있다.

"내가 아는 시인들은 대부분 한 가지 문제를 안고 있다. 단 한 번도 직장을 다니며 하루 여덟 시간의 노동을 한 적이 없다. 여덟 시간의 노동보다 더 현실과 소통하는 길은 없는데도. 그들의 글에는 삶도 없고, 알맹이도 없고 진실도 없다. 무엇보다 아주 따분하다. 유행에는 맞지만." 미국의 시인 겸 소설가인 찰스 부코스키의 말이다. 삶을 무대로 공부해야 삶을 변화시킬 수 있다. 삶이 곧 앎이고 앎이 곧 삶인 사람, 앎으로 삶을 변화시키려는 관념적인 노력보다 살아내는 삶으로 앎을 증명하려는 사람이 보다 전투적이고 치열하며 간절하다.

"우리 삶에는 시간의 점이 있다. 이 선명하게 두드러지는 점에는 재생의 힘이 있어. 이 힘으로 우리를 파고들어 우리가 높이 있을 때는 더 높이 오를 수 있게 하고, 우리가 쓰러졌을 때는 다시 일으켜 세운다." 윌리엄 워즈워스의《서곡》에 나오는 말이다. 여기서 시간의 점이란 내가 살아오면서 내 몸에 각인된 직간접적 체험의 총량이다. 시인 워즈워스도 어린 시절 알프스를 여행하면서 만났던 특정 장면이 너무 강렬한 기억으로 남아 있어서 시를 쓸 때마다 당신의 장면이 떠오른다고 했다. 살아오면서 만난 다양한 사람과의 사연, 시행착오를 겪으며 살아오면서 겪은 산전수전의 체험, 그리고 그런 체험적 고뇌가 녹아있는 책을 읽으며, 몸에 생긴 시간의 점이 선을 만들고 그 선이 다시 면을 만든다. 여기서 면은 바로 한 사람의 면모面貌다. 그 사람의 면모는 지금까지 만난 수많은 점과 점이 연결되어 만든 선의 합작품이다. 한 사람의 사상의 깊이와 넓이도 결국 그 사람이 살아오면서 겪은 직간접적 체험의 깊이와 넓이, 체험과 관련된 다양한 기억의 밀도 및 강도와 직결된다. 지금 국가적 위기로 겪는 힘든 체험도 먼 훗날 소중한 인생 교훈으로 작용하는 아름다운 '시간의 점'이 될 수 있기를 기대해본다.

'산물'이 없으면
'부산물'도 없다

보통 주제나 문제의식을 갖고 책을 쓰기 시작한다. 예를 들면 공부를 주제로 독자들에게 공부의 진정한 의미는 무엇이며, 왜 공부해야 하는지, 그리고 4차 산업혁명에 대비하려면 어떻게 공부를 해야 하는지에 대한 문제의식을 느끼고 저술을 시작한다. 책을 쓰기 전에 당연히 공부에 관한 다양한 책을 찾아서 읽어보기도 하고 관련 기사나 글을 찾아 읽어보면서 공부를 바라보는 다양한 관점이 존재한다는 것을 알게 된다. 이미 공부에 관한 다양한 책이 나왔지만 다시 공부에 관한 책을 써야하는 이유와 기존 책과 다른 점이 무엇인지를 생각하지 않을 수 없다. 책을 쓰기 전에 어떤 책을 쓸 것인지 결정하기도 하지만 책을 쓰면서 쓰고 있는 책의 내용을 구상하기도 한다. 본래 의도했던 내용이 있지만 책을 쓰면서 공부하는 도중에 본래 의도와 무관한 전혀 다른 내용으로 책의 내용이 전개되기도 한다. 문제는 책을 쓰지 않고 어떤 책을 쓸 것인지를 생각만 해서는 책을 쓰지 못할 뿐만 아니라 책을 쓰는 과정에서 깨닫는 즐거움도 맛볼 수 없다. 책을 쓰는 것이 목표나 결과지만 책을 쓰는 과정에서 깨닫는 교훈과 즐거움이 목표나 결과보다 더 의미 있고 가치 있는 배움으로 다가오는 경우가 많다. 책은 산물이지만 사실 책이라는 산물을 만드는 과정에서 만나는 수많은 부산물이 의미심장한 깨달음을 전해주는 배움의 보고寶庫가 되는 경우가 많다. 책을 쓰는 과정에서는 사실 머리와 마음이 작용하기보다는 몸을 주로 쓴다. 아무리 위대한 생각으로 책을 쓰겠다는 결심을 해도 몸이 따라주지 않으면 한 자도 쓰지 못한다.

　"'몸'이 스승이고 '마음'이 제자다. 몸을 보고 마음이 배운다. 그러나 마음이 어느 때고 몸을 들여다보는 것은 아니다. 못된 제자는 제 삶이 안달이 날 때에만 스승에게 손을 내민다."[15] 평론가 신형철의《느낌의 공동체》에 나오는 말이다. 흔히 마음이 몸을 지배한다고 생각한다. 마인드 컨트롤로 몸을 움직일 수 있다는 가정도 이런 주장에서 비롯한다. 하지만 극한의 한계 상황에 놓이면 마음으로 몸을 통제할 수 없다. 몸이 먼저다. 몸이 망가지면 마음이 거주할 집이 없어진다. 세상을 만나는 직접적인 매개 지점도 몸이고 몸을 통해 감각과 사유가 시작된다. "몸에 기쁨이 찾아오는 경우에 우리는 정신에서도 반드시 기쁨을 느끼지만, 반대로 정신의 기쁨이 필연적으로 몸의 기쁨을 초래하지는 않는다…우리의 몸은 항상 옳지만, 정신은 그릇 될 수 있다."[16] 강신주의 《감정수업》에 나오는 말이다. 몸은 정직하다. 몸으로 느끼는 감각이 가슴으로 다가올 때 거짓말은 없다. 하지만 가슴으로 느낀 감각이 머리로 올라가면서 희석되고 탈색 또는 각색되어 논리적인 이성이 탄생한다. 머리는 가슴으로 느낀 점을 계산한다. 심장은 뛰지만 머리는 앉아서 생각한다. "정신의 싸움은 육체를 쑥밭으로 만들지만, 육체의 싸움은 정신을 투명하게 만든다."[17] 이성복 시인도 비슷한 맥락에서 자신의 아포리즘, 《네 고통은 나뭇잎 하나 푸르게 하지 못한다》에서 육체와 정신의 싸움을 비교하고 있다. 복잡한 머릿속 생각이 몸을 움직이는 운동을 하고 나면 말끔해지는 경험을 해보지 않았던가. 머리는 결과를 계산하고 이해타산을 산물 중심으로 따지지만, 몸은 결과를 만들어내기까지 온전히 함께하면서 수많은 변수를 온몸으로 만나며 느끼고 깨닫는다. 그 느낌과 깨달음이 수많은 부산물로 우리 몸에 축적되지만, 인간은 오로지 머릿속으로 정리된 결과만 산물로 생각한다. 산물이 출발과 목적지만 존재하는 비정한 세계라면 부산물은 출발에서 목적지까지 온몸이 체험하는 모든 감각적 느낌과 깨달음이 함께하는 행복한 세계다.

산물 중심으로 생각하는 사람은 목표를 수립하고 이를 달성하려는 효율적인 방법을 모색하는 데 많은 시간과 노력을 쏟는다. 목표를 달성하기 위해 계획대로 실행하지만, 사실은 생각지도 못한 일이 발생해서 목표달성에 차질이 발생하는 경우가 많다. 생각대로 풀리는 일보다 생각대로 풀리지 않는 일이 더 많다. 여행지에서도 본래 계획했던 여행지에 가는 도중에 갑작스러운 현지 사정이나 예기치 못한 교통편 문제 때문에 중간에 목적지를 바꿔야 하는 경우가 생기기도 한다. 비록 생각대로 여행하지 못했지만, 계획에도 없던 낯선 곳에서 색다른 체험을 할 기회를 잡을 수 있다. 달성해야 할 목표만 바라보다 목표를 달성하지 못하면 실패로 받아들인다. 사실은 목표보다 더 소중한 깨달음을 얻을 기회가 있어도 목표 중심 사고가 우리를 패배자로 만드는 경우가 많다. 길을 잃은 덕분에 새로운 길을 찾을 수 있는 법이다. 계획대로 안 된 덕분에 계획에 없던 색다른 가능성을 만난다. 생각대로 안 풀리기 때문에 생각지도 못한 생각을 할 수 있다. '생각해본 사람'은 '당해본 사람'을 못 당한다. 생각지도 못한 일을 당해봐야 생각지도 못한 생각을 할 수 있다. 산물 중심으로 앞만 보고 달리다 보면 중간에 우연히 만나는 부산물의 의미와 시사점을 통해 사유하고 성찰하는

체·인·지

배움의 시간을 가질 수 없다.

《지적자본론》[18]을 쓴 마스다 무네아키는 "산물이 없으면 부산물도 없다."라고 하면서 산물과 부산물의 관계에 대해서 의미심장한 한마디를 남겼다. "부산물은 행운으로 치환할 수도 있다. 의도한 것 이상의 결과물을 만날 수 있다는 행운. 그것은 무엇인가를 이루어 낸 사람에게만 주어진다. 0에는 아무리 0을 곱해도 0이다. 1을 만들어 내야 비로소 새로운 결과를 얻을 수 있다." 우선 산물이 있어야 부산물도 있다는 주장이다. 산물을 만들어내려면 어떤 노력이라도 해야 한다는 말이다. 아무런 노력을 하지 않으면 산물은 물론 부산물도 얻을 수 없다. 독일의 철학자 발터 벤야민도 "모든 진보는 일보"라고 했다. 거창한 목표나 계획보다 지금 당장 한 발짝 내딛는 것이 진정한 진보라는 말이다.

마스다 무네아키의 주장에서 얻을 수 있는 두 번째 깨달음은 산물을 만드는 과정에서 우연히 부각되는 부산물, 그것이 오히려 산물보다 더 의미심장할 수 있다는 말이다. 우연히 만난 사람, 낯선 곳에서 우연히 만난 경치, 우연히 서점에서 집어 든 책 한 권에서 얻는 즐거움이 계획된 목표를 달성하면서 얻은 즐거움보다 훨씬 큰 경우가 많다. 특히 몸으로 체험하고 가슴으로 느끼며 깨닫는 지식의 체득 과정은 그 자체가 엄청난 사유의 부산물이 뒤엉키는 과정이다. 본래 목표에 두지 않았지만, 목표를 달성하는 과정에서 우연히 엄습하는 수많은 의미심장함은 또 다른 상황에서 그대로 적용하여 일반화하기 어렵다. 특수한 상황적 맥락에서, 특정한 시점에서, 특정한 사람이 몸으로 깨닫는 과정은 당사자만 느낄 수 있는 유일한 체험적 순간이기 때문이다. "어떤 지식은 특정한 관점으로부터만 도출 가능하며, 그 관점은 개인의 몸의 위치location와 경험에 연관되어 있다는 것이다."[19] 아서 프랭크Arthur W. Frank가 쓴 《몸의 증언》이라는 책에 나오는 말이다. 이 책 부제목에는 "상처 입은 스토리텔러"가 언급된다. 이 상처 입은 스토리텔러만이 자신의 몸이 앓고 있는 아픔의 상처를 말할 수 있고, 다른 사람의 상처를 온몸으로 포용하고 이해할 수 있다. 상처받아본 사람만이 상처받은 사람의 아픔을 이해할 수 있다.

행복은 목적지에 있는 게 아니라 목적지로 가는 간이역에 존재한다. 삶의 의미심장함도 목표달성보다는 목표달성 여정에서 깨닫는 즐거움에 존재하는 경우가 많다. 목표, 성과, 결과만 보고 살다 보면 그것 이외에는 다른 것이 보이지 않는다. 하나의 목표를 달성하면 또 다른 목표가 기다리고 있다. 목표를 달성하여 성과를 얻을 수는 있지만 마음속 깊은 곳에서 울려 퍼지는 성취감을 느낄 수 없다. 기존 목표보다 더 높은 목표를 설정하고, 이전보다 더 많은 시간과 노력을 투자해서 목표를 달성하면 또 다른 목표가 나를 기다리고 있는 상황이 반복된다. 우리는 이제 그런 목표달성 수레

바퀴에서 벗어나야 한다. 갈수록 세상은 불확실해지고 어떤 변화가 다가올지 예측하기도 쉽지 않다. 예전에는 유용했던 중장기 발전 계획도 무의미해지고 계획대로 목표를 달성하기도 힘들다. 생각지도 못한 상황에 직면할수록 생각지도 못한 우연 속에서 뜻밖의 행운을 얻을 수도 있다. 목적지만 바라보지 말고 목적지로 가는 여정에서 우연히 만나는 수많은 마주침을 소중하게 생각할 때 생각지도 못한 깨우침과 뉘우침도 얻을 수 있다. 의도했던 산물보다 우연히 얻은 부산물에서 인생의 묘미를 발견하는 삶이 된다면 더없이 행복할 것이다.

'빠듯한' 하루와 '뿌듯한' 하루

새벽 5시 30분 알람이 울린다. 어서 일어나 운동하러 가야하는 시간이다. 알람이 울리는 즉시 알람을 끄고 무의식적으로 자리에서 일어난다. 대강 준비를 하고 집을 나선다. 새벽길이지만 모두 어딘가를 향해 무서운 속도로 질주한다. 나도 그 틈바구니에서 질주 본능을 자제하고 정상 속도로 달려나간다. 30여 분 운전하면 내가 매일 아침 운동하는 피트니스 센터에 도착한다. 우선 유산소 운동을 하기 위해 러닝머신 위를 달리거나 자전거를 40분 정도 탄다. 이미 땀범벅이 되어 상쾌해진 몸이 마음도 유쾌하게 만든다. 상쾌한 몸이 유쾌한 마음을 만들고 명쾌한 정신까지 만든다. 유산소 운동을 마치고 잠시 쉬었다 바로 스쿼트를 시작한다. 매일 한 번에 80개씩 하다가 책 100권 출간 기념하는 그날을 위해 100개씩 했다. 요즘은 살면서 다가오는 고뇌와 번뇌를 잊기 위해 108개를 한꺼번에 한다. 108개를 하고 나면 다리가 후들후들 떨린다. 하지만 앉아서 잠시 쉬는 동안 무한한 성취감을 느낀다. 육체노동과 땀이 주는 대가다. 때로는 데드 리프트 100kg에 도전도 했다. 이제 120kg을 들어 올리고 150kg에 도전할 계획이다. 힘들지만 힘들어야 없었던 힘도 생기기 시작한다. 당시는 힘든 곤경이었지만 지나고 나면 아름다운 풍경으로 다가온다. 모든 풍경은 곤경이 낳은 자식이다.

다시 근육 운동을 시작한다. 팔과 다리, 상체와 하체 근육 운동을 30분 정도 한다. 나이 들수록 근육이 없으면 근력筋力도 없어진다. 근력筋力이 있어야 끝까지 버티며 뿌리를 뽑을 수 있는 근력根力도 생긴다. 근육 운동 후에 오는 팽창감과 땀이 주는 쾌감이 온몸을 휘감는다. 땀은 물을 만날 때 더욱 빛을 발한다. 일과 중에서 가장 행복한 샤워를 한다. 땀에 젖은 몸에 닿는 물의 촉감이 시원하다. 냉탕과 온탕을 오가며 운동하면서 힘든 몸과 마음을 잠시 내려놓고 휴식을 취한다. 긴장과 이완, 다이내믹과 고요함, 뜨거움과 차가움 사이를 오가며 몸과 맘이 열린다. 운동을 마치고 학교에 도착하면 8시 전후가 된다. 연구실 문을 여는 순간 수많은 책이 어김없이 아우성친다. 오늘도 자기 먼저 꺼내서 읽어달라고. 책꽂이에 꽂힌 책들이 소리 없이 저마다의 주장을 한다. 자신과 짧은 시간만이라도 대화를 나누자고. 커피 한잔을 뽑아서 책상에 앉는다. 컴퓨터를 켜고 급한 메일을 보고 답장을 한다. 블로그와 페이스북 내용을 점검하고 댓글로 달린 SNS 친구들의 마음을 살핀다. 댓글에도 저마다의 사연과 마음이 담겨 있다. 일과를 본격적으로 시작할 시간, 어제 쓰던 책이나 칼럼의 폴더를 찾아가 파일을 연다. 잠시 끊긴 생각의 흐름을 이어본다. 책을 읽고 글을 쓰다 막히면 다시 관련된 글을 읽고 쓴다. 쓰다가 읽고 읽다가 쓴다. 쓰면 쓰임이 달라지고 쓰지 않으면 쓰러진다는 각오로 매일 글을 쓴다. 실패작과 졸작이 나오다 어느 정도 수준에서 만족하는 작품이 탄생한다. 여유로운 시간 속에서 뿌듯한 하루가 시작된다.

때로는 늦은 밤까지 약속이 이어지고 어울리며 느끼는 좋은 기분에 과음하기도 한다. 평소보다 늦게 잠자리에 든다. 물론 알람을 평소와 같이 맞추거나 다음 날 특별한 일이 없으면 아예 8시 정도로 맞추기도 한다. 여느 때와 다르지 않게 어김없이 알람이 울린다. 무의식적으로 알람을 끄고 잠시 생각해본다. 오늘은 조금만 더 잘까, 아니면 지금 그냥 일어날까를 생각하며 뒤척인다. 일어날지 조금 더 잘지 갈등하는 사이 나도 모르게 다시 잠에 빠져든다. 그렇게 잠에 빠져 자다가 뒤늦게 일어나는 날, 허겁지겁 일어나 평소 가던 피트니스 센터가 아닌, 아파트 1층에 있는 피트니스 센터로 향한다. 어차피 늦은 출발, 아예 느긋하게 여유를 부리면서 시작한 다. 하지만 후회가 마음속으로 스며들기 시작한다. 운동이 끝나고 간단한 아침을 먹고 집을 나온다. '고속도로'는 요일과 관계없이 언제나 '정체 도로'다. 늦게 나온 죄다. 학교에 도착하면 11시가 넘는다. 잠깐 잠을 잔 사이 오전 시간이 거의 날아갔다. 연구실 문 을 열자 책들이 아우성을 친다. 왜 이렇게 늦게 나오느냐고. 커피 한 잔을 뽑아서 책상에 앉는다. 뿌듯하게 시작한 하루와 일상이 비 슷하게 시작된다. 하지만 출발이 늦어서 평소와는 다르게 여유롭 지 못하고 빠듯한 기분이다. 빠듯한 일정에 몸과 마음이 끌려간다.

일단 시작해야 한다

"무엇이든 그 자체 단독으로 아름답거나 추하지 않다. 그것을 아 름답게 만드는 것은 실천의 미이고, 그것을 추하게 만드는 것은 실 천의 비열함이다."[20] 실천하지 않으면 추하지도 아름답지도 않다. 실천만이 미추美醜를 결정하는 유일한 기준이다. 실천하지 않으면 그 어떤 것도 완성이나 성취감을 맛보게 할 수 없다. "일단 내 앞에 있는 조잡한 도구로 시작하라, 망치로 삽을 만들면 삽으로 사과나무를 심고 사과 열매를 팔면 책을 살 수 있다. 시작을 해야 능력의 확장이 일어난다."[21] 시작하지 않는 사람의 유일한 공통점은 시작하지 않고 시작하지 않는 방법을 모색한다는 점이다. 시작하는 방법은 그냥 시작하는 것이다. 시작始作하지 않으면 시작詩作도 안 일어난다. 그래서 김수영 시인도 시작은 머리나 가슴이 아니라 몸으로 시작하는 것이라고 했다. "시작詩作은 '머리'로 하는 것이 아니고 '심장'으로 하는 것도 아니고 '몸'으로 하는 것이다. '온몸'으로 밀고 나가는 것이다. 정확하게 말하면, 온몸으로 동시에 밀고 나가는 것이다." 김수영 시인이 '시여 침을 뱉어라'라는 시론에서 한 말이다. 일단 시작하면 생각지도 못했던 지원군이 나타고고 걱정거리였던 것이 쓸데없는 기우로 판명되며 색다른 방법이 부각되기 시작한다. "방법을 가지고 쓰는 것이 아니라 정말 쓰고 싶어 하면 손이 움직인다. 대상이, 상황이, 문제가 길을 알려준다. 가난한 어머니가 별 재료 없이도 어떻게든 음식상을 차려 내듯 글쓰기란 백지 위에 펜으로 어떻게든 뭘 적어 내는 것이다. '어떻게든'은 눈물겨운 것이다. 방법은 실행 속에 있다."[22] 어떻게 실행에 옮길 것인지 방법을 찾고 계획을 수립하다 실행에 옮기지 못하고 반복해서 방법을 찾고 계획을 수립한다. 완벽한 준비 끝에 완벽하게 시작도 하지 못한다. 실행으로 옮겨봐야 내 생각의 옳고 그름을 몸으로

체·인·지

알 수 있다. 그래야 먹히는 방법, 통하는 전략이 나온다.

 "어제가 불행한 사람은 십중팔구 오늘도 불행하고 오늘이 불행한 사람은 십중팔구 내일도 불행합니다. 어제 저녁에 덮고 잔 이불 속에서 오늘 아침을 맞이하기 때문입니다."[23] 고 신영복 교수님의 《처음처럼》에 나오는 말이다. 허겁지겁 잠자리 든 어젯밤이 오늘 아침을 빠듯하게 만든다. 하루를 성찰하며 여유롭게 잠든 밤이 오늘 아침을 뿌듯하게 만든다. 빠듯한 하루와 뿌듯한 하루 사이에는 작은 차이가 산다. 그사이에 사는 작은 차이의 반복이 어제와 다른 나를 만든다. 빠듯한 하루를 시작하는 사람에게는 출근하기 전에 다리가 떨리지만 뿌듯한 하루를 시작하는 사람에게는 심장이 떨린다. 다리가 떨리는 이유는 하기 싫거나 잘 할 수 없는 일을 시작하기 때문이다. 심장이 떨리면 설렌다는 의미다. 그 일을 생각만 해도 신이 나고 즐겁고 행복하다. 당신은 오늘 다리가 떨리는 빠듯한 하루를 시작했을까? 아니면 심장이 뛰는 뿌듯한 하루를 시작했을까? 빠듯한 하루와 뿌듯한 하루, 그사이에 존재하는 차이가 바로 당신의 차이를 결정한다.

인

참된 지혜로 나아가는 두 번째 관문

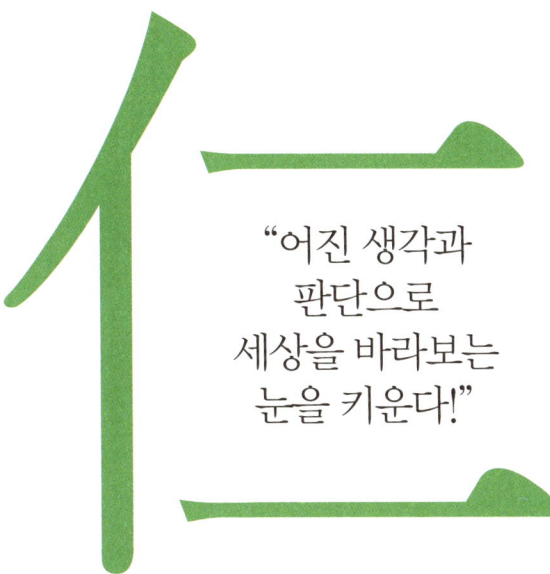

"어진 생각과
판단으로
세상을 바라보는
눈을 키운다!"

인認에서 인仁으로의 변신

인認은 개인 차원의 앎이고 인仁은 관계 차원의 공감이다. 인認이 외로운 탐구를 통해 개인적으로 깨닫는 독자적 앎이라면 인仁은 더불어 살아가면서 맺는 관계론적 역지사지易地思之다. 여기서 말하는 역지사지의 지혜는 책상머리에서 머리로 생각해보는 관념적 앎이 아니라 직접 타자 입장에서 가슴으로 생각해보는 측은지심惻隱之心이다. 인認을 통해 인식認識의 깊이가 깊어졌지만 인식 지평의 확대에 문제가 생겨 소통되지 않고 불통하기 시작했다. 초연결 시대, 타자와 연결하고 협업하며 융합하는 4차 산업혁명 시대, 인認을 넘어 인仁으로 변신해야 하는 이유다.

仁

참된 지혜로 나아가는 **두 번째 관문**

—

01

싸가지 2.0의 시대,
'네 가지'를 생각하다

이외수 작가에 따르면 개념, 교양, 양심, 예의가 고품격 인간의 필수지참 4종 세트라고 한다. 세간에서는 이 네 가지를 갖추지 못한 인간을 네 가지 없는 인간, 또는 싸가지 없는 인간이라고 표현하기도 한다.

개념이 없다는 것은 상식 이하의 발언을 하면서 남의 기분을 상하게 만든다는 뜻이다. 또한 교양이 없다는 것은 사람이 기본적으로 갖춰야 할 기반 지식은 물론 기본자세와 태도조차 모르는 것처럼, 저속한 비하 발언이나 무례한 행동을 하는 경우를 지칭한다.

그리고 양심이 없다는 것은 거짓말을 밥 먹듯이 해서 신뢰를 잃어버리는 경우를 가리킨다. 마지막으로 예의를 지키지 않는다는 말은 위아래 사람을 막론하고 마땅히 지켜야 될 도리를 지키지 않고 막무가내로 행동한다는 말이다.

싸가지는 인성이고 자세이고 태도다. 지식과 기술은 쉽게 가르칠 수 있지만 인성과 자세, 태도는 쉽게 가르칠 수 없다. 그래서 싸가지 없는 사람이 실력을 쌓아 전문가가 되면 사회는 참으로 암울한 지경에 빠지게 된다.

이외수 작가의 인간의 필수 지참 4종 세트에 추가해서 싸가지 2.0을 생각해본다. 존중, 배려, 겸손, 감사는 교양 있는 사람이라면 누구나 몸소 실천해야 될 신종 필수지참 4종 세트다. 사회가 개인화되고 극단적 개인이기주의가 횡행하는 요즘에는 존중과 배려, 겸손과 감사를 지키지 않는 인간을 네 가지 없는 인간, 또는 싸가지 없는 인간이라고 표현한다. 존중보다 상대 무시, 배려보다 자기 먼저, 겸손보다 자기 과시, 감사보다 자기 욕심만 차리는 것, 싸가지 2.0 시대를 살아가는 사람들이 보여주는 악덕 4총사다.

나보다는 상대에게 먼저 기회를 주는 양보, 상대가 겪고 있는 아픔을 가슴으로 생각해주는 배려, 실력이 있어도 자세를 낮추는 겸손함 그리고 매사를 남의 덕분이나 덕택이라고 생각하는 감사야말로 우리 시대 모든 사람이 갖추고 있어야 할 필수적인 덕목이 아닐 수 없다. 존중과 배려, 겸손과 감사의 미덕을 갖고 살아가는 사람이 많아질수록 훈훈하고 인정이 넘치는 사회가 될 것이다.

학사·석사·박사 위의 학위 : 밥사·술사·감사·봉사

우리가 공부하는 기본적인 목적은 자신이 쌓은 전문성으로 삶을 한 단계 더 업그레이드시키는 데 있다. 그런데 이보다 더 중요한 목적은 내가 쌓은 전문성을 다른 사람을 위해 기꺼이 활용하는 데 있다. 사람에게는 남에게 인정받고 싶은 개인적 욕구도 있지만 보다 밝은 사회, 함께 하면 더욱 즐겁고 신나는 공동체를 구축하려는 이타적 욕구도 있다.

인간은 사회적 동물이기에 관계 속에서 행복을 찾고 추구한다. 따라서 공부를 계속하는 목적도 혼자서는 해결할 수 없는 힘들고 어려운 문제를 함께 해결함으로써 모두가 행복한 공동체를 건설하는 데 있다. 그래서 '학사'와 '석사' 그리고 '박사' 위에 존재하는 더 높은 학위가 있다. 바로 '밥사'와 '술사' 그리고 '감사'와 '봉사'라는 학위다.

'밥사'는 함께 일하는 동료를 위해 기꺼이 밥 한 끼 사는 마음을

가진 사람에게 주는 학위이고 '술사'는 힘들 때 고민을 함께 들어
주면서 술 한잔 사주는 사람에게 수여하는 학위다. '감사'는 못 가
진 것을 가지려는 욕망에 이끌리지 않고 가진 것에 만족하며 매사
에 고마움을 표시하는 사람에게 주는 학위다. '봉사'는 가진 것을
남과 나누면서 더불어 살아가는 세상을 만드는 데 기꺼이 노력하
는 사람에게 주는 학위다.

　대학을 졸업해 학사학위를 취득하고 대학원에 입학해 석사와
박사학위를 취득한 사람은 해당 분야의 전문가적 식견과 안목을
겸비하지만, 타인에 대한 관심과 배려는 부족할 수 있다. 그래서
박사학위 취득 이후에 반드시 추가로 더 체득해야 될 학위가 바로
'밥사'와 '술사' 그리고 '감사'와 '봉사' 학위다. 감사하는 마음과
봉사하는 정신, 감사를 실천하고 봉사로 나눔의 덕을 베푸는 사람
이야말로 가장 행복한 사람이다. 행복의 지름길은 소유에 있지 않
다. 내가 가진 작은 것에 감사하고, 이것을 기꺼이 남을 위해 사용
하는 봉사에 있다.

仁

—
02

'텅 빈 오만함'에서
'꽉 찬 겸손함'으로

쓰러지고 넘어져 봐야 비로소 정체성을 발견할 수 있다. 내가 무엇을 할 수 있고, 무엇을 할 수 없는지 말이다. 쓰러지고 넘어지는 것은 실패가 아니다. 쓰러지고 넘어진 다음 다시 일어서지 않는 것이 실패다. 실패는 망각의 대상이 아니라 학습의 대상이다. 잘되는 방법만이 아니라 안 되는 방법까지 배워야 성공할 수 있다.

성공한 사람들은 모두 안 되는 방법을 몸소 체험하면서 그것을 되는 방법으로 바꿔버린 사람들이다. 실패의 안쪽에는 성공의 불씨가 잠자고 있다. 대부분의 실패는 무의미하게 흘려보냈던 시간들이 쌓였다가 다시 되돌아오는 '시간의 복수극'이다. 최악의 상황은 최악의 습관에서 비롯되는 경우가 많다.

상황이 어려울수록 겉으로 보이는 현상을 움직이는, 보이지 않는 상황의 이면을 들여다볼 줄 알아야 한다. 그렇지 않으면 다양한 증상이나 징후에 대응하지 못하고 함께 침몰할 수 있다.

본질은 근본과 핵심이 내재되어 있는 본연의 가치다. 본전의 경제적 가치보다 본질이 내포하고 있는 본연의 가치에 주목할 필요가 있다. 본질은 나목裸木처럼 모두 버리고 나서, 가벼운 마음으로 출발선에 설 때에야 비로소 드러나는 법이다. 지혜는 이겨서 오를 때보다 패배하고 내려갈 때 비로소 얻어지는 법이다. 성공 체험은 자만과 오만함의 월계관을 씌워주지만, 실패 체험은 냉정한 자기반성과 겸손함의 지혜를 가르쳐준다.

자연은 쓰러지고 넘어지면서 생존의 지혜를 터득해나간다. 쓰러지고 넘어질수록 자세를 낮추고 아래로 내려간다. 아래로 뻗은 뿌리의 깊이가 위로 성장하는 줄기와 가지의 높이를 결정하기 때문이다. 예컨대 잡초는 힘겨울수록 더욱 아래로 내려간다. 그래서 살아남는다. 바닥에 납작 엎드려 살아남고, 밟히는 순간조차 번식의 기회로 만든다. 잡초라는 명칭은 인간이 작위적으로 붙인 이름일 뿐, 결코 쓸모없는 풀이 아니다. 잡초가 인간에게 질문한다.

"인간들이여, 나보다 강한가? 나는 인간들이 무자비하게 뿌려대는 농약을 맞고도 다시 살아났다. 또 기계로 뿌리째 갈아엎어도 결코 죽지 않는다. 그대 인간들은 이렇게 살아남을 수 있는가? 그런 강한 생명력을 갖고 있는가?"

어려울 때일수록 우선 살아남아야 한다. 그래야 추후에 다시 기회를 노릴 수 있다. 아무리 고통스럽게 괴롭혀도 결코 죽지 않는 잡초처럼, 강인한 생명력과 의지를 갖고 진정한 나의 가치를 세상에 알릴 때를 기다려야 한다.

휘둘러봐야 휘두를 때를 알 수 있다

내가 먼저 나 스스로를 심하게 흔들어야 나중에 뒤흔들리지 않는다. 많이 흔들려본 사람은 흔들려도 넘어지지 않고 견디는 방법을 안다. 비바람에 심하게 흔들려본 나무일수록 흔들려도 뿌리째 뽑히지 않고 생존하는 방법을 알고 있다.

비바람이 흔들 때 뿌리째 뽑히지 않고 견디는 방법은 비바람에 온몸을 맡기고 같은 방향으로 리듬을 타며 흔들리는 것이다. 그렇지 않고 비바람에 맞서 강인하게 버티면 줄기와 나뭇가지가 꺾이고 뿌리가 뽑혀 생명을 더 이상 존속할 수 없다. 그래서 강한 생명

체보다 부드러운 생명체가 오래 산다.

　많이 흔들려본 사람이 다른 사람도 뒤흔들 수 있다. 흔들린 경험이 부족하면 외부의 작은 힘에도 쉽게 흔들릴 수 있다. 따라서 흔들리지 않으려면 스스로를 흔들거나 제3의 힘에 의해 많이 흔들려봐야 한다. 지금 흔들리지 않으면 나중에 더 심하게 흔들릴 수 있다. 다양한 방법으로 흔들려본 사람은 웬만한 세파에 휩쓸리지 않는다. 내가 먼저 세파에 심하게 휩쓸려봐야 나중에 웬만한 세파에도 휩쓸리지 않는다.

　휩쓸려본 사람만이 세상을 휩쓸 수 있다. 휩쓸린다는 것은 자세와 태도를 가다듬기도 전에 불가항력에 가까운 외부적 힘에 의해

제압당하는 것을 의미한다. 반면에 휩쓴다는 것은 상대가 전열을 가다듬기도 전에 돌격해서 순식간에 상대 진영을 초토화시키는 것을 의미한다. 많이 휩쓸려보면, 웬만한 공격에도 아랑곳하지 않고 내 자리를 굳건하게 지킬 수 있는 노하우와 여유를 갖출 수 있다.

견디기 어려운 고난과 역경에 휘둘려봐야 나중에 세상을 휘두를 수 있다. 세파에 휘둘려본 사람은 휘두를 때와 휘두르지 말아야 할 때를 안다. 휘두를 시기가 오면 찬스를 놓치지 않고 한 방을 휘두른다. 하지만 기회가 아니라고 생각될 때는 함부로 휘두르지 않는다. 아무 때나 휘두르는 사람은 아직 휘두르는 방법을 제대로 모르는 사람이다. 휘둘리면서 마음이 아파본 사람만이 언제 어떻게 휘둘러야 할지를 알 수 있다.

'같이' 할 수 있는 일이 '가치'가 있다

"빨리 가려면 혼자 가고, 멀리 가려면 같이 가라."는 아프리카 속담이 있다. 같이 간다는 말은 공동의 목표를 향해 힘들어도 서로 도와가면서 함께 가라는 말이다. 혼자 모험을 시도하는 것도 좋지만, 함께 도전하면 부족한 점을 보완할 수 있기 때문에 좀 더 빨리 목표에 다가갈 수 있다.

신영복 교수는 "함께 걸어가면 그 뒤로 길이 생긴다."고 말했다. 길은 앞에 있지 않고 뒤에 생긴다는 말이다. 누군가가 걸어간 도로를 혼자 달리면 떨림도 설렘도 없다. 빨리 가는 속도와 효율만 중요한 가치로 인정받기 때문이다. 그러나 길을 같이 걸으면 공감과 인정, 격려와 배려 속에서 가치 있는 삶을 만들어갈 수 있다.

가치는 나 혼자 옳다고 생각하는 신념이나 세계관을 의미하지 않는다. 가치의 진정한 의미는 내가 옳다고 생각하는 신념이나 세계관일 뿐만 아니라, 내가 몸담고 있는 공동체가 지향하는 신념과 가치관이기도 하다. 내가 옳다고 생각해도 그 가치가 집단이나 공동체의 가치와 상충한다면, 그것은 누군가와 함께 공유할 수 없는 이기적 가치가 된다.

가치도 같이 외쳐야 모두가 공유하는 사회적 가치로 전환된다. 혼자서는 아무리 목소리를 높여 떠들어도 다른 사람들이 알아줄 가능성이 희박하지만, 함께 가치를 외치면 보다 많은 사람들이 가치를 알아주고 공감해줄 가능성이 높다.

부정보다 긍정을, 걱정보다 인정의 가치를 베풀면 부정과 걱정은 사라진다. 가치는 상품의 값어치를 의미하는 게 아니다. 가치는 가격이나 이익보다 품격이나 나눔의 미덕에서 나온다.

가치는 무언가를 결정할 때 기준이 되는 나만의 행동규범이자 의사결정 기준이다. 또한 올바른 방향으로 행동하도록 마음의 방

향을 잡아주는 내 마음의 북두칠성이다. 즉, 방향을 잃고 헤맬 때
스스로 방향을 결정하고, 지금 가는 길을 포기하지 않고 계속 갈
수 있도록 독려하고 격려하는 행동규범이다. 아울러 가치는 옳지
못한 기준에 따라 결정하고 행동하지 못하도록 자신을 제어하는
내면의 도덕률이다. 우리 모두가 올바른 가치를 이야기하고 실천
할 때, 사회는 아름답고 살 만한 세상으로 바뀔 수 있다.

仁

접대를 뒤집으면
대접이 된다

대접을 뒤집으면 접대가 되고 접대를 뒤집으면 대접이 된다. 글자 순서의 차이가 가져오는 의미의 차이는 의미심장하다. 대접은 남의 은혜에 보답하는 감사 표시다. 자신이 어떤 성취나 업적을 이루었을 때, 본인의 노력만큼이나 주변의 도움이 컸다고 여겨지면 상대방을 대접해야겠다는 마음이 생긴다. 이에 반해 누군가에게 청탁을 해야 하거나 은밀한 부탁이 있을 때 접대하게 된다. 접대는 누군가의 도움에 대해 진심으로 고마워서라기보다 어쩔 수 없이 인사치레를 해야 할 때 하는 것이다.

대접하려는 사람과 대접받는 사람은 모두 인격적으로 동등한 위치에서 상대를 높여주려는 마음을 갖고 만난다. 그러나 접대하는 사람과 접대받는 사람은 이해관계를 전제로, 은혜를 입었으니 반드시 그 은혜를 갚아야 한다는 의무감과 부담감으로 만난다. 대접하려는 마음은 물질적 보상과는 관계없이 상대를 존중하고 배려하는 고마움으로 가득하지만, 접대하려는 마음은 물질적 보상을 전제로 하는 사심과 탐욕으로 가득하다. 그래서 대접은 진심眞心이지만 접대는 사심邪心이다.

대접하는 사람은 상대에게 선물膳物을 주지만 접대하는 사람은 상대에게 뇌물賂物을 준다. 선물을 받은 사람은 더없이 즐겁고 기쁘지만, 뇌물을 받은 사람은 참을 수 없는 꺼림칙한 기분에 억눌리기 쉽다.

선물을 주고받는 대접은 막걸리 대접에 한가득 정을 담아 상대에게 권하듯, 훈훈하고 따뜻한 마음으로 이루어진다. 그런데 나는 진심으로 대접해주었는데 상대가 나를 사심으로 접대하려 한다면 과감하게 거절해야 한다. 대접해주면 대접으로 상대를 대해야지, 접대하는 마음으로 상대를 대하면 인간적 접촉은 거기서 끝날 수 있다. 인격적 만남은 대접에서 비롯되지 접대에서 비롯되지 않는다. 당신은 지금 사람을 대접하려고 하는가 아니면 접대하려고 하는가, 곰곰이 생각해볼 일이다.

귀하게 대접받으려면 귀를 기울여라

귀를 기울여 남의 이야기를 듣는 경청은, 소리 높여 자기 이야기만 하는 탁월한 연설보다 사람의 마음을 더 많이 얻을 수 있다. 상대의 마음을 얻으려면 우선 상대의 말을 귀 기울여 듣고, 마음을 헤아려봐야 한다. 듣는다는 것은 상대가 하는 말만 듣는 게 아니라 마음속의 소리까지 듣는 것이다. 상대의 말을 듣는다는 것은 결국 상대의 마음을 헤아려 읽는 것이다.

마음속의 소리를 잘 듣기 위해서는 가슴으로 들어야 한다. 머리로 생각하면 상대가 무슨 이야기를 하고 싶은지, 왜 지금 이런 이야기를 하고 있는지, 그 이야기의 이면에 숨어 있는 상대의 아픈 마음이 무엇인지를 잘 들을 수 없다. 반대로 가슴으로 들으면 비슷한 경험을 해보지 못했더라도 상대의 마음을 충분히 이해할 수 있다.

직장암은 본래 직장암直腸癌이지만, 직장인職場人들이 가장 많이 걸리는 암인 직장암職場癌이기도 하다. 암癌이라는 한자를 보면, 말하고 싶은 입口이 세 개나 들어 있다. 그래서 암을 '하고 싶은 말을 들어주지 않고 산山으로 막아버려서 생기는 질병疾病'이라고 부르기도 한다. 대부분의 직장인들은 일방적으로 자기 하고 싶은 말만 하고 남의 이야기를 들어주려고 하지 않는다. 그래서 직장直腸에

암이 생기는 직장암直腸癌이 아니라, 직장職場에 다니면서 생기는 직장암職場癌이 직장인에게 가장 빈번하게 발생하는 암이라고 한다.

그렇다면 직장암을 예방하는 방법은 뭘까? 직장 동료나 선후배들의 이야기를 잘 들어주면 될 것이다. 상대가 내 이야기를 들어주는 것만으로도, 이야기하는 사람은 스트레스가 해소되고 기분이 좋아질 수 있다. 말하는 사람이 원하는 것은 그냥 제발 내 이야기를 들어봐 달라는 것이다. 해결책보다 자신의 이야기를 들어주면서 자신과 함께 공감해주기를 바란다. 사연을 듣고 그 사람의 입장과 아픔을 가슴으로 이해해주는 것만으로도, 말하는 사람의 아픔은 해소될 수 있다. 이처럼 상대에게 '귀耳'를 기울이고 '귀貴'하게 대접해주면 나도 덩달아서 '귀貴'한 사람으로 격상될 수 있다. '귀耳'를 기울여 상대를 '귀貴'하게 대접하라! 그것이 결국 나도 귀하게 대접받는 길이다.

우리와 그들은 '남'이 아니라 '님'이다

'우리'와 '그들'은 불신으로 갈라선 '남'이 아니라 정직과 신뢰로 맺어진 '님'이다. 나 아닌 상대방을 '남'이라고 생각하면 나와 관계없는 사람이 되지만, 서로가 서로를 '님'이라고 생각하면 더불어 함께 살아가야 될 생명공동체의 한 구성원으로 바뀐다. 그런데 '우리'라는 무리 속에 편견과 아집이 스며들면 '우리'가 아닌 '그들'은 모두 '남'이 되고 만다. '남'은 불신의 싹에서 자라고 '님'은 정직과 신뢰의 뿌리에서 자란다.

'우리'라는 공동체는 수많은 '남'이 모여 시작되지만, 조직이 추구하는 공동의 목표 아래 굳건한 믿음으로 연결된 다양한 '님'이 많아지면 더욱 튼실한 공동체의 싹이 자란다. 나에게 음으로 양으로 행복을 제공해주는 사람은 모두 나와 관계없는 '남'이 아니라 나와 관계 있는 '님'이다. 점 하나의 차이가, 불신을 먹고 자라는 적대적 관계를 신뢰를 기반으로 맺어지는 우호적이고 호혜적인 관계로 발전시키는 것이다.

타인에 대한 이해는 내 안에 존재하는 판단 기준에 따라 이루어진다. 내가 어떤 기준으로 이해의 대상을 분류하느냐에 따라, 대상에 대한 이해의 폭과 깊이는 달라진다. 상대의 코드가 당신을 지배하는 것이 아니라, 당신의 코드가 상대에 대한 이해를 지배한다. 그래서 이 세상에 어떤 부류의 사람이 존재하느냐보다 우리 마음에 존재하는 판단의 기준이 무엇인지가 중요하다.

오랜 불행은 그 불행을 떠받치고 있는 확신이 꺾이기 전에는 치유되지 않는다. 내 안에 잠자고 있는 상대방에 대한 불신의 뿌리는 나의 인위적 기준 속에서 자란다. 한 번 형성된 잘못된 기준은 다르게 생각하는 것을 막거나 색다른 가능성을 상상하지 못하도록 방해하는 주범이다. 그 기준과 틀을 깨지 않고서는 새로운 신뢰관계가 형성되지 않는다.

상대에게 믿음을 주기 위해서는 우선 내가 상대방을 믿어야 하고, 스스로 믿음직스러운 언행을 해야 한다. 신뢰는 약속을 이행하는 가운데 자란다. 지키지 않는 약속은 불신을 조장하고 믿음의 그릇을 깨뜨린다. 내 안에 자리 잡고 있는 고정관념이나 부정적 생각을 잉태하는 생각벌레를 잡아내지 않으면, 색다른 대안을 생각할 가능성은 희박해진다.

체 · 인 · 지

仁

참된 지혜로 나아가는 **두 번째 관문**

—
04

자세와 자격을 갖춰야
품격이 만들어진다

태도와 '자세姿勢'가 좋아야 좋은 '자격資格'을 얻을 수 있다. '자세'는 그 사람의 '성격性格'에서 나온다. 한 사람의 성격은 그가 이제까지 만난 사람이나 자라온 환경에 따라 다르게 형성된다. 즉, 성격은 자라면서 만나는 사람이나 환경과의 상호관계 속에서 형성되는 사회역사적 산물이다. 내가 맺어온 관계의 역사가 투영되어 성격이 형성되는 것이다.

예를 들어 좋은 사람과 만나면서 여러 가지 소중한 교훈을 체험적으로 깨달은 사람과 좋지 못한 환경임에도 불구하고 위대한 성

취를 이룬 사람들은 그렇지 않은 사람에 비해 긍정적이고 적극적인 성격을 갖고 있다.

부정적으로 세상을 바라보는 사람은 그럴 수밖에 없는 환경에서 자란 사람이다. 긍정적이고 적극적인 자세를 가진 사람일수록 뭔가를 새롭게 추진할 기회와 자격을 좀 더 많이 확보하게 된다. 낙관적인 성격이 절망적인 상황에서도 가능성을 찾는 힘을 키워주기 때문이다.

온갖 시련과 역경에도 할 수 있다는 자신감을 잃지 않고, 상황을 긍정적으로 생각하고, 바른 결정을 하는 '자세'는 '품격品格' 높은 '자격'을 가져다준다. 어떤 일을 할 수 있는 '자격'을 얻으려거든 어떤 자세로 그 일에 임하고 있는지를 스스로에게 물어보아야 한다. '자세'가 좋지 않으면 '자질資質'도 더불어 나빠진다. '자세'를 갖추지 못한 사람의 '자질'은 볼 필요가 없다. '자세'는 어떤 일에 임하는 마음 씀씀이라서 '자질'을 논하기 전에 먼저 고민하고 생각해봐야 하는 화두이기 때문이다.

마찬가지로 '자질'이 안 좋으면 '자격'을 얻을 수 없다. '자질'은 어떤 일을 할 수 있는 기질이자 실력이며 가능성이다. 일정한 '자질'을 확보하면 기준에 부합하는 '자격'을 얻을 수 있고, 그 자격이 다양한 상황에서 인정되면 '품격'이 쌓이는 것이다. '품격'을 높이려거든 '자격'을 얻어야 하고, '자격'을 얻으려면 '자질'을 개발해야 하며, '자질'을 개발하기 위해서는 우선 '자세'를 가다듬어야 한다. 기본기를 연마해서 '자세'를 바로잡을수록, '자격'을 인정받고 '자질'이 쌓여, 어느 순간 '품격'이 완성된다.

파격과 충격을 넘어 감격을 줘라

한 분야의 위업을 달성하려면 일정한 자격을 갖춰야 한다. 자격은 어떤 일을 해내기 위해 반드시 갖추어야 할 자질과 역량, 자세와 태도, 성격과 체격 등을 종합해서 지칭하는 말이다. 성격이 좋아도 자질과 역량이 떨어지면 자격미달이다. 분야별로 요구하는 자격 요건도 다르다. 일정한 체격을 갖추지 않으면 안 되는 전문 분야도 있다. 경호원이나 운동선수는 성격도 갖추어야 하지만 체격도 갖추어야 한다. 체격은 겉으로 보이는 신체 조건을 의미하지만, 사실 체격에서 가장 중요한 것은 무언가를 몸으로 해낼 수 있는 능력, 즉 체력이다. 뇌력의 원동력도 체력이다. 강한 체력 없이는 강한 뇌력도 없다.

자격과 성격, 체격을 보면 한 사람의 격을 어느 정도 판단할 수 있다. 사람마다 값어치가 다르다. 사람마다 다른 값어치를 총칭해서 가격價格이라고 한다. 가격은 상품에 매겨진 값어치라는 의미도 있지만, 한 사람이 지니고 있는 가치와 자격을 의미하기도 한다.

한 사람이 갖고 있는 격이 바로 주격主格이다. 주격은 내 인생을 주인으로 살아가는 데 필요한 격조格調를 총칭한다. 주격은 성격과 체격, 자격과 가격이 종합되어 나타나는 주인다운 면모다. 일에 임하는 자세가 아름다운 사람, 어떤 일을 해도 혼신의 힘을 다해 최선의 노력을 경주하는 사람을 보면 일이 그 사람에 어울린다는 느낌이 든다. 마치 그 일이 그 사람을 위해서 창조된 것처럼 적격이고 제격인 경우가 있다.

자신에게 어울리는 일을 찾아 즐겁고 신나게 하다 보면 한 시대의 표준이 되고, 스스로 해낸 일이 모든 사람이 따르는 규격規格이 되는 경우가 있다. 규격을 목격目擊한 사람은 그때부터 일정한 간격間隔을 두고 추격追擊하면서 과격過激한 행동을 하기도 하고, 우격羽檄다짐으로 기존의 규격에 위협적인 공세를 가하기도 한다. 물론 이런 과정에서 실격失格 당하기도 하지만, 좌절하지 않고 규격을 창조적으로 파괴하는 파격破格을 통해 충격衝擊을 주고 세상 사람들을 감격感激하게 만들기도 한다.

파격과 충격을 통해 세상 사람들이 감격하기 시작하면 한 사람의 새로운 인격人格이 탄생하고 그 사람의 품격이 거듭나게 된다. 인격과 품격은 기존의 규격을 추격하면서, 때로는 과격하다 싶을 정도의 파격과 충격을 통해 감격을 이끌어낼 때 새롭게 형성되는 것이다.

앞모습은 바꿀 수 있지만
뒷모습은 바꿀 수 없다

'얼굴'은 한 사람의 '얼'이 '굴'로 파여서 생긴 삶의 얼룩과 무늬의 합작품이라고 한다. 얼굴에는 아픔과 슬픔, 좌절과 고통, 절망과 불행의 얼룩도 있지만 기쁨과 즐거움, 승리와 환희, 성공과 행복의 무늬도 있다. 얼굴에는 내리막길에서 체험한 긴장과 초조감과 오르막길에서 분투하는 도전정신이 모두 담겨 있다. 또한 바닥에서 언제 올라갈지 모르는 상태에서 기약 없이 하루를 보내는 불안감과 정상에서 느끼는 승리의 기쁨도 얼굴에 담긴다. 얼굴은 한 사람의 인생이 담겨 있는 삶의 축소판이자 역사적 족적足跡이다.

그래서 얼굴을 통해 한 사람의 '인생'과 '인성'을 미루어 짐작해 볼 수 있다.

　인생은 한 사람의 노력과 열정을 통해 만들어가는 주체적 삶의 역사이기도 하지만, 다른 사람과의 관계 속에서 만들어지는 얼룩과 무늬의 교집합이기도 하다. 또한 한 사람의 인성은 독립적으로 축적한 삶의 결과가 아니라, 다른 사람과의 관계 속에서 겪은 파란만장한 우여곡절의 역사 속에서 생기는 관계성의 총체이다.

　인성人性은 그래서 인성仁性이다. 인仁은 사람人이 둘二인 것처럼 '어질다'는 뜻이다. 한 사람의 개성個性이나 품성品性도 두 사람 이상의 관계 속에서 형성形性되는 성격性格이다. 오늘의 내 모습은 지금까지 만난 사람들과의 관계맺음에서 형성된 결과이다. 그래서 나를 바꾸고 싶다면 내가 만나는 사람을 바꿔야 한다. 만나는 사람을 바꾸면 사람人과 사람人 사이間의 관계, 즉 인간관계人間關係가 바뀌고 인간관계가 바뀌면 인간人間도 바뀐다. 만나는 사람을 바꾸지 않으면 인생도 인성도 바뀌지 않는다.

　사람들은 매일 남에게 보이는 얼굴을 잘 관리하기 위해 거울을 보고 다짐을 하고 약속을 한다. 미소를 띠어보기도 하고 심각한 표정으로 주먹을 불끈 쥐어보기도 한다. 또한 화장化粧도 하고, 가장假裝도 하며, 분장扮裝도 하고, 변장變裝도 한다. 때로는 위장僞裝하기도 한다.

우리는 나를 위해서라기보다 남을 위해서, 나도 볼 수 있고 남도 볼 수 있는 얼굴에 투자를 한다. 많은 사람들이 삶의 얼룩과 무늬로 만들어진 자신의 얼굴이 싫어서 성형을 한다. 성형을 통해 본래의 얼굴은 인위적으로 변장되고 위장된다. 진짜 얼굴은 감춘 채, 성형으로 꾸민 가짜 얼굴을 남에게 보여준다. 그렇게 진짜 나는 변장되고 위장된 얼굴 속에 숨겨진다.

나를 위해서가 아니라 남을 위해서 살고, 행복하기 위해서 살기보다 행복해 보이기 위해서 진짜 나의 행복을 미룬 채 사는 삶은 불행하다. 성형과 화장으로 아무리 멋지게 얼굴을 꾸며도, 인생이 행복하지 않으면 쓸모가 없다.

내 '뒤통수'와 '등'은 어떤 모습일까

인간의 신체 중에서 스스로 보기 어려운 부위가 두 군데 있다. 바로 '뒤통수'와 '등'이다. 나는 내 뒤통수와 등을 볼 수 없지만, 다른 사람은 나보다 더 자주, 더 쉽게 그곳을 볼 수 있다. 우리는 뒤통수를 가끔 어루만지고 가다듬기는 하지만, 화장을 하거나 위장하지는 않는다. 거울을 보면서 옷차림을 바꾸고 변화를 주기는 하지만, 등 뒤로 보이는 옷매무새를 가다듬고 예쁘게 보이기 위해 변화를 주는 경우는 드물다. 이렇게 별로 가꾸지 않은 뒤통수와 등은 나보다 남이 더 많이 본다.

뒤통수와 등이 만들어내는 합작품이 뒷모습이다. 앞모습과 다르게 뒷모습은 내가 쉽게 꾸미고 바꿀 수 없다. 바꿀 수 없는 나의 뒷모습에 내 삶의 뒤안길이 담겨 있고, 지금 내가 생각하는 고뇌의 흔적이 서려 있으며, 미래를 향하는 나의 다짐과 의지가 반영되어 있다. 한 사람의 뒷모습에 그 사람이 살아온 인생이 과거와 현재와 미래로 연결되어 그림자로 어린다. 걸어가는 뒷모습을 보면 그 사람의 현재 심정과 미래에 대한 고뇌를 읽을 수 있다.

이시은의 《따뜻하고 짜릿하게》라는 책에 보면 "내가 무엇을 짊어지고 살아왔는지를 보여주는 것이 '얼굴'이 아니라 '등'이라면, 우리가 무엇보다도 사랑해야 하는 것은 나 자신의 뒷모습일 것 같다는 생각이 들었습니다."라는 구절이 나온다. 힘겨운 삶, 우여곡절의 인생, 파란만장한 지난 시절의 무거운 짐을 어깨에 짊어지고 살아왔기에 등이 굽는다. 곡선적 삶의 여정이 굽은 등으로 나타난 것이다. 그리고 젊은 날의 고뇌, 지금 겪고 있는 고통, 수시로 밀려드는 시련과 역경의 그림자가 뒤통수로 나타난다.

굽은 등과 뒤통수에 담겨진 삶의 뒤안길이 그 사람의 그림자가 된다. 누구나 철없던 시절엔 고민을 하고, 정착지도 모르는 불확실한 미지의 세계로 끝없는 방랑을 떠난다. 또한 꿈이 있지만 정확히 그 꿈이 무엇인지 몰라 언제 끝날지 모를 방황을 한다. 그렇게 삶은 고민과 방랑 그리고 기나긴 방황 속에서 찾은 방향이 이끌어간다.

긴 곡선의 방황 끝에 짧은 직선의 방향이 달려온다. 한 사람이 살아온 인생의 궤적은 앞모습에도 담기지만, 뒷모습에 담긴 삶이 더욱 진정성 있게 다가온다. 앞모습과 달리 뒷모습은 내 마음대로 꾸미고 바꿀 수 없기 때문이다. 앞모습은 내 마음대로 바꿀 수 있지만 뒷모습을 바꾸려면 누군가의 도움이 필요하다. 등이 가려우면 등 긁어줄 사람이 필요하다. 남에게 보여주기 위해 앞모습을 꾸미고 바꾸는 불행한 삶보다, 삶의 얼룩과 무늬가 아름답게 뒷모습으로 살아나는 행복한 삶을 살아가자.

仁

참된 지혜로 나아가는 **두 번째 관문**

—

06

'밥통'을 주고받으면
'소통'의 문이 열린다

밥을 나눠 먹는 가족을 '식구食口'라고 한다. '식구'가 되기 위해서는 밥을 함께 먹어야 한다. '화목和睦'한 가족의 조건도 함께 밥을 나눠 먹는 것이다. 화목할 화和에는 벼를 뜻하는 '화禾'와 입을 뜻하는 '구口'가 합쳐져 있다. 화목하려면 밥을 나눠 먹는 입이 모여야 한다는 의미다.

요즘 대부분의 가정은 일주일 내내 각자 뿔뿔이 흩어져 지내면서 무척 바쁜 일상을 보낸다. 그래서 함께 밥 먹을 시간이 없다. 하지만 같이 밥을 먹으면서 담소를 나누고, 서로가 느끼는 아픔과 즐거움을 교감해야 소통이 이루어진다. 밥을 함께 먹지 않으면 서로의 이야기를 들어볼 시간이 없고, 결국 오해와 불신의 골이 깊어져 소통되지 않는 '불통不通' 가정이 된다.

'밥통'의 주고받음 없이 '소통'은 없다. 어렵고 힘들수록 밥을 나눠 먹어야 한다. 밥을 함께 먹으면서 밥을 지은 사람의 정성에 관심을 보이고, 서로에 대한 고마움과 감사함을 표현할 때 소통의 문은 활짝 열린다. 밥통을 주고받지 않으면 철밥통이 생긴다. 철밥통은 밥맛이 없다. 밥맛이 없는 사람과는 밥을 함께 먹기 싫은 법이다.

철밥통은 타인에 대한 관심과 배려는 뒷전이고, 자기 밥그릇 챙기기에만 급급한 사람을 가리킨다. 철밥통은 배고픈 사람의 아픔을 이해하지 못하고, 오로지 자신의 배고픔에만 아픔을 느끼는 사람이다. 철밥통은 다른 사람이 왜 배가 고픈지, 배고픈 사람의 고통이 무엇인지 모른다. 자기 밥통만 챙기고 자기 밥에만 욕심을 내는 밥보, 즉 바보다. 바보는 지능이 부족한 사람이 아니라 타인에 대한 관심과 배려가 부족한 사람이다.

철밥통은 소통보다는 불통을 삶의 미덕으로 삼는 바보다. 불통하기 때문에, 철밥통끼리는 서로 호통號筒치면서 상처를 주는 감정적인 언쟁을 계속한다. 결국 계속되는 이 호통이 분통憤痛과 울화통으로 변질되어, 영원히 화통和通할 수 없는 불통의 관계를 만든다. 불통의 원인은 주로 '밖'에 있지 않고 '안'에 있다. '네 탓이오'가 아니라 '내 탓이오'라고 생각하자. 나를 먼저 바꿔야 남이 바뀐다.

밥과 빵의 차이

앞에서 밥을 나눠 먹는 사람들 사이의 끈끈한 관계를 '식구'라고 했다. 다시 말하지만, 밥을 나눠 먹을 수 있는 인간적 관계가 얼마나 되는가가 행복을 결정하는 중요한 변수다. 밥을 나눠 먹을 시간적 여유가 없으면, 그 가족이 화목하다고 볼 수 없기 때문이다.

'만한전석滿漢全席'이라는 말이 있다. 만민족滿民族과 한민족漢民族 요리의 정화精華를 흡수하고 결합해서 만들어진 요리로 대연회식을 가리키는 말이다. 만한전석을 통해 만주족과 한족은 민족적 갈등을 해소하고 대통합을 이루어냈다. 음식이 소통과 화해의 가교 역할을 한 것이다. 이처럼 우리는 함께 밥을 나눠 먹으면서 가정과 공동체의 평화를 이끌어내는 데 익숙하다.

그런데 빵을 나눠 먹는 인간관계에서는 '동료'를 의미하는 'companion'이라는 말을 쓴다. 혈연관계인 식구와 우정을 나누는 동료는 관계의 강도强度가 다르다. 식구는 동료보다 더 강하고 끈끈한 관계로 맺어져 있다. 밥알과 밥알이 끈적끈적하게 서로 붙어 있는 것처럼, 밥을 나눠 먹는 사람들의 관계는 끈끈하다. 이에 반해 빵은 그 자체로 하나의 독립적인 주식이기 때문에, 빵을 먹는 사람들은 밥을 먹는 사람들과는 달리 혼자 먹는 경우가 많다. 밥이 관계의 음식이라면 빵은 개체나 실체로서의 독립성을 갖는 음식인 셈이다.

《빵은 길을 만들고 밥은 마을을 만든다》는 책이 있다. 빵은 이동하면서 새로운 길을 만드는 데 적합한 음식이지만, 밥은 모여서 먹으면서 촌락 공동체를 만드는 데 적합한 음식이다.

仁

참된 지혜로 나아가는 **두 번째 관문**

—
07

다 '받아' 주는 '바다' 같은 리더가 필요한 이유

백천학해百川學海라는 말이 있다. '모든 시내가 바다를 배운다'는 뜻이다. 세상의 모든 물은 다 바다로 흘러간다. 바다는 아무리 더러운 물도 거부하지 않는다. 그래서 신영복 교수는 이런 말을 했다. "바다가 세상의 모든 물을 다 받아주는 이유는 '바다'가 '받아' 주기 때문이다."

세상의 모든 물을 다 받아주기 위해서는 가장 낮은 곳에 위치해야 한다. 마찬가지로 인간관계에서도 상대보다 나의 자세와 태도를 낮출 때, 상대의 아픔을 받아줄 수 있다. 나를 낮추고 상대를 높이면 나도 덩달아서 높이 올라간다. 세상의 모든 물은 가장 낮은 곳으로 흘러가지만, 수증기로 변신해 다시 가장 높은 곳으로 올라 간다. 낮춤이 높임이고 내려감이 올라감이다. 그래서 가장 낮은 바 닥인 바다는 곧 희망이다.

물에 빠진 사람이 다시 살아나오는 유일한 방법은 힘을 빼고 바 닥을 치는 것이다. 그렇지 않고 발버둥을 치면 죽을 수도 있다. 가 장 낮은 바닥을 힘차게 쳐야 다시 위로 솟구칠 수 있다. 자세를 낮 추고 힘을 빼면 살아나올 수 있다. 배운다는 것은 자세를 낮춘다는 의미다. 벼도 익으면 익을수록 고개를 숙인다. 배움이 깊어질수록 겸손해져야 한다. 배움의 목적은 자세를 낮추고 겸손함을 몸으로 익히는 데 있다.

사람은 지위가 올라갈수록 높은 곳에 사무실을 둔다. 그렇게 점 점 땅에서 멀어진다. 지위가 높은 사람은 목에 힘이 들어가고 낮은 곳의 사람들이 겪는 아픔을 이해하지 못한다. 상대의 아픔을 이해 하려면 상대보다 낮은 곳으로 내려가야 하는데, 경영자나 리더의 사무실은 회사의 가장 높은 곳에 위치하는 경우가 많다. 시장을 이 해하고 고객의 아픔을 직접 들을 수 있는 기회를 상실해가는 것이 다. 그래서 높은 곳의 리더는 겸손함을 잃고 거만함과 자만심에 사 로잡히기 쉽다. 높은 곳에서 낮은 곳을 내려다보면 낮은 곳의 사람 들이 겪는 아픔을 이해하기 어렵다. 높은 곳의 리더들에게 말하고 싶다. "부디 낮은 곳으로 임하소서!"

릴레이션십 없는 리더십은 사상누각이다

필자가 해제를 붙인 《THE 33》이라는 책에 이런 문장이 나온다. "리더는 진공 속에서 리더십을 발휘하지 않는다. 리더는 사람과의 관계 속에서 영향력을 주고받는 지도자다."

리더십은 릴레이션십relationship을 형성하는 능력이다. 릴레이션십을 이끌어내지 못하는 리더는 아무런 영향력을 행사할 수 없다. 리더십은 역동적인 현장, 문화, 제도, 시스템은 물론 다양한 사람들과의 역학적 관계 속에서 개발되고 발휘된다. 리더십의 꽃을 피우기 위해서는 우선 릴레이션십의 텃밭을 가꿔야 한다. 전설적인 농구 감독, 미국의 존 우든John Robert Wooden 코치는 '팀의 스타는 팀'이라고 했다. 농구는 한 사람의 스타플레이어가 가진 재능만으로는 승리할 수 없는 '팀플레이'임을 지적하는 말이다.

2010년 전세계인들을 감동의 도가니에 빠뜨린 칠레 광부들의 기적적인 생존 이야기는, 당시 공식적인 리더이자 작업반장이었던 루이스 우르수와를 비롯한 소수의 리더가 만들어낸 '리더십 스토리'가 아니다. 그보다 33인의 광부가 믿음의 연대로 엮어낸 '릴레이션십 스토리'다. 리더십도 결국 관계 속에서 영향력이 행사되는 릴레이션십의 다른 이름이다. 33인의 광부는 사람이 보여줄 수 있는 가장 아름다운 가치인 관심과 배려, 애정과 연대를 통해 극한의 상황에서 기적의 생존을 이뤄냈다.

33인의 광부가 모두 살아남을 수 있었던 결정적인 단서를 소수의 리더십에서 찾지 않고, 그들이 맺은 인간적 연대에서 찾는 이유는 따로 있다. 아무리 강력한 리더십이 있었더라도, 극한의 상황에서 서로를 믿고 의지하는 끈끈한 릴레이션십이 없었다면 모두의 생존은 불가능했을 것이다. 물론 몇 사람이 발휘한 리더십에도 힘입은 바가 있지만, 33인의 광부 모두는 리더십을 넘어 릴레이션십을 발휘하고, 절망을 희망으로 변화시킨 기적의 주인공들이다.

그들은 절망 대신 생존할 수 있다는 희망을 선택했고, 어쩔 수 없다는 부정 대신 우리는 살 수 있다는 긍정의 마인드로 무장했다. 그렇게 서로가 서로에게 사기와 용기를 북돋아주었다. 또한 불가능하다는 포기 대신 가능하다는 믿음으로 똘똘 뭉쳐 크고 작은 문제를 해결했다. 초기엔 갈등과 혼란도 있었지만, 모두가 살기 위해서는 '우리'라는 공동체로 뭉쳐야 함을 알고 있었던 것이다.

33인의 광부가 모두 살아남을 수 있었던
결정적인 단서를 소수의 리더십에서 찾지 않고,
그들이 맺은 인간적 연대에서 찾는 이유는 따로 있다.
아무리 강력한 리더십이 있었더라도,
극한의 상황에서 서로를 믿고 의지하는
끈끈한 릴레이션십이 없었다면
모두의 생존은 불가능했을 것이다.

仁

눈총 주지 말고
눈빛을 줘라

팀원을 몰입하게 만들기 위해서는 '눈총' 주지 말고 널 믿는다는 신뢰의 '눈빛'을 줘야 한다. '눈총'은 소리 없이 팀원을 죽이지만, '눈빛'은 소리 없이 팀원의 가슴을 뛰게 만든다. 믿어주지 않으면 일어설 수 없다. '무신불립無信不立'이라는 말이 있다.《논어》안연편에 나오는 이 말은 '믿음이 없으면 설 수 없다'는 뜻이다.

눈총은 불신의 신호지만 눈빛은 신뢰의 상징이다. 눈총만 받고 자란 아이는 어른이 되어서도 타인을 잘 믿지 못한다고 한다. 반면 부모에게서 신뢰의 눈빛을 받고 자란 아이는 어른이 되어서 믿음

직한 인간관계를 맺는다고 한다. 그래서인지 따가운 눈총만 받는 팀원과 팀은 활력이 없고 성과도 떨어진다. 팀장이 눈총을 주면서 강제로 총대를 메라고 하면, 눈총 받은 팀원은 총기를 잃고 어쩔 수 없이 그 일을 한다. 그러니 일에 성과도 없을뿐더러 신이 나지 않는다.

눈총은 총 중에서 가장 힘이 없는 총이지만, 상대의 기를 꺾어 버리는 가장 강력한 총이기도 하다. 사람의 심리는 눈빛에 나타난다. 심기가 불편하면 가장 먼저 눈빛이 사나워진다. 반면 기분이 좋으면 눈빛에 윤기가 흐르고 감동의 빛이 역력해진다. 세상에서 가장 강력한 빛은 햇빛도 아니고 달빛도 아니다. 바로 눈빛이다.

탁월한 리더는 팀원의 마음을 눈빛으로 읽고, 눈빛으로 "난 너를 믿는다."고 답한다. 그렇게 무언의 신뢰를 보낸다. 이런 믿음은 불가능을 가능하게 만들고, 한계 상황을 돌파할 수 있는 용기를 주며, 절망적인 상황에서도 희망을 보는 빛이 되어 준다.

세상에는 네 부류의 사람들이 있다. 눈치 보는 사람, 눈총 쏘는 사람, 눈빛이 빛나는 사람, 눈물을 흘리는 사람이다. 눈치 보고 눈총 쏘는 사람보다 눈빛이 빛나고 감동해서 눈물 흘리는 사람이 세상을 이끌어간다. 당신은 지금 남의 눈치를 보고 눈총을 쏘는 사람인가. 아니면 빛나는 눈빛으로 감동적인 눈물을 준비하고 있는 사람인가. 눈빛으로 상대의 마음을 읽는 사람은 공감하고 감동하는 긍정적인 감정이 풍부하다. 그래서 눈물도 많은 법이다.

관심과 애정의 시계는 자동시계가 아니다

팀원에 대한 깊은 관심과 애정은 팀원을 주인으로 만드는 촉진제다. 관심과 애정을 먹고 자란 팀원의 주인정신은, 스스로 진정 무엇을 위해 일하는지를 깨닫게 해줄 뿐 아니라 열정과 몰입의 원동력이 되어준다. 일을 통해서 자아를 실현하고 일하는 보람과 가치, 삶의 의미를 느끼게 해주는 힘은 내가 주인이라고 느낄 때 발현된다.

리더가 팀원이 하는 일을 정성으로 돌봐주고 인정해주며 칭찬과 격려를 보내면, 팀원은 자기 일에 주도적으로 매진한다. 팀원의 리더에 대한 신뢰와 팀원 상호간의 신뢰는 모두 관심과 애정을 먹고 자란다. 내가 먼저 상대방을 인정하고 진실한 관심을 보여주면 상대방은 나에게 끌리게 된다. 끌림은 사람을 끌어들이는 매력이다.

끌림은 마음을 빼앗을 때 생긴다. 마음을 훔치는 끌림의 매력은 인간적 관심과 애정을 먹고 자라는 신뢰를 기반으로 다져진다. 관심과 애정의 시계는 한번 태엽을 감으면 오랫동안 멈추지 않는 자동시계가 아니라, 자주 가까운 곳에서 보살펴주고 섬겨야 하는 관계의 시계다.

잡은 물고기에게는 먹이를 주지 않는다는 말이 있다. 물고기를 잡기 전까지는 다양한 방법으로 노력을 기울이지만, 일단 잡게 되면 물고기에게 더 이상 관심을 기울이지 않는다는 뜻이다. 마찬가지로 사람도 자기 사람이 되기 전에는 다양한 노력을 기울이고 관심과 애정을 보이지만, 일단 내 사람이 됐다고 생각하는 순간부터 관심과 애정의 시계가 멈춰버린다. 관심 속에서 자랐던 관계가 무관심으로 바뀌면, 관계에는 무심한 잡초가 자라기 시작한다. 관심이 무관심으로 전환되면서 애정愛情이 넘치고 다정다감했던 인간관계에 애증愛憎의 싹이 자라고 냉담한 인간관계로 돌변하는 것이다. 결국 굳건했던 신뢰의 터전에 돌이킬 수 없는 불신의 숲이 자라기 시작한다.

불신의 숲에 드리워진 어두운 그림자는 쉽게 지우기 어려운 깊은 상처로 남을 수 있다. 신뢰를 다시 회복하는 유일한 방법은 진정성으로 접근하는 것이다. 의도가 불순하다는 판단이 서면 아무리 노력을 해도 불신은 사라지지 않고, 관계를 회복하기는 어려워진다.

머리, 가슴, 배 :
당신은 지금 어디가 아픈가

잊었던 첫사랑이나 옛 애인이 잘살면 배가 아프고, 못살면 가슴이 아프며, 같이 살자고 하면 머리가 아픈 이유는 무엇일까? 배가 아픈 이유는, 사촌이 땅을 사면 배가 아픈 것처럼 나보다 상대가 잘되면 시샘과 질투가 생기기 때문이다. 반면 가슴이 아픈 이유는 그래도 한때는 열렬히 사랑했던 애인이 고생하면서 살아가는 모습이 서글프고 안쓰럽기 때문이다.

머리가 아픈 것과 가슴이 아픈 것의 차이는 논리적으로 판단하느냐, 마음으로 공감하느냐에 있다. 머리로 생각하면 골치가 아프지만, 가슴으로 생각하면 측은지심惻隱之心이 발동되어 마음이 아파지는 것이다. 시어머니가 아프면 머리가 아프고 친정 엄마가 아프면 가슴이 아프다고 하는데, 아마 이런 이유일 것이다.

첫사랑이 같이 살자고 하면 머리가 아픈 이유는 이미 결혼을 했고, 주어진 현실과 살아가게 될 미래를 동시에 생각하다 보면 머릿속이 복잡해지기 때문이다. 가슴으로는 이해가 되지만 머리로는 도저히 이해가 되지 않을 때, 수많은 변수들을 한꺼번에 끌어안고 잔머리를 굴리면 머리에서 김이 나고 골치가 아프며 열이 나게 된다.

항상 가슴이 아프면 안 되겠지만, 머리와 배보다는 가슴이 아파야 한다. 가슴이 아프다는 것은 상대가 겪는 아픔을 나의 아픔처럼 생각하는 것이다. 대부분 생각은 머리가 하는 것이라고 생각하지만, 가만히 보면 진심과 진정성은 주로 가슴으로 생각할 때 묻어나온다. 남다른 생각은 머리로 하는 것이 아니라 가슴으로 하는 것이다. 머리가 담당하는 생각은 논리적으로 이해관계를 따지고 정당성과 타당성을 따지는 작업이다. 반면에 가슴이 담당하는 생각은 논리적으로 조목조목 따져보기 전에 그냥 가슴으로 느끼는 것이다. 가슴은 머리가 알 수 없는 것을 안다. 여기서 안다는 것은 앎이 아니라 느낌이다. 느낌으로 안다는 것은 논리적 이성이 작동하기 전에 직감적直感的으로 아는 것이다.

살다 보면 해결될 기미가 보이지 않는 복잡한 문제에 직면해 머리가 아프고, 시샘과 질투 때문에 심술이 나서 배가 아픈 경우도 있다. 머리가 아파서 열이 나거나 배가 아파서 이상 징후가 생기면 약을 먹고 회복할 수 있다. 하지만 가슴이 아파서 마음이 불편하면 처방해줄 약이 없다. 유일한 약은 가슴 아픈 사람의 이야기를 들어주고 공감해주면서 그 사람의 마음을 어루만져주는 것이다. 그저 아픈 사람끼리 서로를 가슴으로 이해하고 감싸 안아주면서, 따뜻한 희망의 연대를 구축하는 길밖에 없다.

성공하는 남자와 여자의
열 가지 조건

무엇이 성공인가? 성공한 사람과 그렇지 못한 사람을 구분하기 위해서는 성공에 대한 기준이 명확해야 한다. 기준이 제각각일 수는 있지만, 한 가지 분명한 점은 성공한 사람은 성공하지 못한 사람이 갖지 못한 남다른 조건을 갖고 있다는 것이다.

인터넷에서 찾은 출처불명의 글에 필자의 생각을 덧붙여서 성공하는 남자와 여자의 열 가지 조건을 생각해보았다. 당신이 생각하는 성공의 기준과 무엇이 다르고 같은지 생각해보기 바란다.

성공하는 남자의 조건

① '안주'하는 사람보다 '완주'하려고 노력하는 남자

현재 수준에 만족하고 안주하는 안일한 남자보다, 원대한 목
표를 달성하기 위해 부단히 노력하는 남자가 성공할 가능성이
높다.

체 · 인 · 지

② '포옹력' 보다 '포용력' 있는 남자

포옹해주는 남자도 좋지만 나와 다름을 인정하고 포용할 줄 아는 남자가 그릇이 크다. 다름은 틀림이 아니라 개성이라고 진심으로 말할 수 있다면, 당신의 매력은 급상승할 것이다.

③ '정력적' 이기보다 '정열적' 인 남자

정력도 에너지의 일종이지만, 정열이 있어야 한다. 그래야 시련과 역경에도 굴하지 않고 꿈의 목적지에 도달할 수 있다.

④ '나체' 를 탐하기보다 '니체' 를 탐하는 남자

나체를 탐하는 욕망에 물든 남자보다, 니체의 철학에 심취해서 현실에 안주하지 않고 부단히 변신을 거듭하는 남자가 사랑받는다.

⑤ '공짜' 보다 '공자' 를 사랑하는 남자

공짜보다 공자를 사랑하는 남자라야 인문 고전의 지혜를 습득하고, 가짜가 판치는 세상에서 진짜를 알아보는 혜안을 가질 수 있다.

⑥ 여자를 '사냥' 하기보다 '사랑' 하는 남자

사랑보다 사냥에 관심을 두는 남자는 여자에 대한 관심과 애정보다 동물적 본능과 성욕 충족에 관심을 두는 남자다. 이런 남자는 동물이지 사람이 아니라서 성공하기 어렵다.

⑦ '박사'인 체하기보다 '밥 사'는 남자

자신이 가진 박사학위를 세상의 수많은 지식 중 일부를 알고 있다는 증표라고 겸손하게 생각하고, 나보다 어려운 처지에 있는 사람에게 기꺼이 밥 한 끼 살 수 있는 남자가 따뜻한 마음을 지닌 남자다.

⑧ '벗기기' 좋아하기보다 '벗'을 좋아하는 남자

여자를 성적 욕망의 대상으로 생각하는 남자보다, 여자를 나와 함께 인생을 논의할 벗으로 생각하는 남자가 사랑받는 남자다.

⑨ '때' 많은 남자보다 '때'를 아는 남자

세속의 때가 끼어서 언제 어떤 말을 해야 할지 분간하지 못하는 남자보다, 적절한 시기에 여자의 마음을 어루만지는 말을 할 줄 아는 남자가 매력적이다.

⑩ '음흉'한 남자보다 '음악'을 아는 남자

음침한 곳에서 음흉한 생각으로 물들어 있는 남자보다, 풍류와 음악을 사랑하고 감성이 풍부한 남자가 세상을 포용할 수 있다.

성공하는 여자의 조건

① '색기' 있는 여자보다 '색깔' 있는 여자

색기로 남자를 유혹하는 여자보다, 자신만의 색깔로 남자의 관심과 사랑을 이끌어내는 여자가 성공한다.

② '여우' 같은 여자보다 '여유' 있는 여자

시시각각 변하면서 여우처럼 간사하게 구는 여자보다, 바빠도 삶의 여유를 찾아 삶을 즐길 줄 아는 여자가 더 매력적이다.

③ '발랑' 까진 여자보다 '발랄' 한 여자

속내를 아무 때나 드러내고 자기 이익만 찾는 이기적인 여자보다, 재치와 지성을 겸비한 명랑하고 쾌활한 여자가 세상을 긍정적으로 볼 수 있다.

④ '들러리' 보다 '힐러리' 가 되려는 여자

때와 장소를 가리지 않고 아무 곳에나 나타나 들러리 서는 여자보다, 신념과 철학을 갖고 자기 인생을 사는 힐러리 같은 여자가 성공한다.

⑤ '끔찍' 한 여자보다 '깜찍' 한 여자

사사건건 간섭하고 기본적인 예의범절도 지키지 않는 끔찍한 여자보다, 귀여우면서 필요에 따라 자신만의 매력을 은근하게 보여주는 여자가 은은한 향기를 지닌다.

⑥ '시치미' 떼는 여자보다 '동치미' 국물 맛이 나는 여자

거짓말을 밥 먹듯이 하면서 시치미 떼고 엉뚱한 이야기를 하는 여자보다, 숙성된 동치미 국물처럼 묵직한 진심을 가진 여자가 성공한다.

⑦ '애교'만 떠는 여자보다 '애정'이 넘치는 여자

애교가 지나쳐서 가벼워 보이는 여자보다, 한결같은 사랑을 베풀면서 남자를 믿어주는 애정 만점의 여자가 멋있다.

⑧ '근시안'을 가진 여자보다 '혜안'을 가진 여자

눈앞의 이익에 눈이 먼 여자보다, 멀리 내다보면서 장기적인 꿈을 꾸는 혜안을 가진 여자가 행복한 성공을 거둔다.

⑨ '명품'에 홀린 여자보다 '작품' 개발에 몰입하는 여자

명품이라면 물불을 가리지 않고 찾아다니는 여자보다, 자기 안에 숨 쉬는 재능을 찾아 작품 개발에 몰두하는 여자가 성공을 거둘 수 있다.

⑩ '성형' 수술하는 여자보다 '성품'이 고운 여자

남에게 잘 보이기 위해 성형수술을 하고 외모에만 신경 쓰는 여자보다, 따뜻한 마음을 가다듬어 내면의 성품을 가꾸는 여자가 매력적이다.

체·인·지

仁

감사 십계명 :
자나 깨나 범사에 감사하라

인터넷에 '주선酒仙 십계명'이라는 글이 있다. 주선 십계명에 따르면 주종과 안주를 가리지 않고, 거리와 시간에 구애받지 않으며, 남녀, 금전, 장소, 다소, 가사, 생사를 불문하고 무조건 마실 수 있어야 술을 즐기는 선비라고 한다.

이 글을 언제 어디서든지 누구에게나 감사해야 한다는 의미로 다르게 해석하면 '감사 십계명'으로 재탄생시킬 수 있다. 진정 감사할 줄 아는 사람이 되고 싶다면 반드시 읽어보라.

① 청탁불문清濁不問

좋은 일淸이든 언짢은 일濁이든 가리지 말고 감사하라! 이것저것 따지지 말고 감사하라는 말이다.

② 안주불문按酒不問

부수적인 그 무엇을 기대하지 말고 그냥 감사하라! 술 마실 때 안주 탓하지 않고 마시듯이, 감사할 때도 감사의 대가로 무엇을 기대하지 말고 감사하라는 말이다.

③ 원근불문遠近不問

거리와 친소親疎를 구분하지 말고 언제나 찾아가서 감사하라! 감사할 일이 생기면 거리가 멀어도 미루지 말고 감사함을 표시하라는 말이다.

④ 주야불문晝夜不問

자나 깨나 언제나 감사하라! 밤이나 낮이나 때를 가리지 말고 감사할 일이 생기면 즉시 감사하라는 말이다.

⑤ 남녀불문男女不問

남녀노소를 따지지 말고 누구에게나 감사하라! 사람에 따라서 감사를 표할지 말지 결정하지 말고, 남녀노소 누구에게나 감사하라는 말이다.

⑥ 금전불문金錢不問

돈이나 물질보다 따뜻한 마음으로 감사하라! 감사함의 표시는 돈이나 물질적 보상보다, 진심이 담긴 마음으로 하는 게 좋다. 진심으로 감사할 때 감사의 의미가 더욱 깊어질 수 있다.

⑦ 장소불문場所不問

동네방네 여기저기 감사하라! 감사할 일이 생기면 여기저기 소문내면서 감사함을 표시하자. 그러면 감사가 감동으로 바뀌고 감동은 감격으로 이어질 수 있다.

⑧ 다소불문多少不問

은덕恩德의 많고 적음에 관계없이, 무엇에든 감사하라! 아무리 작아도 은혜나 은공을 입었다면 무조건 감사할 줄 알아야 한다는 말이다.

⑨ 가사불문家事不問

이것저것 따지지 말고 무조건 감사하라! 누군가 도움을 요청하면 미루지 말고 즉시 달려가서 도와주어야 하듯이, 감사할 일이 생기면 요리조리 머리 굴리며 계산하지 말고 그냥 감사해야 한다는 말이다.

⑩ 생사불문生死不問

생사를 초월하여 살신성인殺身成仁으로 감사하라! 감사를 표해야 할 사람이 세상을 떠났다 해도, 은혜를 받은 사실을 결코 잊어서는 안 된다는 말이다.

仁

참된 지혜로 나아가는 **두 번째 관문**

—
11

S대학교와 S기업의
심각한 말로

머리만 쓰게 만드는 건
교육 아닌 사육

초중고 12년을 치열하게 준비해서 S대학교에 입학한다. S대학교
는 서울 시내에 존재하는 대학이다. S대학교에 입학하기 위해서는
단 1시간도 딴생각과 딴짓을 해서는 안 된다. 오로지 공부만 해야
한다. 아침부터 밤까지 교과서와 참고서를 파고, 학원 강의를 들어
야 한다. 하지만 이게 다가 아니다. 대학입학에 필요한 점수 따기

방법을 익히고, 짜인 각본에 따라 정해진 논리를 펴는 논술고사 준비도 쉬지 않고 해야 한다.

점수를 높이려면 몸은 가급적 많이 움직이지 않고 머리를 많이 써야 한다. 그런데 몸을 움직이지 않고 머리만 쓰면 골치가 아파지고 머리에 김이 나면서 열이 오른다. 몸을 쓰지 않고 머리만 쓰면 머리는 돌아가지 않는다. 몸을 움직여줘야 열이 났던 머리가 식으면서 생각이 말끔하게 정리된다. 한참 몸을 움직여 신체 발달을 촉진시켜야 할 학창 시절에, 몸을 쓰지 않고 머리만 쓰면 신체는 이상 증세를 보이기 시작한다. 심각한 두통이 오거나 정신적 이상 증후군이 나타나기도 한다.

교육의 본질은 자기 몸을 움직여 체험적 깨달음을 스스로 체득體得하는 과정에 있다. 몸이 따르지 않는 머리만의 공부는 관념적 파편만을 쌓는다. 몸을 움직여 부딪혀보고 넘어져봐야 머릿속에 담긴 생각이나 느낌이 맞는지 틀리는지를 정확하게 알 수 있다. 사육된 닭이 낳은 달걀을 깨서 노른자위를 슬쩍 눌러보면 아무런 힘도 없이 금방 터져버린다. 그런데 밭에서 뛰어놀면서 자란 닭이 낳은 달걀은 노른자를 눌러보면 쑤욱 들어갔다가 다시 원상태로 돌아온다. 그만큼 외부의 시련과 역경에 견딜 수 있는 회복탄력성을 갖고 있는 것이다.

뛰어놀지 못하고 좁은 공간에서 머리만 쓰게 만드는 교육은 교육이 아니라 사육이다. 사육된 아이는 외부의 시련과 역경을 견뎌낼 내공이 없다. 온실 속의 화초가 조금만 추워도 얼어 죽듯이, 온실 속에서 사육된 아이는 보호 장막을 걷어내면 작은 어려움조차 스스로 극복할 수 없는 나약한 사람으로 자란다.

단언하건대 시행착오와 우여곡절, 파란만장과 절치부심의 체험이 어느 순간 비약적인 성장을 보장해주는 가장 확실한 교육이다. 당신이 부모라면 이런 질문을 던져보고 싶다. "당신은 지금 아이를 어떻게 기르고 있는가? 당신은 사육된 사람인가, 아니면 교육받은 사람인가? 아이에게 체험적 깨달음을 주는 교육을 하고 있는가?" 사육되듯 자란 사람은 자신의 아이도 사육시킬 가능성이 높다. 하지만 교육받은 사람은 힘들고 어렵더라도 자신의 아이를 교육하고 올바른 길로 안내할 것이다.

남의 인생이 아닌 내 인생 살기

오로지 공부만해서 힘겹게 S대학교—서울 시내의 대학—에 입학하면, 다음 관문은 S기업—서울 시내나 서울 근교에 있는 기업—에 취업하는 것이다. S기업에 취업하기 위해서는 대학에 입학하자마자 치열한 학점관리와 스펙 쌓기 경쟁에 뛰어들어야 한다. 조금이라도 딴 생각과 딴짓을 하면 학점관리에 실패하고 스펙 쌓기 경쟁에서 뒤처질 수 있다. 이런 걱정에 빠지게 되면 내가 하면 신나는 일이 무엇인지, 잘할 수 있는 일은 무엇인지, 나에게 의미와 가치가 있는 일이 무엇인지를 체험해볼 시간이 없다. 오로지 남보다 잘되기 위해서 대학 4년을 보낸다.

하지만 남에게 잘 보이기 위한 인생이 아닌 내 인생을 살기 위해서는, 나의 재능이 무엇인지 찾아내야 한다. 재능을 찾아내는 유일한 방법은 이것저것 시도해보는 방법밖에 없다. 이곳저곳을 시추해야 어느 순간 치솟는 물줄기를 발견할 수 있듯, 내 안의 꿈틀거리는 욕망의 물줄기를 찾기 위해서는 이런저런 시도를 해봐야 한다.

이런 실험과 모색을 하지 않고 오로지 기업이 원하는 스펙에 맞춰 대학 4년을 보내면, S기업에 취업하자마자 들이닥치는 새로운 난관에 그만 지쳐버리게 된다. 직장이라는 또 다른 전쟁터에서 벌어지는 치열한 경쟁이 기다리고 있기 때문이다.

S기업에 취업하면 그때부터 임원이 되기 위해 밤낮을 가리지 않고 실적을 올려야 한다. 직장에서 실적은 그 사람의 인격을 결정하기도 한다. 그래서 실적 없는 임원은 좌불안석이다. 언제 자리에서 쫓겨날지 모르기 때문이다.

기업마다 차이는 있지만 대부분 마흔 살 전후에 임원으로 승진한다. '임원'은 '임시 직원'의 약자라서 언제 옷을 벗고 조직 밖으로 나와야 될지 모르는 불안한 사람이다. 평균적으로 대기업에서 임원이 될 확률은 입사 직원의 1퍼센트 내외다. 100명이 입사하면 그중 한 명 정도가 임원이 되는 것이다. 거꾸로 생각해보면 한 명의 '임시 직원'이 되기 위해 앞만 보고 전속력으로 달려가는 것이나 마찬가지다. 게다가 나머지 99명은 자의 반 타의 반으로 회사를 떠나야 한다.

문제는 내 삶을 살아오지 않고 남에게 보여주기 위한 삶을 살면, 막다른 골목에 부딪혔을 때 과거의 삶을 후회한다는 것이다. 그때부터라도 지난 과거를 청산하고 새롭게 삶을 시작할 수 있다면 다행이다. S대학교에 입학하고 S기업에 취업하려고 앞만 보고 달리지는 말자. S자형으로 이런저런 시행착오도 겪어보고 우여곡절의 인생을 살아도 늦지 않다. 앞만 보고 직선으로 질주하다 질식할 수 있다. 한 박자 늦추고 곡선형 S자 인생을 살아보자.

도 씨네와 고 씨네 아이들 : 인생의 성패에 관하여

도 씨 집안의 일곱 남매

도 씨 집안에는 일곱 남매가 있다. 첫째는 도망逃亡, 둘째는 도피逃避, 셋째는 도태陶胎, 넷째는 도취陶醉, 다섯째는 도전挑戰, 여섯째는 도약跳躍, 일곱째는 도통道通이다.

첫째인 '도망'은 시도해보기도 전에 안 된다고 생각하는 습관을 갖고 있다. 도망은 되는 방법 열 가지를 찾기보다 안 되는 방법, 실패할 수밖에 없는 핑계나 자기합리화, '~때문에' 안 된다고 생각하는 생활을 습관적으로 반복해온 친구다.

둘째인 '도피'는 주로 도피 행각으로 점철된 삶을 살아왔다. 도피는 도망다니는 생활을 너무 오랫동안 해온 나머지 매사를 부정적으로 보게 되었고, 피해의식에 사로잡혀 사람들의 눈에 띄는 것 자체가 피곤해진 친구다. 가능보다 불가능에 익숙하고, 긍정보다 부정에 길들여져 있다.

셋째인 '도태'는 도피 생활조차 접고 현실에 안주해서 그럭저럭 살아가는 친구다. 변화의지라고는 찾아볼 수 없고, 성장과 발전보다 퇴보와 쇠락의 길로 접어든 사람이다. 변화의 필요성을 느끼지 못하고, 변화하려는 시도 자체가 무의미하다는 생각을 갖고 있다.

넷째인 '도취'는 주변 정황을 아랑곳하지 않고 자아도취에 빠져 헤어나오지 못하는 친구다. 도취가 긍정적 몰입과 몰두라면 경이로움을 창조할 수 있지만, 대부분의 도취는 중독 상태를 유발하고 정상적인 삶을 영위할 수 없게 만드는 장본인이다.

다섯째인 '도전'은 네 명의 형제들이 안이한 생활을 하고 있음을 꾸짖으며, 지금 여기의 세계에서 벗어나 미지의 다른 세계로 도전해보라고 격려하는 친구다. 어제와 다른 도전을 통해 얻는 체험적 자극이 있어야 어제와 다른 생각을 할 수 있고, 체험적 자극이 바뀌지 않으면 뇌는 어제의 방식대로 비슷한 생각을 반복할 뿐임을 알고 있다.

여섯째인 '도약'은 타성에 젖어 도피행각을 벌이면 도태되고, 원하지 않는 일에 도취된다고 주장한다. 남다른 도전만이 남다른 도약을 가져오며, 남다른 도약이 남다른 목적지에 도착할 힘을 준다는 긍정적인 생각을 갖고 있는 친구다.

남다른 도전을 통해 꿈에 그리던 목적지에 도착해본 체험이 많은 사람이 결국 이전과 다른 도전을 시도하게 되고 도약의 경이로움을 맛볼 수 있다. 그런 사람만이 결국 세상의 이치를 남다르게 이해할 수 있는 '도통'의 경지에 이를 수 있다.

고 씨 집안의 다섯 아이들

고 씨 집안에는 다섯 아이들이 있다. 고민苦悶, 고심苦心, 고독孤獨, 고뇌苦惱 그리고 장남 고통苦痛이다.

'고민'은 언제나 머리로 생각만 한다. 무엇을 해야 한다고 생각하면서도 행동으로 옮기지는 않는다. 꼬리에 꼬리를 물고 생각만 하다가 하루를 보내고 일주일을 허비한다. '고민'만 하는 사람은 '고민'하는 문제를 절대로 해결하지 못한다는 점을 잘 모른다.

'고심'은 '고민'의 골이 깊어 심각하게 고심한다. 하지만 고심 끝에 결단을 내려도 행동으로 옮기지 못한다. '장고 끝에 악수 둔다' 는 말을 그대로 증명이라도 하듯, 고심은 고심에 고심을 거듭하지만 쉽게 답을 찾지 못한다. 딜레마 상황에 빠져 탈출구를 찾기 쉽지 않은 것이다.

'고독' 은 홀로 사색하는 것을 좋아한다. '고독'은 늘 무언가에 쫓기면서 살아가는 사람들에게 필요한 유일한 약은 고독과 친구가 되는 것이라고 강조한다. 고독해지지 않으면 자신과 대화할 시간도 없고 언제나 다른 사람, 다른 사물, 다른 환경, 다른 정보에 눈이 팔려 내면을 응시하는 시간을 가질 수 없게 된다고 생각한다.

막내 '고뇌' 는 '고민' 과 '고심' 그리고 '고독' 과 달리 생각의 깊이는 물론 넓이를 확장해 치열하게 생각한다. 하지만 문제를 해결하지 못한 채 깊은 고뇌에 빠져 있다. 이런저런 경험도 해보고 이런저런 책도 읽어보지만 고민하는 문제, 고심하고 있는 이슈, 고독한 경험으로 해결할 수 없는 난제를 만난 것이다.

'고민'부터 '고뇌' 까지 모두 문제를 해결하기 위해 머리로 생각만 하고 있을 때, 장남 '고통' 이 돌아왔다. '고통'은 동생들에게 꼬리에 꼬리를 물고 생각해도 뚜렷한 답이 떠오르지 않고 문제가 해결되지 않는 이유는 몸을 움직여 생각한 바를 실천하지 않았기 때문이라고 꾸짖는다. '고통'은 '고민', '고심', '고독', '고뇌'를 데리고 밖으로 나가 산책을 하면서, 동생들이 고민하고 고심하며 고독하게 보냈던 시간을 반추하고 대안을 모색해본다.

그리고 동생들에게 이렇게 말한다. "내 생각이 맞는지 틀리는지를 알 수 있는 유일한 방법은 몸을 움직여 고통의 체험을 해보는 방법밖에 없다." 몸으로 직접 체험하는 고통을 겪어봐야 엉뚱한 생각, 쓸데없는 고민과 고심, 홀로 보낸 고독한 시간이 부질없는 일이었다는 점을 깨달을 수 있다. 당신은 지금 기꺼이 고통을 체험해볼 준비가 되어 있는가?

仁

참된 지혜로 나아가는 **두 번째 관문**

—
13

트위터와 페이스북의
칠거지악

칠거지악七去之惡은 과거 유교문화권에서 통용되던 것으로, 남편이 일방적으로 아내를 쫓아낼 수 있는 일곱 가지 항목을 가리킨다. 글자 그대로 해석하면 '아내를 내쫓을 수 있는 일곱 가지 잘못'이라는 뜻이다. 《공자가어孔子家語》에 처음으로 칠거지악이 등장하는데, 그 내용은 다음과 같다.

不順父母부순부모 시부모에게 순종하지 않음

無子무자 아들이 없음

不貞_{부정} 음탕함

嫉妬_{질투} 질투함

惡疾_{악질} 나쁜 병이 있음

口說_{구설} 말이 많음

竊盜_{절도} 도둑질을 함

그러나 칠거지악에 해당하는 잘못을 저질렀더라도 다음과 같은
세 가지 경우에는 내쫓지 못하도록 하였다.

有所取無所歸不去_{유소취무소귀불거}

내쫓아도 돌아가 의지할 곳이 없는 경우

與更三年喪不去_{여경삼년상불거}

함께 부모의 삼년상을 치른 경우

前貧賤後富貴不去_{전빈천후부귀불거}

전에 가난하였으나 혼인한 후 부자가 된 경우

이런 세 가지 경우를 삼불거_{三不去} 또는 삼불출_{三不出}이라고 한다.
이와 비슷하게 트위터와 페이스북에도 '칠거지악'이 있다. 다음과
같은 말이나 행동을 할 경우 본인의 의지와 관계없이 퇴출시켜야
한다는 내용이다.

❶ '비판의 빵' 보다는 '비난의 화살' 을 날리는 데 주력하는 사람

❷ 일리 있는 뉴스를 공유하기보다 근거 없는 오보를 날려 사람
들을 오해에 빠뜨리는 사람

❸ '인정하고 배려' 하기보다 일단 부정하고, '배신의 칼' 을 품
고 있는 사람

❹ 다른 의견을 경청하고 포용하기보다 자기주장을 일방적으
로 쏟아내는 사람

❺ 도움이 되는 글을 올리지 않고, 자기 자랑이나 광고성 메시
지로 사이트를 도배하는 사람

❻ 잘못을 인정하고 겸손한 태도를 취하기보다 집착과 아집으
로 자기를 변호하고, 거만하게 구는 사람

❼ 따뜻한 마음으로 장점을 보듬어주기보다 상대의 단점만을
꼬집어서 부각시키는 사람

트위터와 페이스북에도 삼불거가 존재한다. 잘못을 저질렀어도
다음의 세 가지의 경우에 해당되면 용서하고 반성할 수 있는 기회
를 준다.

❶ 자신의 잘못을 솔직히 인정하고, 개과천선改過遷善하려는 노
력을 보여주는 사람

체·인·지

❷ 트위터나 페이스북을 사용한 지 얼마 되지 않아서 활용 미숙
으로 잘못을 저지른 사람

❸ 틀린 정보나 광고성 글을 올렸지만, 나중에 정보의 출처를
밝히거나 광고성 글을 삭제한 사람

　소통의 기본은 역지사지易地思之다. 역지사지하기 위해서는 다른
사람의 입장에서 왜 그런 말을 할 수밖에 없었는지 잠시 입장을 유
보suspend하고 그 사람 입장에서 사연을 이해understand해봐야 한다.
그리고 가능하면 그 사람의 의견과 주장을 인정해주고 육성nurture
해주려고 노력해야 한다. 유보suspend, 이해understand 그리고 육성
nurture의 머리글자를 따면 SUN이 된다. 상대방을 태양sun으로 만들
어주라는 이야기다. 상대의 말을 끝까지 들어보지도 않고 자기 입
장에서 판단하고 직격탄을 날리면 안 된다. 참고 기다려주면서 끝
까지 이야기를 들어보면 상대방의 마음을 이해할 수 있다.

　'이해understand'는 그 사람이 서 있는 위치stand에서 밑under으로
파고들어가 왜 그런 생각과 말을 할 수밖에 없었는지를 곰곰이 생
각해보라는 의미를 담고 있다. 상대방의 이야기를 들으면서 부정
보다는 긍정을, 비난보다는 비판을, 단점보다는 장점을 찾아 인정
해주고 칭찬해주면 의외로 소통의 물꼬가 쉽게 트일 수 있다.

　하지만 무조건 자기 입장에서만 생각하고, 막무가내로 직격탄

을 날리는 다음과 같은 사람은 SNS에서 당장 퇴출시켜야 한다.

① 사연과 배경을 이해하지 않고 직격탄을 날리는 사람

② 감정을 배설하는 방식으로 마구 메시지를 날리는 사람

③ 융통성이 전혀 없고 상식이 통하지 않는 사람

④ 자기 잘못을 사과하지 않고 끝까지 밀어붙이는 사람

⑤ 마음에 안 들면 감정적으로 대응하고 공격을 퍼붓는 사람

⑥ 상대방이 어떤 상처를 받는지는 안중에 없는 사람

⑦ 내 생각은 반드시 옳으니 너부터 바꾸라고 들이대는 사람

신영복 교수에 따르면, 자기 변화를 전제하지 않고 소통疏通하겠다는 것은 상대를 소탕掃蕩하겠다는 의미나 다름없다고 한다. 먼저 자세를 낮추고 굽히면 결국 내가 높아질 수 있다. '낮춤' 이 곧 '높임' 인 것이다. 소통의 출발은 나를 먼저 낮추고 상대를 높여주는 데 있다. 그러면 나도 덩달아 높아진다. 내가 끝까지 귀 기울여 들어주면 상대방도 내 말을 경청해준다. 상대의 이야기를 들어줘야 나의 부탁도 들어준다.

仁

—
14

인생을 사는 데 필요한
여섯 가지

육성급 인재의 조건

남성과 여성, 분야와 영역에 관계없이 모든 인재가 갖추어야 될 여섯 가지 조건이 있다. 바로 정성, 근성, 탄성, 감성, 지성, 야성의 여섯 가지다. 이것을 모두 갖춘 사람은 육성급六省級 인재다. 우리가 육성育成해야 될 육성급 인재다. 다음에서 그 여섯 가지 특징을 자세히 살펴보도록 하자.

첫째, 육성급 인재는 정성이 지극하다. 정성이 지극한 인재는 일과 사람을 대하는 자세와 태도가 남다르다. 육성급 인재는 마음에서 우러나오는 정성으로 일을 대하고, 아무리 하찮은 일도 무시하지 않는다. 정성은 진정성이다. 진정성이 있는 인재는 모든 사람을 진심으로 대하고 매사에 지극정성이다.

둘째, 육성급 인재는 근성根性이 있다. 근성은 뿌리에서 발휘되는 품성으로, 쉽게 포기하지 않는 집요함과 끈기에서 비롯된다. 이 정도면 됐다는 느낌이 들 때도 한 번 더 연습하는 힘이 근성이다. 근성이 있는 사람은 시류에 쉽게 흔들리지 않는다. 아래로 뻗은 뿌리가 그만큼 깊기 때문이다.

셋째, 육성급 인재는 세상을 경이로운 기적이라고 생각하면서 감탄할 줄 아는 탄성歎聲이 있다. 탄성을 지닌 인재는 작은 일, 보잘것없는 일에도 관심을 기울이고 감사할 줄 안다. 탄성은 시련과 역경에 넘어져도 다시 일어설 수 있는 탄성彈性, 즉 회복탄력성을 의미하기도 한다. 누구나 넘어질 수 있지만 아무나 일어설 수 있는 것은 아니다. 탄성 있는 인재만이 일어나서 다시 시작할 수 있다.

넷째, 육성급 인재는 감성이 풍부하다. 감성은 내가 경험해보지 못한 타인의 아픔과 슬픔을 가슴으로 생각하는 따뜻한 정서다. 모든 것을 논리적 잣대로 판단하기 전에, 상대방의 입장에서 사연을 곰곰이 생각해보는 역지사지의 마음 씀씀이가 바로 감성이다. 감성은 머리가 알기 전에 가슴으로 느끼는 마음이다. 느낌이 언제나 앎보다 앞선다. 가슴으로 느끼는 감성은 대상에 대한 첫 번째 느낌이자 정직한 마음이다. 머리는 거짓말을 하지만 가슴은 거짓말을 하지 않는다.

다섯째, 육성급 인재는 감성과 더불어 지성을 겸비하고 있다. 지성은 냉철한 이성으로 옳고 그름을 판단하고 결정하는 능력이다. 뜨거운 가슴으로 욕망을 추구함과 동시에 차가운 이성으로 통제하고 절제하는 지성을 겸비해야 균형 잡힌 삶을 영위할 수 있다.

마지막으로 야성이 있어야 육성급 인재로 거듭날 수 있다. 야성은 길들여지지 않은 마음이다. 타성과 습관에 젖으려는 본능을 거부하고, 습관과 매너리즘에서 벗어나려는 사고다. 틀에 박힌 일상에서 벗어나 일탈을 추구하면서 세상을 순수한 마음으로 살아가려는 원초적 본능이 바로 야성이다.

인생을 사는 데 필요한 여섯 가지 끈

인생을 사는 데는 여섯 가지 끈도 필요하다. 이 여섯 가지 끈은 관계를 아름답게 만들고, 삶을 변화시키며, 스스로의 가치를 높여준다. 그렇다면 어떤 끈을 갖춰야 할까?

첫째, 매끈한 사람이 되는 것이다. 매끈은 매력이 넘치는 끈이다. 이리 봐도 매력적이고 저리 봐도 매력적이다. 외모도 매력적이지만 내면의 마음은 더욱 끌린다. 매끈한 사람은 옷도 대충 입지 않고 언제나 세련되게 입는다. 항상 밝게 웃고, 자신감 넘치는 태도로 예의바르게 행동한다. 무엇보다 매끈한 사람은 성품이 매끈하다.

둘째, 때로는 참지 않고 발끈하는 사람이 되는 것이다. 발끈은 오기에서 나온다. 불의를 보면 참지 말고 과감하게 행동하자. 하지만 아무 때나 발끈하며 화내면 곤란하다. 옳지 않은 일을 하는 사람, 부정을 저지르는 사람, 남을 괴롭히는 사람을 만났을 때만 참지 말고 발끈 화를 내자. 그리고 정의를 위해 몸을 던지자.

셋째, 화끈한 사람이 되는 것이다. 매사에 우유부단한 사람, 술에 술 탄 듯, 물에 물 탄 듯한 사람이 되지 말자. 자신만의 색깔을 적나라하게 드러낼 수 있는 화끈한 사람이 되자. 화끈한 사람은 용기 있는 사람이다. 누군가 해야 할 일이라면 내가 하고, 언젠가 해야 할 일이라면 지금 하고, 어차피 할 일이라면 화끈하게 하자. 눈치 보지 말고 소신껏 행동하는 사람, 그런 사람이 바로 화끈한 사람이다.

넷째, 후끈 달아오르는 사람이 되는 것이다. 화끈이 활활 타오르는 화력火力이라면 후끈은 참고 있다가 때가 되면 힘을 보여주는 저력底力이다. 화끈이 밖으로 드러나는 강렬함이라면 후끈은 보이지 않는 숨은 은근함이다. 후끈 달아오르는 사람은 달아오를 때까지 조용히 자신을 다스리다, 기회가 오면 주저하지 않고 저지른다. 미적지근한 것처럼 보이지만 내면은 이미 타오르고 있다. 기회가 올 때까지 은근과 끈기로 버티는 후끈 달아오르는 사람이 되자.

다섯째, 질끈 눈감아주는 사람이 되는 것이다. 질끈 눈감아주는 사람은 용서할 줄 아는 너그러운 사람이다. 실수나 결점이 없는 사람은 없다. 상대의 약점과 실수는 눈감아주고 상대의 장점과 잘한 일은 공개적으로 인정하고 칭찬해주자. 질끈 눈감아주는 사람이 세상을 제대로 볼 줄 아는 눈을 갖고 있는 사람이다.

여섯째, 마음이 따끈한 사람이 되는 것이다. 매사를 이해타산으로 계산하는 차가운 사람보다 내가 손해를 봐도 된다는 마음으로 상대를 대하는 따끈한 사람이 되자. 인간에게서는 따뜻한 인간미가 느껴져야 제맛이다. 내 것만 챙기는 이기적인 사람, 다른 사람을 깔보고 무시하는 사람보다 나누고 베푸는 사람이 따끈한 사람이다. 상대의 아픔과 슬픔도 나의 아픔과 슬픔인 것처럼 감싸 안아주는 따끈한 사람이 많을수록 우리 사회는 살맛나는 곳이 될 것이다.

백수가 직장인이 되는 데
반드시 필요한 것들

이력서와 추천서

이력서履歷書는 과거를 보고 추천서推薦書는 미래를 본다. 이력서는
그 사람이 발履로 뛰어온 인생에 대한 역사적歷 기록書이다. 그래서
그 사람이 무엇을 성취했는지보다 어떤 시련과 역경을 넘어서 지
금에 이르렀는지가 더 중요하다. 지금의 성취는 또 다른 성취에 비
하면 보잘것없는 중간 결과물일 뿐이기 때문이다.

'끄트머리'라는 말이 있다. '끝'과 '머리'가 합쳐져서 만들어진

말이라고 한다. '끝'에 '시작'이 있고 '시작'에 '끝'이 함께 있다는 말이다. 끝났다고 생각할 때 새로운 출발점에서 또 다른 시작을 하게 되는, 시작과 함께 끝을 지향하는 표현이다.

이력서는 언제나 끝에서 시작한 기록이고, 시작해서 끝을 맺은 성취의 역사다. 이력서에는 한 줄로 표현되어 있지만, 그 한 줄에는 한 인간이 체험한 고뇌와 고통의 산 역사가 담겨 있다. 이력서는 하나의 성취를 얻기까지 어떤 역경을 겪고, 그 속에서 어떤 고뇌와 행동을 했는지를 보여주는 체험적 역사가 기록된 나의 이야기다. 그래서 '내 이야기'가 많은 사람이 성공한다는 말이 있는 것이다. 남의 이야기를 하고 남의 이야기를 듣는 데 시간을 낭비하는 사람은 자신의 이야기가 없는 사람이다. 그런 사람의 이력서는 텅비어 있게 마련이다.

이에 반해서 추천서는 한 사람의 미래 가능성과 잠재력을 평가하는 보고서다. 추천서는 그 사람이 갖고 있지만 아직 발휘하지 않은 잠재성을 간파하고, 도전할 수 있는 가능성의 문을 열어주는 격려문이자 장려문이기도 하다. 추천서 속에 담긴 칭찬의 말이 추천받은 사람의 도전 의욕을 높이기 때문이다. 이력서만 보고 추천서를 보지 않으면, 과거 경력은 알 수 있지만 미래의 꿈과 비전은 알수 없다. 그래서 이력서 없는 추천서는 허무맹랑한 꿈의 기록이 되고, 추천서 없는 이력서는 꿈이 없는 과거 이력에 그치게 된다. 이

력서와 추천서를 함께 읽을 때 그 사람을 좀 더 잘 이해할 수 있는 이유는, 오늘의 나는 과거의 이력이 만들어준 것이고 미래의 나는 지금의 내가 꿈꾸는 비전이 실현된 것이기 때문이다. 그래서 직장을 얻고 싶은 백수에겐 이력서와 추천서가 필수다.

IQ, EQ, SQ 그리고 JQ

잘 알다시피 'IQIntelligent Quotient'는 지능지수, 'EQEmotional Quotient'는 감성지수, 'SQSocial Quotient'는 사회적 관계지수다. 성공한 사람들의 공통점은 상대의 마음을 먼저 배려하고 아픔을 이해하는 감성지수가 높고, 바람직한 인간관계를 통해 이상적인 사회적 관계를 유지한다는 것이다. 성공은 한 개인의 외로운 노력의 산물이 아니라, 자신의 노력에 더해진 주변 사람들의 덕택이자 덕분이다.

순망치한脣亡齒寒이라는 말이 있다. '입술이 없으면 이가 시리다'는 뜻이다. 당장 옆에 있을 때는 모르지만, 막상 없어지면 그 빈자리가 얼마나 큰지 알 수 있다. 나 혼자 노력해서 성공한 것 같지만 주변을 둘러보면 나의 성공에 직, 간접적으로 영향을 미친 사람이 많다. 덕택德澤이라는 말도 '누구의 덕德으로 그 은혜가 저수지 연못澤처럼 가득 차게 되었다'는 의미를 지니고 있다. 덕분德分이라는 말 역시 '누구의 덕德을 나누어준다分'는 뜻이다.

수많은 사람들의 덕택과 덕분으로 오늘의 내가 존재하고 승승장구할 수 있다고 생각하는 사람은 감성지수나 사회적 관계지수가 높은 사람이다. 그런데 우리 주변에는 감성지수나 사회적 관계지수가 현격하게 떨어지는 사람들이 있다. 그들의 공통점은 가슴으로 상대의 마음을 먼저 생각하기보다, 머리로 자신의 이익을 먼저 계산해본다는 점이다. 소위 잔머리를 굴리는 경우가 많다.

JQ는 '잔머리 큐'가 아니라 '주변머리 큐'다. 주변을 둘러보라. 머리의 존재 이유는 잔머리를 굴리는 데 있지 않다. 머리는 더 크게, 더 멀리 생각하기 위해 존재하는 것이다. 잔머리 굴려가면서 계산적으로 생각할수록, 인간관계는 소원해지고 영원한 불통에 빠질 수 있다.

'적자생존'은 '적는 자만이 생존'할 수 있다는 의미와 더불어, '적자를 봐야 생존'이 가능한 대인관계가 유지될 수 있다는 말이다. 손해를 감수하는 마음이 장기적으로는 이득이 된다. 상대가 더 많이 이득을 보도록 배려하면 궁극적으로 나에게 이익이 돌아온다. 상대를 먼저 배려하는 마음으로 대인관계를 유지하고 내가 우선 손해를 본다는 자세로 인간관계를 맺자. 그것이 아름다운 인간관계를 오랫동안 유지하는 유일한 비결이다.

인연을 연인으로 변화시키기

나를 바꾸는 방법에는 여러 가지가 있다. 그중에서 필자가 추천하는 방법은 내가 읽는 책과 만나는 사람을 바꾸는 것이다. 책과의 만남도 책을 쓴 저자와의 만남이니, 결국 사람과의 만남이 바뀌면 내가 바뀐다. 한 사람의 인성도 그가 만난 사람들과의 인간적 교류와 관계 속에서 쌓인 역사적 산물이다. 오늘의 나는 개인으로서의 내가 아니라 내가 만난 사람과 맺어진 인간적 관계 속의 나다. 그만큼 사람과의 만남은 나를 만들어가는 가장 중요한 사회적 관

계가 된다.

어떤 만남은 운명이라고 한다. 필자도 지금까지 겪었던 몇 번의 운명적인 만남이 없었다면, 오늘의 자리에 있지 못했을 것이다. 학부와 대학원 시절 스승과의 만남, 미국 유학 시절 지도교수와의 운명적 만남 등이 없었다면 내 운명은 전혀 다른 곳으로 흘러갔을지도 모른다. 법정 스님은 "진정한 만남은 상호간의 눈뜸이다. 영혼의 진동이 없으면 그건 만남이 아니라 한때의 마주침이다."라고 말했다.

당구공처럼 스쳐 지나가는 찰나적 만남은 한때의 마주침이라 기억도 나지 않는 만남이다. "세상을 보는 데는 두 가지 방법이 있다. 한 가지는 모든 만남을 우연으로 보는 것이고 다른 한 가지는 모든 만남을 기적으로 보는 것이다." 아인슈타인Albert Einstein의 말이다. 사실 우연한 만남이 운명을 바꾸는 기적이 되는 경우도 많다. 생각지도 못한 상황에서 생각지도 못한 사람을 만나 생각지도 못한 관계로 발전하는 만남, 그런 만남은 정말 운명을 바꾸는 만남이다.

오랜 기간의 만남은 인연의 폭과 골을 넓고 깊게 만든다. 그런 만남의 인연因緣은 아름다운 연인戀人으로 바뀐다. 여기서 말하는 연인은 사랑하는 남녀관계가 아니라, 서로가 서로에게 마음을 주고받으면서 형성되는 끈끈한 신뢰와 굳건한 인간관계를 지칭한다. 사랑하지 않고서는 그 어떤 만남도 가식적일 수밖에 없다. 내가 만나는 사람을 사랑하는 것은, 모든 인간관계에서 가장 소중하게 생각해야 될 미덕이다. 인간은 인간관계의 약자다. 관계를 아름답게 만드는 인연을 소중하게 생각하면, 세상 사람 모두가 내가 사랑할 수 있는 연인으로 다가올 것이다.

仁

'비웃음'을 극복해야
'비상'할 수 있다

헛웃음, 비웃음, 쓴웃음 그리고 아이디어

누군가 아이디어를 낸다. 그런데 그 아이디어가 상식적인 사람들
이 판단하기에 너무 몰상식하고, 정상적인 사람들이 생각하기에
너무 비정상적이며, 합리적인 사람들의 눈에 너무 비합리적이라면
사람들은 웃음을 터트린다. 몰상식, 비정상, 비합리적이라는 이유
로 '헛웃음', 즉 실소失笑를 터트리는 것이다. 어떤 아픔이나 사연
이 있기에 그런 아이디어를 냈을지를 진심으로 생각해보지 않고,

자기 생각과 다르거나 구미에 맞지 않는다고 단박에 무시해버리는 것이다. 이런 태도가 만연한 사회에서는 독특한 아이디어가 사장될 뿐만 아니라, 아이디어가 활발하게 공론화될 기회 또한 봉쇄될 가능성이 높다.

예를 들어 지하철을 이용하는 직장인들을 위해 특별한 수면용 헬멧helmet을 개발했다고 해보자. 수면용 헬멧을 설명해보면, 우선 헬멧의 모양새는 자전거나 오토바이를 탈 때 쓰는 헬멧과 비슷하다. 이걸 쓰고 지하철 유리창에 머리를 대면 헬멧 뒷부분에 부착된 흡착구 —마치 막힌 변기나 하수구를 뚫을 때 쓰는 도구와 같은— 가 유리창에 착 달라붙는다. 이런 방식으로 머리를 고정시키면, 지하철에서 서서도 편히 수면을 취할 수 있다는 거다.

이 아이디어를 사람들에게 말하면 과연 어떤 반응이 돌아올까? 아마 대부분의 사람들이 비난하거나 야유를 보낼 것이다. 심하게는 "머리는 감는 데만 쓰나? 쓰지도 않는 무거운 머리 왜 갖고 다녀. 피곤하지도 않아? 내일부터 집에다 놓고 다녀."라는 말로 엄청난 모멸감을 줄지도 모른다. 덩달아서 다른 사람도 '쓴웃음'으로 맞장구치면서, 몹시 안 됐다는 듯이 안타깝게 바라볼지도 모른다. 더 나아가 주변의 수많은 사람들이 모두 가세해서 이 아이디어에 대해 '비웃음'으로 일관하고, 아이디어의 주인이 고개도 들지 못할 만큼 창피를 주고, 심지어 왕따를 시키는 경우가 발생할 수도 있다.

그런데 수면용 헬멧에 관한 초기 아이디어가 형편없다고 해서 무시해버리면, 아이디어는 거기서 죽는다. 초기에 제안한 수면용 헬멧을 많은 사람들이 무시한 이유는 현실성이 없거나, 커다란 부피 때문에 휴대하기에 문제가 있다고 생각했기 때문일 것이다. 그렇다면 추가 아이디어를 내서 사람들이 헬멧에 대해 느끼는 불편함을 해소할 방법을 찾아보는 것이 옳다. 그래야만 아이디어는 죽지 않고 살아남는다.

초기 아이디어가 실패작이라고 해서 거기서 멈추면, 그 아이디어의 생명은 거기서 끝난다. 그 아이디어의 발전이 어떤 놀라운 발명을 만들어낼지도 모른 채 말이다. 따라서 누군가 아이디어를 내면 비웃음으로 일관하지 말고 건설적인 비판을 시도해보자. 비웃음은 상처를 주지만, 비판은 비상한 관심을 끌 발명의 단서를 제공할 수 있다.

실수했다고 실소를 보내지는 말자

노벨상을 패러디하여 만들어진 이그노벨상IgNobel Prize이라는 게 있다. 이그노벨상은 미국 하버드대학교의 유머 과학잡지인 'AIRAnnals of Improbable Research'—있을 법하지 않은 연구 연보—의 발행인 마크 에

마크 에이브러햄스

이브러햄스Marc Abrahams가 1991년 제정한 상으로, '다시 할 수도 없고 해서도 안 되는 업적'을 남긴 과학자에게 주는 패러디 노벨상이다.

이그노벨상상은 매년 가을 진짜 노벨상 수상자가 발표되기 1~2주 전에 하버드대학교의 샌더스 극장에서 시상식을 가진다. '이그노벨'이라는 이 상의 이름은 '불명예스러운'이라는 뜻의 영어 단어 'Ignoble'과 'Nobel'을 합성하여 만들었다.

이그노벨상의 선정 기준 또한 특이하다. 첫 번째 기준은 웃음을 터뜨릴 수 있어야 하고, 두 번째 기준은 한바탕 웃고 끝나는 것이 아니라 '웃음 → 호기심 → 생각'으로 이어져야 한다는 것이다. 상금 0원, 시상식 참가비는 각자 부담, '생각하다 떨어진 사람'이 그려진 상장 수여, 수상소감 발표시간 60초, 60초가 넘으면 아기울음 소리를 내서 발표시간이 끝났음을 알리는 등 시상식에서도 재미와 기지가 넘친다. 우리나라에서는 1999년 '향기 나는 양복'을 개발한 FnC 코오롱의 권혁호 씨가 환경보호상을, 대규모 합동결

혼을 성사시킨 공로로 통일교 문선명 교주가 2000년 경제학상을 받았다.

이그노벨상의 선정기준에 '웃음을 터뜨릴 수 있어야 한다'는 항목이 있다. 여기서 웃음은 뭘까? 경멸이나 체념의 뜻으로 웃는 냉소冷笑나 더 적극적으로 경멸하면서 웃는 조소嘲笑일까? 여기서의 웃음은 '고소苦笑', 즉 '쓴웃음'이 아니라 생각지도 못한 호기심을 자극해서 자기도 모르게 손뼉까지 치면서 웃는 박장대소拍掌大笑를 의미한다. 또한 기대를 망가뜨리면서 뜻밖의 웃음을 선사는 파안대소破顔大笑다. 얼마 전 마크 에이브러햄스가 한국에 와서 인터뷰를 한 적이 있다. 그는 인터뷰에서 "지금까지 과학사를 살펴보면 혁명적인 발명도 처음에는 황당하다는 평가를 받았다."면서 "시간이 지나면서 비로소 혁명적이라는 평가를 얻는 것."이라고 설명했다.

세상을 놀라게 하는 아이디어도 처음에는 비웃음을 샀지만, 시간이 지나면서 '비웃음'의 '비'가 떨어져나가고 비상飛上하면 비상非常한 관심을 끌 수 있다. 비웃음을 샀던 아이디어가 비로소 의미심장한 '웃음'을 선사하는 혁신적인 창조로 연결되는 것이다. 누군가 아이디어를 말하면 조소嘲笑와 냉소冷笑, 실소失笑와 고소苦笑 같은 '비웃음'보다 관심과 믿음의 조용한 미소微笑를 보내주자. 그러면 그 아이디어가 비상한 관심을 끄는 혁신적인 아이디어로 바뀔 수도 있다.

仁

—
17

영혼이 없는
인재人材는 인재人災

진실은 시끄러운 소리를 내지 않는다. 진실을 은폐하고 왜곡하는 소외된 현장에서 다만 침묵으로 울부짖고 있을 뿐이다. 진실이 밝혀지기를 바라는 마음이 간절할수록 누군가는 배후에서 진실을 간직하고 있는 실세들의 실상을 은폐하거나 조장하는 경우가 있다. 진실이 동반된 절실함만이 사건의 진실을 밝혀낼 수 있다. 불온한 의도와 의지로 포장된 절실함은 오히려 진실을 왜곡하거나 다른 뜻으로 은폐할 수 있다. 비선 실세든 권력 집단의 실세든 권력의 주변에 포진하고 있는 수많은 전문가가 저마다의 전문성을 활용해서 사건의 진상이 밝혀지지 않도록 음모를 꾸민다. 진실을 은폐하고 위장하는 데 가담한 실세와 관련 공범자들은 모두 공부를 많이 한 저마다의 전문가다. 하지만 이들이 공부로 축적한 전문성은 사회적 이슈를 해결하거나 공동체 발전을 위한 초석으로 사용되지 않는다. 오히려 개인의 입신양명과 당파적 이익 확보를 위한 수단으로 쓰인다. 나아가 자신보다 못한 위치에 있는 사람을 이용하여 옳지 못한 일을 저지르는 범죄도구로 활용한다. 이들이 축적한 전문성은 타인의 아픔에 공감하거나 자신의 재능을 기꺼이 공동체의 선을 위해 사용하는 전문성이 아니다. 오늘날 우리 사회가 겪고 있는 가장 심각한 문제는 머리는 좋은데 직접 체험해본 게 없어서 타자의 아픔을 측은지심이나 역지사지로 공감하기 어려운 인재가 세상을 지배할 수 있다는 위기감에 있다.

 "돼지가 사람을 바라보는 눈빛은 해탈한 고승 같다"[24] 꽃게잡이에서 돼지 농장까지 치열하지만 가난한 밑바닥 노동을 온몸으로 체험한 대한민국 워킹 푸어 잔혹사를 담은 책,《인간의 조건》에 나오는 말이다. 돼지가 먹고 싸면서 크는 과정을 온몸으로 겪지 않고서는 이런 표현이 나오기 힘들다. 체험한 사람만이 느낄 수 있으며 느껴본 사람만이 가슴에 담긴 애틋한 사연을 감동적인 메시지로 가공할 수 있다. 돼지는 목뼈 구조상 목을 15도 이상 올려 하늘을 볼 수 없다고 한다. 그래서 평생 땅만 보고 사는 슬픈 짐승이다. 하지만 돼지 목에 담긴 슬픈 사연을 가슴으로 공감하는 사람은 많지 않다. 배고플 때 허겁지겁 돼지 목살로 배를 채우지만 그 목살에 담긴 슬픈 사연을 생각하지는 않는다. 이런 사실은 돼지를 직접 현장에서 오랫동안 관찰하지 않고서는 깨달을 수 없다. 돼지라는 길든 짐승을 책상에 앉아 책을 읽으며 아무리 공부해도 알 수 없는 소중한 깨달음이다.

그런데 언제나 우리가 보고 느낀 점을 언어로 표현하기에는 한계가 있다. 때로는 언어로 표현하면서 체험으로 알게 된 사실을 왜곡하거나 일부만 전달하는 경우가 있다. 언어의 한계가 곧 세계의 한계라고 생각한 철학자 비트겐슈타인의 주장이 이해가 되는 이유다. "직접 경험한 음악에 대해 한 번 설명해보라. 그러면 언어의 한계를 느낄 것이다. 음악을 들으면 우리는 스르르 그 음악으로 빠져든다. 자신이 아는 어휘 중에서 가장 장엄한 표현을 동원해 그 느낌을 설명해보려고 하지만 날아오를 것 같은 경이로움, 그 불가사의한 경이로움을 어렴풋이 암시나 할 수 있을 뿐이다.[25] 글렌 커츠의《다시, 연습이다》에 나오는 말이다.

진정한 전문가는 남다른 체험으로 공감 능력을 습득하고 그 결과로 생긴 지식을 기꺼이 공동체의 선을 위해 투자하는 자리이타_{自利利他}적 전문가다. 독일의 문호, 괴테도 말하지 않았던가. "지금 네 곁에 있는 사람, 네가 자주 가는 곳, 네가 읽는 책들이 너를 말해준

체·인·지

다.” 내가 누구인지를 아는 방법은 내가 만나는 사람과 내가 어디에 자주 가서 무엇을 하는지, 그리고 무슨 책을 읽고 있는지를 알아보면 된다. 거꾸로 나를 바꾸려면 인간관계를 바꾸고, 내가 하는 체험을 바꾸며, 읽는 책을 바꿔야 한다. 괴테의 명언은 정확히 체인지體仁知와 일맥상통한다. 내가 만나는 사람은 체인지體仁知의 인仁이고, 내가 자주 가는 곳은 체인지體仁知의 체體, 마지막으로 내가 읽는 책은 체인지體仁知의 지知다. 체인지體仁知의 세 가지가 바뀌면 내가 체인지change 된다는 절묘한 의미의 일치가 놀랍지 않은가. 비슷한 맥락에서 고 신영복 교수님도 체인지 철학을 말씀하셨다. “나의 정체성이란 내가 만난 사람, 내가 겪은 일들의 집합이라고 생각합니다.”[26] 나의 정체성은 진공관에서 생기지 않는다. 내가 누구를 만나 어떤 인간관계를 쌓아 왔는지, 그리고 그런 사람들과 무슨 일을 하면서 어떤 체험을 했는지가 나를 결정한다는 말이다.

나는 내가 만난 사람과 내가 해온 일의 합작품이다. 거기에 사람을 만나고 일을 하면서 읽은 책이 추가되면 괴테의 주장과 정확히 일치한다. 책은 간접경험이다. 사람을 만나고 어떤 일을 통해서 배우는 것은 직접 체험이다. 간접 경험보다 직접 체험이 힘이 세다. 남다른 전문가는 타자의 입장에서 직접 체험하면서 가슴으로 공감해본 경우가 많아서 가슴이 따뜻한 지식을 많이 보유하고 있는 전문가다. 그런 전문가만이 자신의 재능을 기꺼이 남을 위해 발

벗고 나서서 사용할 수 있는 인재다.

공부工夫는 공부功扶다. 있는 힘을 다해 내공을 쌓은 다음 그것으로 남을 도와서 성공成功하게 해주는 미덕이 공부功扶의 본질이다. 나름의 노력으로 분야별 전문가가 된 인재들은 개인의 이익과 성공을 위한 출세의 수단으로 공부를 하고 있다. 공부로 쌓은 전문성을 공동체의 선이나 바람직한 목적을 위해 올바르게 사용하지 않는 지능범죄자가 늘어가고 있는 시점에서 우리가 길러내는 인재의 모습에 대해 깊은 성찰이 필요하다. 우리는 지금 인재人材의 위기에 직면했다. 위기의 인재人災들이 세상을 주도하면서 많은 어려움과 혼란을 일으키고 있다. 예를 들면 전문가가 되었지만 한 우물만 파서 다른 사람과 소통이 되지 않는 답답한 인재, 매뉴얼에 의존해서 일을 처리하다 생각지도 못한 일이 발생하면 속수무책인 멍청한 인재, 전문가로 믿고 따라 가봤지만, 무늬만 전문가인 사이비 인재, 그리고 머리는 똑똑하지만 가슴이 따뜻하지 않아서 밥맛없고 재수 없는 인재가 마치 자기 분야 최고의 인재인양 행세를 하고 있다.

우리가 직면한 인재의 위기 중에서 가장 심각한 위기는 머리는 좋지만, 가슴이 따뜻하지 않아서 타인의 아픔에 공감할 수 없는 인재다. 한마디로 측은지심이 없는 인재다. 이들은 주로 책상에서 열심히 공부해 엘리트 코스를 밟으며 사회적 지위와 명성을 쌓았다.

하지만 오로지 앞만 보고 달리며 성공과 성취를 위한 야망을 키워 왔을 뿐이다. 우리가 누리는 편리함은 누군가의 힘든 노동 덕분이다. 누군가의 불편함이나 복잡함은 다른 누군가가 대신 해결했을 뿐 불편함이나 복잡성은 사라지지 않는다. 바로 이런 사실에 주목한 사람이 아마존과 야후에서 유저 인터페이스 최고 책임자로 일했던 컴퓨터 과학자 래리 테슬러다. 그는 인간이 경험하는 편리함과 단순함의 실체를 복잡성 보존의 법칙으로 설명한다. 복잡함의 총량은 정해져 있는데, 만약에 공급자가 복잡함을 더 짊어지면 그만큼 소비자는 단순함을 즐길 수 있게 된다는 것이다. 나의 전문성으로 누리는 지금의 모든 행복도 보이지 않는 가운데에서 누군가 힘들게 수고해준 덕분이다.

머리는 좋지만 영혼이 없는 인재가 양산되는 이유는 직접 힘든 일을 겪어보면서 타인의 아픔을 온몸으로 체험하는 공부를 하지 않기 때문이다. 체험하지 않고도 책상에서 머리로 이해할 수 있지만 체험하지 않고는 타인의 아픔을 가슴으로 공감할 수 없다. 공감 능력은 역지사지를 머리로 생각해서는 생기지 않는다. 공감 능력은 내가 직접 타인의 입장이 되어 체험해봐야 그 사람이 왜 그렇게 생각하는지를 비로소 가슴으로 이해할 수 있다. 내 생각과 행동이 상대방에 어떤 영향을 미칠지를 가슴으로 공감하는 능력이 취약한 인재人材가 양성될 때 우리 사회는 지금보다 더욱 심각한 인재人災

위기에 직면할 수 있다. 난관을 극복할 수 있는 지혜도 책상 전문가의 관념적 지식에서 나오지 않는다. 지난한 고통과 우여곡절로 얼룩진 체험적 지혜를 온몸으로 습득하는 과정에서 인재의 진면목이 드러난다. 진실도 공부도 입으로 말해서 이루어지는 게 아니다. 내 몸이 살아온 체험적 흔적을 드러내야 비로소 그 본질과 정체가 드러난다. 다른 사람을 배려하고 인격적으로 존중해주는 인재는 자신의 전문성을 남을 위해 나누는 자리이타自利利他적 사랑의 모델이다.

누구 장단에
춤을 추랴

한국인의 대표 먹거리인 계란 대란이 일어난 적이 있다. 거의 모든 음식에 들어가는 계란이 살충제를 먹고 자란 닭이 낳은 알이었다. 우리를 더욱 가슴 아프게 만드는 것은 믿고 사 먹었던 친환경 농장에서 나온 계란이 살충제 계란 농장 32곳 중에 28개로 88%나 차지한다는 점이다. 친환경 농장이라고 인증한 정부에 대한 불신은 물론 살충제를 쓰지 않는 조건으로 정부에 연간 최고 3000만 원의 직불금을 받은 친환경 농가에 대한 배신감과 도덕적 해이가 심각한 문제다. 정부로부터 세금 지원을 받아다가 친환경 마크를

붙여 일반 계란보다 최대 40% 비싸게 파는 상술은 이제 국민을
대상으로 살충제 계란을 파는 사기죄를 넘어 무서운 범죄행위가
아닐 수 없다. 이럴 때일수록 대증요법적 치료나 미봉책으로 위기
를 넘기려는 안이한 발상은 금물이다. 무엇보다도 살충제 계란을
먹으면서 겪은 국민의 아픔을 가슴으로 생각하는 일이 급선무다.
그리고 살충제 계란을 생산할 수밖에 없었던 농민, 그리고 그런
계란을 생산하도록 내버려 둔 정부 관계자에 대한 냉철한 자기반
성이 필요하다.

체·인·지

대책을 위한 네 가지 '춤'

더욱 근본적인 대책을 마련하기 위해 네 가지를 제안하고 싶다.

첫째, 멈춤이다. 춤은 멈춤의 연속이다. 멈춤이 없이 추는 춤은 춤이 아니다. 끊임없이 물 흐르듯 이어지는 춤은 사실 멈춤의 연속이다. 멈춤은 다음 동작을 위한 짧지만 깊은 성찰의 시간이자 어디로 가야 할지 방향을 결정하는 결연한 순간이다. 멈춰있지만 사실은 치열하게 고민하고 사유하는 시간이다. 검도의 '중단 겨눔' 처럼 멈춰있지만 상대방의 마음을 읽어내는 치열한 전투의 시간이다. 중단 겨눔은 멈춰 서 있는 것처럼 보이지만 다음 전투를 위한 치열한 멈춤이다. 이때 폭풍전야의 긴장감이 감돈다. 악화일로를 걷고 있는 국민들의 살충제 계란에 대한 불신의 장막을 걷어내기 위해서는 잠시 멈춰 서서 근본적인 대안을 마련할 시점이다. 멈춤 없이 제시하는 그 어떤 정책도 대응요법이나 미봉책에 불과하다.

둘째 춤은 낮춤이다. 모든 춤은 자신을 낮추면서 세상을 끌어안고 우주에 마음을 열고 자연과 대화하는 몸동작이다. 나를 낮추고 상대를 높여주면 저절로 나도 높아진다. 자세를 낮추면 오히려 자신의 인격은 올라간다. 낮춤은 겸손함을 표현하는 자세이자 상대와의 다름을 포용하겠다는 태도다. 낮춤 없이 추는 춤은 허공에 들떠 떠다니는 환상이나 망상의 춤이다. 살충제 계란 파동의 주범을 밝히고 근본적인 책임을 따져 묻기 전에 정부는 농축산물 정책에 대한 겸허한 반성이 필요하다. 특히 이번 살충제 계란을 시중에 유통한 농가는 자세를 더욱 낮추고 국민들의 매서운 질타를 받아들이고 뼈를 깎는 반성과 성찰이 필요하다.

세 번째 춤은 갖춤이다. 모든 춤은 춤의 기술과 기교 이전에 갖춰야 할 게 있다. 춤의 본질에 대한 깊은 이해는 물론 춤을 추는 사람의 자질과 품격이다. 격이 있는 춤은 기법과 기교의 산물이 아니라 춤에 임하는 사람의 자세와 자질, 품성과 인격의 문제다. 춤은 나를 세상과 사람에게 드러내는 매개체다. 내가 추는 춤이 바로 나다. 춤은 내가 살아온, 살아가는, 살아가고 싶은 삶을 표현하는 욕망의 분출구다. 양계 농장이 갖추어야 할 이상적인 조건은 둘째 치고 적어도 건강한 달걀을 생산하고 유통하기 위해 갖추어야 할 최소한의 요건은 무엇인지 이번 일을 계기로 철저하게 점검해볼 필요가 있다.

네 번째 춤은 맞춤이다. 맞춤은 상대의 아픔에 귀를 기울이고 들어보려는 경청의 자세이자 상대의 마음을 헤아려 하모니를 이루어보려는 노력이다. 맞춤은 나를 먼저 드러내기보다 상대방을 위해 내가 무엇을 도와주고 지원해줄 수 있을지를 알아보려는 애쓰기다. 맞추지 않고 추는 춤은 자기 욕구만 일방적으로 발설하는 난장판의 춤이다. 양계농가는 국민의 건강을 위협하지 않고 안전한 계란을 생산하고 정부가 요구하는 정책에 맞추려면 어떤 노력이 필요한지를 주도면밀하게 따져볼 필요가 있다. 또한, 정부는 양계 농장이 건강한 달걀을 생산하려면 어떤 조건을 갖추어야 하는지를 머리를 맞대고 고민해야 한다. 정부와 양계 농가가 머리를 맞대고 생각할 때 비로소 안성맞춤 정책이 나올 수 있다.

무엇보다도 이번 살충제 계란 파동은 자연의 질서와 환경을 파괴하고 보다 빠른 시간에 보다 많은 계란을 생산하려는 인간의 욕심이 낳은 부산물이라는 점을 인식해야 한다. 자연환경을 벗 삼아 흙에서 자라는 닭은 조류 인플루엔자나 다른 질병을 이겨낼 수 있는 면역력을 갖추고 있다. 하지만 작은 움직임조차 허용되지 않는 좁은 닭 공장에서 사육되는 닭은 운동 부족으로 면역력이 약하다. 사육된 닭은 지구 온난화와 기후변화로 늘어난 닭 진드기를 이겨낼 재간이 없다. 닭 농장에 대량 살포한 살충제를 먹고 자란 닭이 살충제 계란 사태를 일으킨 주범이 된 것이다. 살충제 계란 사태를 해결하려면 정부와 농가가 함께 멈춰 서서, 자세를 낮추고, 건강한 계란을 생산하는 데 갖추어야 할 조건을 장기적이면서도 근본적으로 어떻게 맞출 수 있을지 고민해야 한다.

仁

미래의 전문가는
사이 전문가

전문가는 한 분야에 대해서 모든 것을 알지만 다른 분야에 대해서
는 아무것도 모르는 사람이다. 미국의 작가, 앰브로즈 비어스
Ambrose Bierce의 말이다. 깊이 있는 전문성도 좋지만 전문성이 심화
할수록 전문성의 함정이나 덫에 걸려 다른 전문성을 볼 수 없는 안
타까운 처지가 된다는 말이다. 전문가는 이제 자기 분야는 물론 다
른 전문 분야와 부단히 접목하여 혼자서는 해낼 수 없는 색다른 전
문성을 창조하는 새로운 전문가로 거듭나야한다. 특히 4차 산업혁
명이 현실로 다가오면서 전문가의 미래도 새롭게 조명해야 한다.

미래의 전문가는 지금까지의 전문가와 무엇이 달라야 하는가? 대부분의 전문가가 지니고 있는 전문성을 인공지능이 대체할 경우 전문가는 기계가 대체할 수 없는 통찰력으로 무장하고 탁월한 지혜를 발휘할 수 있어야 한다. 초연결 시대, 사람과 사람은 물론 사람과 사물, 사물과 사물이 연결되는 시대에 분야별 전문가는 다른 분야의 전문가와 튼실한 신뢰를 바탕으로 협업하여 융합을 실천하는 전문가로 변신해야한다. 한 가지 분야의 전문성만 고수해서는 진정한 전문가로 자리매김하기 어려운 4차 산업혁명 시대에 기존 전문성을 새로운 전문성으로 부단히 신장하고 개발하는 창조적 폐기학습unlearning이 필요하다. 새로운 분야를 이해하려는 학습learning도 중요하지만 새로운 생각을 잉태하고 색다른 창의성을 발휘하려면 고정관념과 타성에 젖은 상식을 과감하게 버리는 의도적인 노력이 중요하다.

"전문성과 경험이 깊어질수록 세상을 보는 특정한 방식에 매몰된다." 라이스 대학교 에릭 데인 교수의 말이다. 전문가가 세상을 본다는 것은 자신이 쌓은 전문성과 경험적 안경으로 세상을 본다는 의미다. 결국 다른 전문가의 눈으로 볼 수 없는 색맹이 될 수 있음을 경계해야 한다. 그렇기에 전문가는 기꺼이 다른 전문가와 연결해서 협업하고, 소통하고 공감하며, 융합해서 창조를 이끌어가려는 남다른 의지와 실천력을 지녀야 한다. "위대한 아이디어는

레스토랑의 회전문에서 탄생한다."라는 까뮈의 말은 서로 다른 전문가가 소통하고 공감하면서 저마다의 전문성이 융합할 때 새로운 가능성이 탄생한다는 의미이다. 전문가는 나와 다른 전문가 사이에 존재하는 차이를 틀림이 아니라 다름으로 간주하고 그 차이 속에서 위대한 가능성의 싹이 자랄 수 있는 여건을 조성해야 한다.

전문가 사이의 차이를 전공하는 호모 디페랑스

이처럼 전문가와 전문가 사이에 존재하는 차이에 주목, 이질적 전문성을 융합, 색다른 전문성을 창조하는 전문가를 '사이 전문가(호모 디페랑스, Homo Differance)'라고 한다. '디페랑스difference'는 프랑스 철학자 데리다가 창안한 개념으로 영어의 '차이difference'로 설명할 수 없는 또 다른 차이다. 이를 설명하기 위해 차이를 시간적으로뿐만 아니라 공간적으로 연기해놓자는 의미로 '차연' 또는 '차이差移'라는 새로운 개념으로 창조되었다. 양지와 음지, 남과 여, 동양과 서양, 고대와 현대, 높이와 깊이, 바닥과 정상, 희망과 절망, 걸림돌과 디딤돌, 흑과 백, 어둠과 밝음, 배경과 전경 사이를 넘나들며 색다른 가능성을 모색하는 전문가가 바로 사이 전문가다. 사이 전문가는 무엇보다도 타자의 처지에서 생각하는 역지사지의 자세와 타자의 아픔을 나의 아픔처럼 생각하는 공감 능력을 갖춰야 한다.

공감 능력이 중요한 이유는 체험해보지 않고서는 타자의 아픔이 가슴으로 느껴지지 않기 때문이다. 공감 능력은 산물 중심으로 살아가는 사람에게는 부산물일 뿐이다. 공감 능력은 타자의 아픔을 인정하고 어루만져주면서 상대방의 세계로 깊이 빠져들어 갈 때 비로소 가슴으로 느낄 수 있는 감정이다. 산물 중심으로 목표달성에 매진하는 사람에게 공감 능력은 효율을 떨어뜨리는 장본인이 될 수 있을 뿐만 아니라 불필요한 감정적 방해꾼일 뿐이다. 특정한 상황에서 특수한 경험을 해본 사람들이 공감하는 이유는 구체적인 상황에서 비슷한 체험을 해보았기 때문이다. "나는 죽음의 숫자를 합산해서 사태의 규모와 중요성을 획정하는 계량적 합리주의에 반대한다. 나는 모든 죽음의 개별적 고통의 지위를 부여하는 것이 인간의 존엄에 값하는 일이라고 생각한다. 생명과 죽음은 추상 개념이 아니다. 그것은 회복이 불가능하고 대체가 불가능한 일회적 존재의 영원한 소멸이다."[27] 추상화하여 논리적으로 설명하거나 계량화하여 결과를 알려줄 때 추상화와 계량화 이전의 삶이 갖고 있었던 구체성은 사라지거나 증발된다. 맥락성이 거세된 앎, 체험적 느낌과 주관적 열정이 실종된 지식은 머리로 들어가 관념의 파편으로 야적된다. 그런 지식은 심장으로 내려오지 않을 뿐만 아니라

손발로 이어져 실천을 유도하지 못한다. 산물 중심으로 살아가는 사람은 목표 달성 여부를 계량적으로 산출해내는 데 많은 관심과 노력을 기울인다.

지금 우리 사회를 아프게 만드는 장본인은 네 가지 분야의 전문가다. 틀에 박힌 방식대로 일하면서 습관과 관성의 늪에 빠진 명청한 전문가, 자기 분야만 파고들다 매몰된 답답한 전문가, 전문가 행세를 하지만 사실은 전문가가 아닌 무늬만 전문가, 마지막으로 가장 심각한 문제의 전문가는 머리는 좋지만 가슴이 따뜻하지 않고 타인의 아픔에 공감할 줄 모르는 밥맛없는 전문가다. 이런 전문가의 위기를 극복하고 무한한 가능성의 텃밭이자 상상력의 보고寶庫인 사이를 오가며 새로운 지식을 융합해내는 사이 전문가는 4차 산업혁명을 주도할 미래의 전문가가 아닐 수 없다. "사람들 사이에 섬이 있다 / 그 섬에 가고 싶다" 정현종 시인의 '섬'이라는 시다. 그 섬은 사람과 사람 사이를 연결하는 다리이자 두 사람이 만나 다른 차이를 만들어낼 수 있는 융합적 지식창조의 공간이다. 하지만 사이를 두고 경계에 있는 양편의 견해 차이를 존중하고 이해하지 못할 경우 비판의 빵이 아니라 비난의 화살이 날아들 수 있다. 박덕규 시인의 '사이'가 바로 그런 시다. "사람들 사이에 사이가 있었다 / 그 사이에 있고 싶었다 / 양편에서 돌이 날아왔다." 사람과 사람 사이, 전문가와 전문가 사이, 그 사이에 존재하는 차이를 존중해줄 때 우리는 좋은 사이가 될 수 있으며 새로운 길을 개척할 수 있다. "그대 길을 아는가? 길은 언덕과 물 사이에 있다" 연암 박지원의 《열하일기》에 나오는 이 말이 의미심장하게 들리는 이유는 무엇일까.

| 체 · 인 · 지 change 법칙 |

지

참된 지혜를 완성하는 마지막 관문

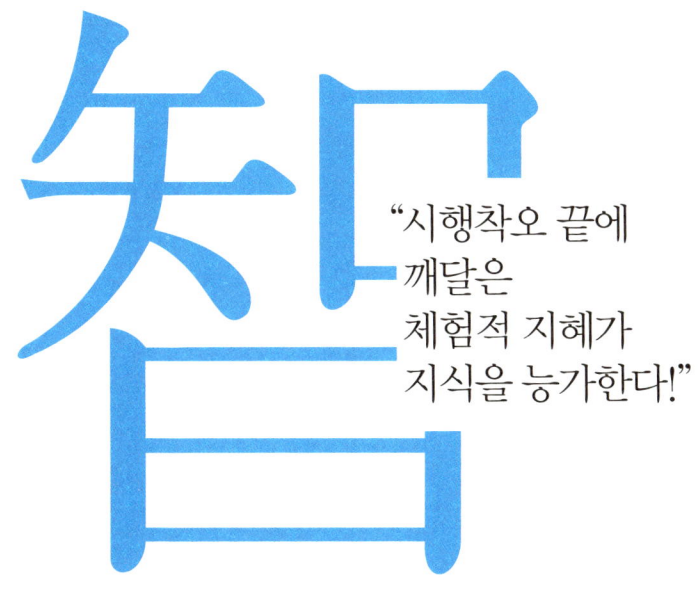

"시행착오 끝에
깨달은
체험적 지혜가
지식을 능가한다!"

지知에서 지智로의 변신

지식은 외부에서 오지만 지혜는 내부에서 솟아오른다. 지혜는 지식이 축적되면 저절로 생기는 것이 아니다. 지식을 체험적으로 적용하면서 직면하는 시행착오와 우여곡절 끝에 얻는 깨달음, 자기만의 신념과 철학, 살아가면서 직면하는 딜레마 상황에서의 판단과 적용, 신념과 철학에 따라 행동하는 양심과 지성 이 모든 게 함께 만들어가는 사회적 합작품이다. 주어진 문제를 빠르게 해결하는 지능과 지식은 인공지능이 대체하니, 인간은 인공지능이 할 수 없는 지성과 지혜를 연마할 수밖에 없는 위기이자 기회가 우리 눈앞에 펼쳐지고 있다.

'절박' 해야
'대박' 을 낳는다

세상을 뒤집는 아이디어는 한가롭고 여유로운 가운데 탄생하기보다 절체절명絕體絕命의 위기 상황, 더 이상 참을 수 없는 한계 상황에 직면했을 때 나온다. 인간의 뇌는 평소에 편안한 상태를 유지하면서 대부분의 시간을 보낸다. 뇌는 평소에 익숙한 정보나 자극이 입력되면 뇌 안에 축적된 기존의 단어나 이미지, 기억을 떠올린다. 그리고 이미 있는 것을 엮어서 외부 자극에 반응한다.

그래서 뇌는 평소에 머리를 쓰지 않는다. 엄밀히 말해서 머리를 쓸 필요가 없다. 뇌는 선천적으로 게으르고 효율을 추구한다. 그래서 외부에서 색다른 자극이 들어오지 않는 한, 늘 익숙한 방식으로 반응한다. 익숙한 자극이 뇌 내로 입력되면, 뇌 안의 프레임은 기존의 방식과 절차대로 빠르게 움직여 자극에 반응한다. 고정관념을 근간으로 일정한 단계와 절차로 프로그램화된 회로가 습관적으로 돌아가는 것이다. '습관적'이라는 말은 '습관'이 '적'이라는 말이라고 한다. 뇌는 평소에 습관이라는 적에 의해서 움직인다.

그런데 우리 몸이 위험에 노출되거나 마음이 심각한 불편을 느끼면 뇌는 긴장모드로 전환된다. 이제까지 경험해보지 않은 낯선 환경적 자극이 뇌로 입력될 때에야 비로소 머리를 쓰기 시작하는 것이다. 뇌는 한계 상황에 놓일 때 발 빠르게 작동하기 시작한다. 절박한 상황에 내몰리면, 기존의 정보나 경험적 기억만으로는 벗어날 수 없다는 판단을 하기 때문이다. 이미 있는 정보나 생각으로 한계 상황을 돌파할 수 없다는 판단을 하면, 뇌는 이제까지와는 다른 방식으로 작동하기 시작한다. 배수의 진을 치고 한계 상황을 돌파할 색다른 방법을 모색하기 시작하는 것이다.

예를 들면 이런 방식이다. 머릿속에 극도의 긴장감이 감돌면, 뇌는 전혀 다른 발상으로 위기 상황을 탈출할 방안을 모색하기 시작한다. 지금까지 조합해보지 않았던 방식으로 기존의 생각과 경험을 연결해본다. 이런저런 시도로 뇌 속은 바빠지기 시작한다. 결국 절박한 상황의 강도가 높아질수록 뇌는 극도의 긴장상태를 유지하면서 다양한 방식으로 분주하게 위기 탈출 방안을 시도해보게 된다. 결국 뇌는 낯선 자극을 받아야만 새로운 생각을 떠올리는 것이다. 그래서 절박해야 대박을 낳는다는 말이 설득력이 있는 것일까?

뇌는 곤경에 빠질수록 창조적으로 변한다

궁즉통窮卽通, 즉 궁하면 통한다. 뇌는 지금까지 시도해보지 않은 색다른 방식으로 이연연상二連聯想을 추구해보고 이종결합異種結合을 반복하다 어느 순간 묘안을 떠올린다. 일명 세렌디피티serendipity, 즉 영감이 갑자기 번개처럼 왔다가 천둥처럼 지나가기를 반복한다. 아이디어는 결국 두 가지 이상의 경험이나 생각을 이제까지와는 다른 방식으로 연결해 생각하는 이연연상과, 두 가지 이상의 이질적인 사물을 이제까지와는 다른 방식으로 조합해보는 이종결합의 산물이다.

어느 날 갑자기 아이디어가 떠올랐다 해도, 사실 갑자기 아이디어가 떠오른 것은 아니다. 그동안 '고민'에 고민을 거듭하고 온몸으로 '고뇌'하며 참을 수 없는 '고통' 체험을 해오면서 쌓인 지식과 경험이 아이디어를 이끌어낸 것이다. 마치 불꽃처럼 창조적 스파크가 터져 아이디어로 떠오른 것이다. 몸살을 앓고 난 뒤에 몸이 새롭게 태어나듯이, 창조적 진통과 산통을 경험하고 나면 한동안 고요함이 찾아온다. 잠시 머리를 짓눌렀던 두통이 한바탕의 진통 끝에 말끔히 사라진다.

이제까지 받아보지 못한 색다른 자극을 받았을 때, 이제까지 만나보지 못했던 새로운 사람을 만났을 때, 이제까지 가보지 못한 낯선 곳에 가봤을 때, 이제까지 읽어보지 못한 책을 읽었을 때, 이제까지 경험해보지 못한 심각한 위기 상황과 한계를 맞이할 때 뇌는 이제까지와는 다른 방식으로 프레임을 작동시킨다.

결국 남다른 아이디어를 내는 유일한 방법은 남다른 자극을 뇌에 끊임없이 제공하는 방법밖에 없다. 뇌에 주는 자극이 달라야 반응이 달라진다. 다른 답을 얻고 싶으면 다른 자극으로 뇌에 주먹질을 해대라. 일상이 지루하면 의도적으로 한계 상황을 만들어 그 속으로 몸을 던져 돌파구를 찾아보라. 삶이 다이내믹해지고 드라마틱해진다.

대박 탄생의 메커니즘

대박은 촉박促迫하게 독촉한다고 나오지 않는다. 대박은 오랜 기다림 끝에 맛보는 짧은 기회의 축복이다. 기다림은 언제나 길고 기회는 언제나 짧다. 대박은 수많은 시행착오와 우여곡절, 좌절과 절망을 이겨내고 절박切迫한 상황에서 마지막이라는 각오를 다질 때 어느 날 갑자기 다가오는 선물이다. 그래서 꼭 졸라매고 얽어매서 답답한 긴박緊縛한 상황보다, 절체절명의 위기에 직면한 긴박緊迫한 상황에서 생각지도 못한 일을 체험한 끝에 얻은 새로운 깨달음의 산물이기도 하다.

대박은 요행으로 어쩌다 한 번 잘해서 돌아오는 도박賭博의 산물도 아니다. 대박은 호시탐탐 기회를 엿보면서 절치부심한 끝에 맛볼 수 있는 축배의 잔이다. 어느 날 갑자기 만나게 되는 대박은, 아무런 노력 없이 '가만히 있다가 어느 날 갑자기 만나는' 행운이 아니다. 대박은 수많은 쪽박을 차보고 처절한 고통 체험을 해본 사람만이 맛볼 수 있는 달콤한 성취의 희열감이다. 대박은 일회성 행사로 만나는 한바탕의 잔치가 아니다.

누구나 일생에 한 번 운 좋게 대박을 터트릴 수는 있지만, 대박 행진을 이어가기는 쉽지 않다. 한 번 뜨기는 쉬워도 오랫동안 날기는 쉽지 않다. 어느 날 갑자기 떴다가 소리 소문도 없이 사라지는 스타들이 얼마나 많은가. 일단 뜬 비행기는 중도에 추락하지 않고 목적지까지 날아가야 한다. 우리 동요 중에 "떴다, 떴다, 비행기. 날아라, 날아라."라는 노래도 있지 않은가. 일단 떴다면 오랫동안 날아야 한다.

대박을 터트리는 일도 중요하지만, 터트린 대박이 오랫동안 많은 사람들로부터 사랑과 존경을 받는 일이 더욱 중요하다. 오랫동안 많은 사람들의 사랑과 존경을 받는 대박 상품이 되기 위해서는, 많은 사람들의 다양한 목소리에 귀를 기울이고 그들의 생각과 느낌을 상품에 반영해야 한다. 대박은 다양한 주장을 자유롭게 이야기하면서 논리적으로 상대의 주장을 비판하고 논박論駁하고 갑론을박甲論乙駁하는 개방적 분위기에서 싹이 튼다.

대박은 면박面駁을 주거나 구박驅迫하거나 윽박질러서 나오지 않는다. 지금 당장 대박을 만들라고 위협하는 협박脅迫이나 겁을 주는 겁박劫迫에서도 대박은 나오지 않는다. 고정관념이나 기존의 관습에 얽매인 속박束縛으로부터 벗어나지 않으면 절대 대박은 탄생하지 않는다. 대박은 소박한 일상을 남다른 관심으로 관찰하고, 관찰에서 얻은 해박該博한 식견과 통찰력에서 나온다.

智

'신념' 없는 '개념'은
'관념'에 지나지 않는다

'신념' 없는 '개념'은 '설득력'이 없다. '개념'에 '신념'이 추가되지 않으면 '관념'의 파편으로 전락할 수 있다. '개념'은 어떤 사물 및 현상의 본질을 지칭하는 단어로 '개념화과정conceptualization'을 통해서 탄생한다. 새로운 사실이나 현상을 보고 그것의 대표적인 본질이나 속성을 규정하고 싶을 때 개념이 만들어진다.

'개념'에는 개념이 지칭하는 사물의 본질이 담겨 있다. 자신이 포착한 사물이나 대상의 본질이 '개념'을 통해서 다시 살아나는 것이다. 이런 점에서 '개념'은 사물이나 대상의 본질을 지칭하는 '콘

셉트'에서 출발한다.

우리가 '개념'을 배우는 과정은 사물이나 대상의 본질, 나아가 세상과 우주의 원리를 이해하는 재료를 배우는 과정이다. 새로운 개념을 하나둘씩 배우고 익혀나가면서, 세상을 바라보는 관점과 안목도 더불어 성장한다. 아울러 내가 아는 개념이 늘어나면서 개념과 개념 사이에 새로운 조합이 일어난다. 즉 단일개념이 여러 가지 개념과 쌍이나 짝을 이뤄 복합개념이 생기는 것이다. 그래서 개념에는 개념을 만드는 사람의 철학과 신념이 녹아 있다.

국어사전에 들어 있는 개념은 누구에게나 보편적으로 통용될 수 있는 논리적 개념이다. 논리적 개념은 개념의 맛이 없다. 수많은 개론서에 나오는 개념들도 모두 누군가 문제의식을 갖고 정의해놓은 개념들이다. 그런데 개념을 받아들이는 사람은 겉으로 드러난 개념의 피상적 의미에 치중한다. 특정 개념이 왜, 어떤 문제의식을 갖고 태어났는지에는 관심이 별로 없다.

'교육이란 무엇인가? 경영이란 무엇인가?'와 같이 교육학 개론과 경영학 개론에 나오는 수많은 학자들의 개념 정의를 읽고 눈물을 흘린 사람이 있는가? 춘추전국시대를 방불케 할 정도로 개념의 향연이 펼쳐지는 개론서는 사람을 감동시킬 수 없다. 필자는 개론서 읽고 감동받았다고 말하는 사람을 여태 본 적이 없다. '개론서'가 감동을 주지 못하는 이유는 '개소리'하는 '론論'이기 때문이다.

따라서 치열한 문제의식과 열정으로 개념을 재정립하고, 재정립된 개념에 신념과 의지를 담아야 한다. 그런 개념만이 세상을 다르게 보는 재료로 활용될 수 있다.

나는 개념 없이 살고 있지 않은가

바보를 논리적으로 정의하면, 지능이 떨어져서 정상인에 비해 사고기능이 떨어지는 사람이라고 할 수 있다. 하지만 프랑스의 유명 작가인 귀스타브 플로베르Gustave Flaubert는 《통상 관념 사전》이라는 책에서 바보를 이렇게 정의한다. "나와 같이 생각하지 않는 모든 사람." 이것은 바보를 자신의 철학과 신념으로 '재개념화' 시킨 개념이라고 볼 수 있다.

이처럼 세상의 수많은 '개념'에는 나름의 사연과 아픔이 있다. 그래서 개념을 이해하기 위해서는 개념을 만든 사람의 아픔을 감성적으로 이해해야 한다. 논리적 개념은 머리가 아프지만 감성적 개념은 마음이 아프다. 마음을 움직이는 개념이 되기 위해서는 개념에 나의 철학과 신념을 심어야 한다.

남의 '개념'이 나의 '개념'으로 전환되려면 나의 '신념'이 추가되어야 한다. 철학과 혼, 열정과 체험이 사라진 '개념'은 떠돌아다니는 '관념'의 파편에 지나지 않는다. 남의 '개념'을 나의 '개념'으로 만드는 유일한 방법은 '재개념화reconcep-tualization'라는 과정을 통해 자신의 철학과 신념을 심는 것이다. 재개념화는 말 그대로 남의 개념이 나의 개념으로 재탄생되는 과정이다. 기존의 개념을 공부하고도 그 개념을 나의 개념으로 만들지 않는 사람은 상식이 없는 사람이다. 이 세상에서 제일 상식 없는 사람이 '개념' 없는 사람이다. '개념'이 없는 사람에게는 '개념'을 쳐야 한다. 음식 맛을 돋우기 위해 양념을 치는 것처럼, 생각의 맛을 살리기 위해서는 다양한 색깔과 맛을 지닌 '개념'을 쳐야 한다.

우리가 살아가면서 노력해야 될 일 중 하나는 나를 표현할 '개념'을 갖추는 것이다. 내가 구사할 수 있는 '개념'의 숫자는 내가 상상할 수 있는 세계의 폭을 알려준다. '개념'은 세상을 상상하고 창조하는 원료다. 세상은 내가 어떤 개념을 갖고 있느냐에 따라 다르게 보인다. 내가 갖고 있는 개념의 다양성은 내가 상상할 수 있는 가능성의 수준을 결정한다. 아울러 'Words create World!'—단어가 세상을 창조한다는 뜻—라는 말처럼, 내가 갖고 있는 어휘력이 내가 상상할 수 있는 세계를 결정한다.

상상력은 어휘력에서 비롯된다. 풍부한 어휘력은 풍부한 상상력을 낳는다. 된장찌개를 먹어보고 그 맛을 표현하는 데 동원할 수 있는 어휘의 양은 그 사람이 된장찌개에 대해 상상할 수 있는 기능성의 폭을 결정한다. 된장찌개를 먹어보고 구수하다는 말밖에 못 하면 그 사람은 구수한 된장찌개밖에 만들 수 없다. 맛을 표현하는 우리말 어휘는 200여 개가 넘는다고 한다. 맛이나 냄새가 조금 구수하다하는 우리말 표현 중에 '엇구수하다'는 단어가 있다. '엇구수하다'는 말은 하는 짓이나 차림, 또는 어떤 내용이 수수하면서도 은근한 맛이 있어 마음을 끈다는 의미—네이버 국어사전을 참고했다— 도 담고 있다.

오늘부터라도 매일 잠들기 전에 다음과 같은 질문을 던져보자. '나는 오늘 나만의 개념을 창조하기 위해 어떤 노력을 기울였는 가? 기존의 개념을 그냥 받아들이고 있지는 않은가? 내가 오늘 새롭게 재개념화시킨 개념은 얼마나 되는가? 혹시 나는 오늘 개 념 없이 살지는 않았는가?' 이런 식으로 매일을 되돌아보면 개념 이 꽉 차오름과 동시에 삶이 풍요로워지는 것을 느낄 수 있을 것 이다.

智

참된 지혜를 완성하는 **마지막 관문**

03

'미완성'은 '완성'으로 향하는 소리 없는 아우성이다

'완성'과 '완벽'은 인간 세계에 존재하지 않는다. 다만 '완성'에 다가서고 '완벽'에 가까워지기 위해서 부단히 노력할 뿐이다. '완성'되었다고 자만하는 순간, '완성'은 완전한 성취감에 젖어 순식간에 바닥으로 추락할 수 있다.

그래서 인생은 '미완성 교향곡'이다. 미완성 교향곡에는 실패가 있고 좌절과 절망이 있다. 실패가 있는 미완성 교향곡은 반성과 성찰의 대상이다. 좌절과 절망이 있는 미완성 교향곡에는 희망의 끈을 잡고 일어설 수 있는 가능성의 여지가 있다. 그래서 '미완성'은

세계적인 토크쇼의 여왕 오프라 윈프리는 언제나 자신의 인생을 미완성이라고 생각한다. 대중은 그녀에게 최고라고 말하지만, 스스로는 아직 갖춰야 할 역량과 자질이 많다고 여기기에 배움을 소홀히 하지 않는다.

새로운 '가능성'을 잉태하고 있다. '미완성'이라야 '완성'하기 위해 전력투구하고 어제와 다른 각오와 다짐을 하기 때문이다. 다른 각오와 다짐이 있어야 어제보다 나은 오늘, 오늘보다 나은 내일을 기약할 수 있다. 이런 각오와 다짐은 이전의 생각과 행동에 대한 반성과 성찰로부터 시작된다.

반성과 성찰은 지금보다 더 나은 미래를 위한 각오와 다짐을 가져온다. 마음속의 각오와 다짐은 구체적인 행동과 과감한 실천으로 연결되어야 한다. 그래야 비로소 종래의 미흡한 생각과 행동에 대한 반성과 성찰이 의미심장해질 수 있다. 세계적인 토크쇼의 여왕, 오프라 윈프리Oprah Winfrey 도 언제나 자신의 인생을 미완성이라고 생각한다고 한다. 미완성의 인생이라고 생각해야 완성을 위해서 최선을 다해 노력하고, 언제나 겸손한 마음으로 실력을 연마할 수 있다. 미완성이라고 생각하는 마음속에는 초보자정신이 살아 있다. 오프라 윈프리도 자신이 세계 최고의 토크쇼 진행자가 되기 위해서는 아직도 갈 길이 멀다고 생각한다. 더 배워야 하고, 갖추어야 할 자질과 역량도 여전히 많다고 생각한다. 이처럼 끊임없이 부족하다고 생각하는 마음, 무엇인가를 달성하고야 말겠다는 결핍된 욕구가 꿈과 희망을 위한 열정으로 나타난다.

계영배戒盈杯라는 술잔이 있다. 과음을 경계하기 위해 만든 잔으로, 절주배節酒杯라고도 한다. 계영배라는 이름은 '넘침을 경계하는 잔'이라는 뜻이며, 잔의 70퍼센트 이상 술을 채우면 모두 밑으로 흘러내린다. 그래서 계영배는 인간의 끝없는 욕심을 경계해야 한다는 상징적인 의미도 지니고 있다. ─네이버 백과사전을 참고했다─ 뭔가가 완성되었다고 생각하는 순간, 순식간에 바닥으로 추락할 수도 있다. 따라서 과도한 성취감을 경계하고, 해냈다는 자만심을 두려워하며, 늘 스스로를 되돌아보고 반성하는 자세를 잃지 말아야 한다.

'미완성'은 부끄러워하는 마음속에서 '완성'을 지향한다

내가 추진하는 일이 완성되었다고 생각하는 순간, 발전할 가능성은 사라진다. 다르게 생각해볼 가능성이 언제나 30퍼센트 정도 남아 있다고 생각하는 사람과 내가 할 수 있는 일을 100퍼센트 다했다고 생각하는 사람의 차이는 엄청나다. 다른 가능성을 생각해보는 사람에게 30퍼센트는 아직도 채워야 할 미완성 목표다. '미완성'이라야 '완성'을 위한 열정의 불꽃을 태울 수 있다. '완성'되었다고 꿈을 포기하는 순간 한없는 나락의 길로 빠져든다.

'미완성'이 '완성'으로 변화하는 여정에는 언제나 부끄러워하는 마음이 자리잡고 있다. 부끄러워하는 마음은 성공한 사람의 도도한 자세에서는 절대로 나오지 않는다. 뭔가 부족하고 아직도 가야 할 길이 멀다고 생각할 때 자신을 낮추고 겸손해진다. 부끄러워할 줄 알아야 뽐내거나 나대지 않는다. '미완성'은 부끄러워하는 마음 속에서 '완성'을 지향한다.

지금까지 당신이 '완성'한 작품은 무엇인가? '완성'한 작품 속에서 '미완성'된 부분은 무엇이라고 생각하는가? 지금 당신이 '완성'하고 싶은 작품은 무엇인가? 또 다른 '완성'을 위해 어떤 시작을 다짐하고 있는가? '완성'은 '완성'된 시점이 지나면 또 다른 '미완성'을 남긴다. 오늘의 '완성'은 내일의 '완성'을 위한 교두보일 뿐이다. '완성'은 영원히 '미완성'이다.

지금까지 당신이 '완성' 한 작품은 무엇인가?
'완성' 한 작품 속에서 '미완성' 된 부분은
무엇이라고 생각하는가?
지금 당신이 '완성' 하고 싶은 작품은 무엇인가?
또 다른 '완성' 을 위해
어떤 시작을 다짐하고 있는가?

智

참된 지혜를 완성하는 **마지막 관문**

—
04

한 우물만 파다가는
매몰될 수 있다

'한 우물을 파라'는 말이 시사하듯이, 전통적인 의미에서의 전문가는 한 분야에 깊이 있는 경험과 식견, 지식과 기술을 보유하고 있는 사람을 지칭한다. 문제는 이런 '전통적인' 전문가가 많아지면 많아질수록 전문가와 전문가가 소통하는 데 많은 어려움이 따른다는 것이다. 예컨대 자기 분야에 관해서는 해박한 지식과 기술을 갖고 있지만, 다른 분야에 대해서는 안하무인의 태도를 보이거나 아예 관심을 갖지 않는 데 문제의 심각성이 있다.

미래 사회를 주도하는 리더는 한 분야의 전문가가 아니라 전문성을 융합하는 창조적 인간이다. 전대미문의 새로운 창조가 꽃을 피우기 위해서는 한 분야에 대한 깊이 있는 지식만으로는 역부족이다. '한 우물을 파다가 매몰될 수 있다'는 생각의 전환이 필요한 시점이다. 창조가 이제까지 없었던 새로운 무언가를 만들어내는 노력이 아니라, 이미 존재하는 이질적 정보나 사물을 융합하는 가운데 일어나는 결과라고 한다면, 전문가와 전문성에 대해서도 새롭게 재고해볼 필요가 있다.

미래의 전문가는 자기 분야에 대해 깊이 있는 전문성을 보유하는 것은 기본이고, 자기 분야의 전문성을 근간으로 다른 분야의 전문성을 활용할 수 있는 능력 또한 갖추어야 한다. 그렇게 하기 위해서는 다른 분야의 전문성이 자신의 전문성과 어떤 점에서 융합될 수 있는지, 융합을 통해 창출하고자하는 지식의 본질과 방향은 무엇인지를 꿰뚫어보는 또 다른 안목과 식견이 필요하다. 한마디로 자기 분야의 깊이 있는 전문성을 근간으로 다른 사람의 전문성을 남다르게 활용할 수 있는 열린 안목과 식견이 필요한 것이다.

전문성은 전문가 혼자만의 노력으로 습득되는 것이 아니라 다른 전문 분야와 직, 간접적인 영향을 주고받으면서 관계론적으로 습득되는 능력이다. 미래의 전문가는 전문적으로 문외한이라는 놀림과 전문가는 그것밖에 모른다는 비판을 듣지 않기 위해, 스스로 만든 높은 벽과 경계를 무너뜨려야 한다. 또한 다른 전문가와 적극적으로 소통하는 것이 남과는 차별화되는 능통에 이르는 지름길임을 인식할 필요가 있다. 전문가일수록 자신이 몸담고 있는 분야를 벗어나 주변을 둘러보고 한눈파는 시간이 필요하다. 주변을 둘러봐야 자신이 얼마나 편협한지를 알 수 있고, 한눈을 팔아봐야 얼마나 좁은 눈으로 세상을 봐왔는지를 스스로 깨달을 수 있기 때문이다.

인재人材는 인재人災가 될 수 있다

말콤 글래드웰Malcolm Gladwell의 《아웃라이어》라는 책에 보면 "우리가 성공에 대해 알고 있는 것은 전부 틀렸다!"라는 구절이 나온다. 대부분의 사람들은 탁월한 전문성을 발휘하거나 창의적인 사람을 만나면 도대체 어떤 노력을 해서 그렇게 되었는지를 물어본다. 탁월함이나 창의력을 갖춘 개인의 특성이 그렇지 않은 사람과 어떤 점에서 다른지를 알아보고 싶은 호기심이 있기 때문이다.

　하지만 말콤 글래드웰은 남다른 탁월함과 창의성을 가진 사람이 그렇지 못한 사람과 어떤 점에서 다른지를 묻는 것만으로, 둘 사이의 차이를 파악할 수는 없다고 말한다. 그는 성공한 사람은 어디서 왔는가를 알아야만, 어떤 사람은 성공하고 또 어떤 사람은 성공하지 못하는 현상의 이면을 꿰뚫어볼 수 있다고 주장한다.

말콤 글래드웰은 아예 잘라 말한다. "혼자서 성공하는 사람은 없다. 그들의 성공은 특정한 장소와 환경의 산물이다." 성공은 한 개인의 외로운 투쟁으로 쟁취하는 것이 아니라 다양한 기회와 여건의 조합으로 탄생한다. 한 개인의 탁월한 전문성 또한 그 사람이 만나는 사람과의 사회적 관계, 직면하는 환경적 조건과 기회의 합작품이다.

말콤 글래드웰은 "우리가 인재에 대해서 알고 있는 것은 전부 틀렸다."는 말도 한다. 그에 따르면 인재는 사회적 관계의 산물이지 독창적 노력의 산물이 아니다. 인재는 자수성가해서 출세한 사람이 아니라 사회문화적 산물이라는 것이다. 인재는 영웅적인 한 개인의 처절한 노력의 산물이 아니라 부모의 지원, 사회적 환경, 문화적 유산이 합작한 그룹 프로젝트의 산물이다. 또한 인재는 집합적 산물이며 환경과 사회, 역사적 조건과 문화적 특성의 함수다.

그래서 때때로 인재人材가 인재人災가 되는 경우가 발생한다. 오로지 자신의 이익과 안위를 위해 전력투구하고 타인이 겪고 있는 아픔과 어려움에는 아랑곳하지 않는 인재人材는 성공했어도 인재人災다. 사회적으로 성공하고 출세한 사람은 자신의 노력도 있지만, 주변의 도움과 지원으로 성공할 수 있었음을 잊어서는 안 된다.

재수 없는 천재와 끌리는 바보

말콤 글래드웰의 《그 개는 무엇을 보았나》에는 '인재 전쟁War for Talent'에 관한 잘못된 가정을 근간으로, 미국의 컨설팅 회사 맥킨지McKinsey&Company의 자문대로 최고의 인재를 채용했다가 결국 파산한 엔론Enron Corporation의 사례가 등장한다. 맥킨지가 추천한 방식대로 최고의 인재를 뽑아 최고로 대우해주었지만 결국 파산한 엔론. 엔론의 인재경영은 무엇이 문제였을까?

엔론의 실수는 지능지수나 학업성적이 높은 똑똑한 개인이 결과적으로 최고의 성과를 낼 것이라는 잘못된 가정에서 비롯되었다. 지능지수나 학교의 학업성적은 혼자서 열심히 할 때 나타나는 지표지만, 회사에서 일어나는 대부분의 일은 다른 사람과 협력해서 성취해야 하는 일이다. 결과적으로 엔론은 개별적인 능력이 뛰어난 사람을 뽑았지만, 협력을 통해 성과를 내는 과정에서 그들의 능력을 최고로 발휘할 여건과 기회를 마련해주지는 못했다. 이것은 '재수 없는 천재'가 아무리 많아도 '끌리는 바보'가 없는 회사는 망하게 된다는 사실을 입증해주는 사례라고 볼 수 있다.

그렇다면 뛰어난 인재 없이도 탁월한 성과를 내는 기업의 비결은 무엇일가? 사우스웨스트 항공Southwest Airlines의 예를 살펴보자. 경영대학원생을 거의 뽑지 않고, 급여를 많이 주지 않으며, 연공서 열에 따라 급여를 인상하는 사우스웨스트 항공은 미국 항공사들 가운데 가장 탁월한 성과를 창출하고 있다. 재미라는 가치를 중심으로 즐겁고 신나게 일할 수 있는 조직을 구축한 덕분이다. 조직은 똑똑한 한 개인의 고군분투로 유지되는 곳이 아니다. 공동의 목표를 바라보며 함께 난관을 돌파하고, 협력적 지혜를 활용해 불가능에 도전하는 곳이다.

세계 최고의 인재들이 가득한 엔론과 외부에서 인재를 거의 뽑지 않는 P&G를 비교해보자. 말콤 글래드웰은 엔론과 P&G의 인재가 퀴즈 대결을 벌였다면 엔론이 이겼을 테지만, 성과를 창출하는 경쟁에서는 그렇지 않았을 것이라고 주장한다. 최고의 경영대학원 출신이 과연 P&G에 입사해서 세제 파는 일에 자신의 재능을 최고로 발휘할 것인지 확신할 수 없기 때문이다. 인재 전쟁을 부르짖었던 맥킨지의 인재경영 철학을 그대로 받아들였던 엔론은 망했고, 평범한 사람들을 비범한 열정으로 무장시켜 탄탄한 팀워크를 다지고 있는 P&G는 가장 존경받는 기업 중 하나로 여전히 성장 발전하고 있다. 끌리는 바보의 필요성이 느껴지는 대목이다.

개주소와 지유소 :
요즘 우리 사회에 절실히 필요한 것

주유소注油所는 날로 넘쳐나지만 개주소槪注所—개념주입소—와 지유소知油所—지식주입소—는 날이 갈수록 개점휴업 상태이거나 아예 문을 닫아가는 추세다. '개주소'는 개의 집주소가 아니라 개념 없는 사람들에게 개념을 주기적으로 주입하는 장소다. "지역마다 적당량의 개념을 주입해 주는 개주소 시설이 있었으면 좋겠다. 개념이 없는 인간들이 인터넷에 접속하면 자동으로 하드가 절명해 버리는 장치도 개발되었으면 좋겠다. 프로그래머들이 넷좀—인터넷 좀벌레, 즉 악플러—들의 접근을 차단시키거나 박멸해 버리는 살충

제도 개발해주었으면 좋겠다."《이외수의 생존법 : 하악하악》에 나오는 말이다. 주유注油하지 않으면 차가 정상적으로 운행되지 않듯이, 개념이나 지식을 주기적으로 습득하지 않으면 사람은 개념 없이 살아가게 된다.

개념 없이 살아간다는 것은 생각 없이 살아간다는 것이다. 생각은 자신이 습득한 개념으로 하기 때문이다. 또한 개념이 없으면 대화가 어려워진다. 설혹 대화를 나눈다고 해도, 개념이 없기 때문에 상식 없는 사람으로 평가되기 쉽다. 개념 없는 사람이 상식 없는 사람이다. 개념 없는 사람에게는 개념을 쳐야 한다.

개념은 눈에 보이지 않지만 한 사람을 더욱 빛나게 할 수도 있고, 매력을 반감시킬 수도 있다. 개념을 개발하기 위해 당신은 지금 어떤 책을 읽고 있는가? 독서는 개념을 개발하는 가장 효과적인 방법이다. 얼마나 다양한 개념을 갖고 있는가가 그 사람의 상상력과 창의력의 폭을 알아보는 결정적인 단서가 될 수 있다. 상상력이 없다고 불평하지 말고, 창의력이 어렵다고 하소연하지 말고, 때와 장소를 가리지 말고 다양한 책을 읽어보라.

　내가 보유하고 있는 개념의 다양성이 사고의 다양성을 지배한다. 남다르게 사고하려면 남다른 개념을 습득해야 한다. 사고의 역사, 사상의 흐름은 주로 이전에 없었던 새로운 개념을 창조한 철학자가 주도하는 경우가 많았다. 그들은 남다른 개념을 창조하면서 남다른 사고를 할 수 있었고, 결국 다른 사람의 사고에도 강한 영향을 미쳤다. 가슴에 손을 얹고 생각해보자. 지금도 여전히 예전의 개념을 그대로 사용하고 있지는 않은지, 만약 그렇다면 당신은 개념 없이 살아가고 있는 것이다.

내가 먹는 음식과 지식이 나를 결정한다

"당신이 먹는 것을 말해달라. 그러면 당신이 누구인지 말해주겠다." 프랑스의 미식가, 브리야 사바랭Brillat Savarin의 말이다. 내 몸을 바꾸려면 운동도 해야 하지만, 가장 우선적으로 바꿔야 할 것은 매일 먹는 음식이다. 음식은 몸 상태를 좌우하는 결정적인 동인이다. 약도 좋지만 음식이 더 중요하다. 몸에 맞는 음식을 제대로 먹으면 약이 필요없다. 매일 어떤 음식을 먹는지에 따라서 나의 건강상태는 달라진다. 음식은 우리 몸이 활동하는 영양소를 공급해주는 원천일 뿐만 아니라 건강한 몸을 유지하는 자양분이다.

마찬가지 맥락에서 지식은 생각을 바꾸는 음식이다. 그래서 나는 이렇게 말한다. "당신이 읽는 책을 말해 달라. 그러면 당신이 누구인지 말해주겠다." 내 생각을 바꾸려면, 읽는 책을 바꿔야 한다. 자신을 바꾸려면 이제까지 읽어보지 못한 책, 전공 분야를 벗어난 책, 익숙하지 않은 불편한 책을 읽어야 한다. 책 속 지식은 생각을 키우는 자양강장제요, 색다른 생각을 불러일으키는 생각의 음식이다.

우리는 매일 밥을 먹지만, 매일 지식을 먹지는 않는다. 하지만 매일 하루 세 끼 밥을 먹고 틈틈이 간식을 먹듯, 지식도 매일 주식과 간식으로 습득해야 한다. 전공 분야를 깊이 파고드는 지식은 물론, 지금 고민하고 있는 문제를 해결하기 위한 지식과 잠시 머리를 식히고 색다른 생각을 임신하기 위한 교양으로서의 지식도 꾸준히 섭취해야 한다. 배우고 익히는 것도 습관이다. 한시라도 책을 손에서 놓지 않고 언제 어디서나 책을 읽는 수불석권手不釋卷의 독서가 뇌에 자양분을 공급하는 가장 좋은 음식이다.

물론, 몸 건강에 해로운 음식이 있듯이 생각 건강에 해로운 지식도 있다. 가장 해로운 지식은 틀에 박힌 타성이나 고정관념을 더욱 견고하게 만드는 지식이다. 자신이 좋아하는 지식만 편식하면 생각근육은 발달하지 않는다. 이제까지 먹어보지 못한 지식을 습득해야 생각이 불편해지고, 불편한 생각이 생각세포를 꿈틀거리게 만든다.

영양소가 풍부한 음식을 먹어야 몸이 건강해지듯이 다양한 생각의 DNA가 꿈틀거리는 지식을 지속적으로 습득해야 생각이 풍부해지고 다양해진다. 음식과 지식을 섭취하고 습득할 때 소화를 돕는 여유로운 휴식시간을 함께 갖는다면 금상첨화다. 이 시대를 살아가는 데 필요한 3식은 음식과 지식 그리고 휴식이다.

정상에 선 사람은
정상이 아니다

정상頂上을 정복征服한 사람은 모두 정상正常이 아니다. 그들은 모두 비정상非正常이다. 지금은 비정상이 정상正常인 시대다. 정상을 정복하는 사람들은 정상적인 사람들과 다르게 정상에 올라간다. 비정상은 정상에 비추어보면 정상이 아니다.

그러나 정상을 정복한 사람들의 사고방식에 비추어보면 비정상이 정상이다. 정상적인 사람들은 정발상正發想으로 살아가지만 정상을 정복한 비정상적인 사람들은 역발상逆發想을 정발상으로 믿고 살아간다. 그들에게는 역발상이 정발상이다. 합리적合理的인 사람들은 비합리적非合理的인 사람들을 이해하지 못한다. 비합리는 합리에 비추어보면 합리적이지 못한 논리다. 그러나 정상을 정복한 비정상적인 사람들의 논리에 비추어보면 비합리가 오히려 합리다. 몰상식은 상식에 비추어보면 상식이 아니다. 그러나 정상을 정복한 사람들의 상식에 비추어 보면 몰상식이 상식이다. 비정상, 비합리, 몰상식이 정상적이고 합리적이며, 상식적인 것으로 받아들여지는 세상이 도래한 것이다.

아무리 고생을 해도 별것 아니라고 넘겨버리는 여유, 불가능은 진리가 아니라 하나의 의견에 불과하다고 생각하는 도전적 사고, 어떤 시련과 역경이 다가와도 '역경'을 '경력'으로 만들어버리는 놀라운 역발상의 소유자가 정상을 정복한다. 하늘의 별을 따는 사람은, 별 볼 일 없다고 생각하는 일을 진지하게 반복해서 어느 순간 목표를 달성하는 사람이다. 하늘의 별따기는 불가능한 것이 아니라 불가능해보이기 때문에 다른 사람들이 포기한 일이다.

"불가능은 하나의 사실이 아니라 의견에 불과하다." 아디다스 adidas의 광고 문구다. 불가능은 밖에 존재하는 객관적인 사실이 아니라 내 안에 심리적으로 존재하는 주관적인 의견일 뿐이다. 하늘의 별을 따는 사람이 별이 될 수 있다. 별은 대중들의 동경의 대상이다. 스타는 별 볼 일 없는 일도 특별하게 생각해서 유별난 성과를 창출한 사람이다. 정상과 합리 그리고 상식의 틀에 갇혀 사는 우리가 오히려 비정상과 비합리 그리고 몰상식을 이해하지 못하는 어처구니없는 사고를 하고 있지는 않은지 반성해볼 일이다.

상식에 시비를 걸어라

누구나 혁신의 필요성과 중요성을 주장하지만, 쉽게 혁신이 일어나지 않는 이유는 '혁신적'으로 추진하지 않기 때문이다. '혁신적'이라는 것은 무엇을 의미할까? 나는 얼마나 혁신적이며, 우리 조직은 얼마나 혁신적인 조직인가? 이 물음의 해답을 얻으려면, 스스로에게 다음과 같은 질문을 던져보자. '나는 정상일까, 아니면 비정상일까?'

혁신을 통해 정상頂上에 오른 사람과 기업은 모두 정상正常이 아니다. 정상頂上에 오른 사람과 기업은 모두 정상적인 방법으로 정상을 정복하지 않았다. 당신은 몰상식한 사람을 상식 이하로 취급하고 있지는 않은가? 몰상식한 사람이 아이디어를 내면 대부분의 상식적인 사람들은 상식을 벗어났다고 인정해주지 않고, 비난하거나 야단을 친다. 그런데 혁신적인 사람은 상식에 시비를 걸어 문제를 제기하고, 마침내 상식을 뒤집는 새로운 아이디어를 제시하며, 그것을 현실로 구현한다.

당신은 비합리적인 생각을 얼마나 합리적으로 생각하는가? 혁신을 일으킨 사람은 합리성에 문제를 제기하고, 비합리로 기존의 합리성을 공격한 사람들이다. 금기를 깨뜨리는 광기 어린 행동으로 기존의 관행과 답습을 창조적으로 파괴하는 사람을 우리는 얼마나 인정하고 격려해주는가?

대부분의 사람들이 '원래' 그렇고 '물론' 그렇다고 생각하는 '당연'함에 대해서 혁신적인 누군가는 '원래', '물론', '당연'한 것이 맞는가라는 물음표를 던진다. 그러고는 원래 그렇고 물론 그런 세상은 없으며 당연한 세상도 전혀 당연하지 않음을 온몸으로 보여준다. 우리는 과연 그런 도전적인 사람에게 박수를 보내고 있는가, 아니면 평지풍파를 일으키는 이상한 사람으로 취급하고 있는가?

혁신의 가능성을 여는 사람은 상식에 시비를 거는 몰상식한 발언과 행동을 하는 사람, 정상을 정상적인 방법으로 정복하지 않는 비정상적인 사람, 합리적 사고에 길들여진 사람들에게 비합리적으로 시비를 거는 사람이다. 또한 타성과 '고정관념'에 젖어 이제는 관념을 치유할 수 없는 '고장관념'의 소유자들에게 생각지도 못한 질문을 던지면서 생각지도 못한 가능성을 찾아나서는 사람도 혁신을 일으킬 수 있다.

별 볼 일 없다고 버린 쓰레기더미에서 쓸 이야기를 찾아내 별일을 만드는 사람, 남들이 가지 않는 딴 길別路을 두려움 없이 걸어가면서 딴 세상別天地을 만나는 사람, 자기 분야 이외의 분야에 대해서는 아무것도 모르는 좌정관천坐井觀天형 전문가의 경계를 허물어 새로운 꽃을 피우려는 사람, 스스로를 한계와 위기 상황에 몰아넣고 새로운 방법으로 문제를 해결하려는 사람과 이런 사람을 격려해주고 인정해주는 조직만이 혁신을 이뤄낼 수 있다. 전대미문의 혁신과 창조는 쉽게 넘을 수 없는 한계와 절체절명의 위기 상황, 심각한 제약 조건 속에서 꽃을 피운다.

'기회'는 짧고
'기다림'은 길다

인간은 겨울을 만나면 잔뜩 움츠리고 조금만 추워도 두꺼운 옷을 준비한다. 나약한 인간은 실내온도를 20도 전후로 맞춰야 활동을 계속할 수 있다. 이런 인간에 비하면 나무는 한없이 강인하다. 나무의 겨울눈은 봄이 아닌, 혹독한 추위가 몰아치는 겨울에 준비된다. 가을이 깊어져 겨울의 문턱에 들어서게 되면 뜨겁게 불타오르던 단풍도 하나둘씩 낙엽이라는 선물로 자연에게 돌아간다. 나무는 자신을 키워준 땅에게 보답하듯 마지막 남은 잎사귀도 기꺼이 떨어뜨린 채 맨몸으로 겨울을 맞이한다. 나무가 떨군 낙엽은 모든 생명체의 밑거름이자 에너지원이 된다.

나무는 나목의 상태로 추운 겨울을 온몸으로 견뎌낸다. 나무가 혹독한 추위와 살을 에는 듯한 눈보라를 견딜 수 있는 건 봄에 새싹을 키워내겠다는 뜨거운 의지와 희망이 있기 때문이다. 자신을 포장했던 모든 거품을 걷어낸 나무는 오랜 침묵의 시간을 갖는다. 아무것도 안 하는 것처럼 보이지만, 사실은 조용한 가운데 미래의 새로운 도약을 위해 바쁜 나날을 보낸다.

나무는 우선 겨울눈에서 희망의 싹을 틔울 준비를 한다. 영양분이 턱없이 부족하고 주변 환경도 최악인 상황에서 겨울눈을 틔우기란 참으로 어렵다. 그래서 나무는 영양분이 가장 풍부하고 성장이 가장 왕성하게 일어나는 봄과 여름부터 겨울눈을 준비한다. 미리 준비하지 않으면 봄에 싹을 틔울 기회를 상실할 수 있다는 걸 알기 때문이다. 조금이라도 늦게 싹을 틔우면 햇볕이 부족해 잘 자라지 못하거나, 수분을 해주는 벌과 나비를 유혹하기 어렵다.

뒤늦게 출발하면 뒤늦게 도착하거나 아예 기회를 상실할 수도 있다. 잘나가다가 침몰하거나 추락한 다음 다시 일어설 준비를 하면 아무래도 늦다. 가장 잘나갈 때 다음을 기약하는 준비를 미리 해두지 않으면 순식간에 추락할 수 있다. 기업도 잘나갈 때 다음 성장 동력을 준비해야 한다. 잠시 안주하거나 머뭇거리면 순식간에 쇠락의 길로 빠져들 수 있다.

자연이 알려주는 삶의 지혜

미래를 위해 겨울눈이 얼마나 치밀하게 계산하고 철저하게 대비하는지를 알고 나면 참으로 숙연해진다. 나무는 삶의 교훈을 고스란히 담고 있는 지혜의 보고가 아닐 수 없다. 나무는 아주 오랜 기간 생존해오면서, 삶의 지혜를 온몸으로 터득하고 어떤 시련과 역경이 와도 슬기롭게 대처할 수 있는 거의 완벽에 가까운 준비를 갖추고 있다.

자연은 치열한 생존경쟁을 뚫고 살아남은 생명체들의 축제의 장이다. 자연에는 원래 그런 것이 없고, 당연히 존재하는 생명체도 없다. 모두 나름대로의 존재이유가 있다. 만물이 소생하는 봄에 가장 먼저 소식을 알리는 꽃은 개나리와 진달래다. 개나리와 진달래는 추운 겨울 동안 완벽하게 준비태세를 갖추고 있다가, 봄이 오면 가장 먼저 꽃망울을 터트린다. 겨울눈의 보이지 않는 노력이 눈에 보이는 결과를 만들어낸 덕분이다. 즉, 눈에 보이는 결과는 눈에 보이지 않는 가운데 조용히 준비한 결과가 어느 날 갑자기 나타난 것이다.

자연의 경쟁은 꽃이 만개하는 봄부터 시작되지 않는다. 봄 이전의 봄부터 여름까지 치밀한 준비를 해야 진한 향기를 지닌 아름다운 꽃을 봄에 피울 수 있다. 경쟁에서 이기기 위해서는 남보다 먼

체·인·지

저 준비를 시작해야 한다. 준비에 실패하면 실패를 준비하는 것이나 다름없다는 진리를 자연은 잘 알고 있다.

가장 먼저 피는 꽃은 추운 겨울이라는 시련과 역경이 오기 전에 모든 준비를 마치고 꽃눈을 준비한 꽃이다. 긴 기다림 속에서 언제 올지 모를 짧은 기회를 준비한다. 기다림은 길지만 기회는 짧은 순간에 지나간다. 짧은 순간, 순식간에 찾아오는 기회는 긴 기다림 속에서 인고의 시절을 보낸 덕분에 받게 되는 선물이다.

봄은 짧고 겨울은 길다. 짧은 봄을 준비하기 위해 긴 겨울의 준비기간이 필요한 것이다. 긴 겨울을 겨울잠으로 허비하고서 용솟음치는 새봄의 기운을 기대하는 건 욕심이다. 겨울은 그저 움츠리고 아무것도 하지 않는 시간이 아니라, 폭풍전야의 전운이 감도는 치열한 준비기간이다.

마찬가지로 가을은 짧고 여름은 길다. 짧은 가을에 풍성한 수확을 거둬들이기 위해서는 긴 여름 동안 활화산 같은 열정을 불태워야 한다. 봄은 오행으로 보면 '목木'이다. 나무가 새싹을 틔우는 시기라는 뜻이다. 여름은 오행의 '화火'에 해당한다. 불같은 열정으로 신록을 우거지게 만들고, 작열하는 태양의 열기과 함께 천둥과 번개가 치는 장마철의 두려움과 공포도 온몸으로 견뎌내야 하는 시기이다. 여름을 열정적으로 보내지 않고서는 가을의 풍성한 수확을 기대할 수 없다.

보통 준비기간은 길지만, 승리의 환호와 축제는 금세 끝난다. 준비기간을 짧게 하고 승리의 축배시간을 길게 잡으면 다음 승리는 곧바로 물 건너간다. 하지만 바닥에서 오랫동안 준비한 사람은 기회가 오면 절대로 놓치지 않는다. 설혹 기회를 놓친다면, 준비기간에 자신이 보인 불성실한 모습을 탓하면서 스스로에게 채찍을 가한다.

칼을 쓰는 시간보다 칼을 가는 시간이 길어야 한다. 그래야 단번에 승부수를 던질 수 있다. 대패질하는 시간보다 대팻날을 가는 시간이 길어야 한다. 그래야 나뭇결에 따라 아름다운 대패질을 할 수 있다. 기다리는 시간에 내가 무엇을 준비했는지가 기다림의 끝에 맛볼 수 있는 승리의 맛을 결정한다.

체·인·지

智

—

08

세상을 비춰보는
세 가지 거울, 삼매경

본래 삼매경三昧境은 오직 한 가지 일에만 마음을 집중시키는 경지를 의미한다. 하지만 필자가 다룰 '삼매경三魅鏡'은 망원경望遠鏡, 현미경顯微鏡, 만화경萬華鏡으로 대변되는 세 가지 매력적인 거울이다. 여기서 거울은 얼굴을 비춰보는 유리 거울이 아니라 세상을 다르게 볼 수 있는 사고의 거울이다. 필자는 망원경, 현미경, 만화경이 모두 들어 있는 거울이 책이라고 생각한다. 책 속에는 미래를 내다보는 망원경이 들어 있고, 지금의 현실을 자세하게 들여다보는 현미경이 있으며, 다양한 모습을 띠면서 시시각각 변하는 요지경瑤池

鏡의 세상을 점검하는 만화경이 들어 있다. 그래서 책을 읽는다는 것은 단순히 저자의 메시지를 읽는 것이 아니라 저자가 망원경으로 바라본 미래를 내다보고, 현미경으로 관찰한 현실을 들여다보며, 만화경으로 바라본 다양한 요지경을 감상해보는 것이다. 책은 나를 비춰보는 반성의 거울이자, 세상을 다르게 비춰보는 전망의 거울이다.

세상을 다르게 보는 사람은 다양한 안경을 쓰고 다양한 가능성을 찾아보는 사람이다. 세상은 내가 쓰고 있는 안경대로 보인다.

체 · 인 · 지

여기서 안경은 세상을 바라보는 관점이지만, 관점도 어떤 안경을 쓰고 보느냐에 따라 달라진다.

예를 들어 망원경으로 세상을 바라보는 사람은 미래학자처럼 거시적인 관점으로 세상을 바라보면서 사회의 변화 추세나 이슈를 중점적으로 본다. 반면 현미경으로 세상을 들여다보는 사람은 현실주의자의 관점으로 지금, 현실에서 일어나고 있는 사안이나 문제를 관찰하는 데 초점을 맞춘다.

망원경으로만 세상을 바라보면 현실을 무시한 이상주의자가 될 수 있고, 현미경으로만 세상을 들여다보면 미래 사회의 변화와 무관한 현실문제에 매몰될 수 있다. 또한 만화경으로만 세상을 감상하면 변화의 본질을 망각한 채 지나친 환상이나 몽상에 사로잡힐 수 있다.

세상을 정확하게 들여다보고 파악하기 위해서는 세상의 변화가 요구하는 '욕망desires'을 정확하게 간파하고, 현실 세계가 원하는 '희망hopes' 사항을 무시하지 않으며, 동시에 현실 너머의 세계를 꿈꾸는 '열망aspirations'을 포착해야 한다. 다르게 생각하는 사람은 편견과 선입견을 배제하고 세 가지 안경을 통해 요지경 속처럼 어지러운 세상을 균형 잡힌 관점으로 바라본다.

삼매경이 주는 인생의 교훈들

앞에서 이야기했던 망원경, 현미경, 만화경 말고 또 다른 '삼매경'이 있다. 투시경透視鏡, 잠망경潛望鏡, 쌍안경雙眼鏡이다. 이 삼매경 이야기를 해보자.

첫 번째 거울인 투시경은 혼돈의 세계를 꿰뚫어보는 거울이다. 세상이 복잡하고 어지러울수록 변화를 일으키는 구조적인 힘과 본질을 꿰뚫어봐야 한다. 본질은 쉽게 변하지 않는다. 다만 본질의 외양이 시대에 따라 옷을 갈아입을 뿐이다. 따라서 사물의 본질을 보는 방법은 투시경으로 꿰뚫어보는 것이다.

사물을 뚫어질 때까지 보는 사람은 많지 않다. 한두 번 보고 나서 안 보이면 포기한다. 하지만 사물을 끈질기고 집요하게 파고들면, 주마간산走馬看山으로 대충대충 볼 때 보이지 않았던 사물의 이면과 본질이 모습을 드러낸다. 투시경은 혼돈의 장막을 걷어내고 무질서한 세상의 이면에 존재하는 보이지 않는 힘을 꿰뚫어보는 거울이다. 꿰뚫어보는 사람만이 사물과 현상의 본질을 포착할 수 있고 본질을 포착하는 사람만이 질적으로 도약할 수 있다.

두 번째 거울은 바닥에서 정상을 올려다보는 잠망경이다. 잠망경은 잠수함이나 탱크에서 사용하는 반사식 망원경으로, 물속이나 탱크 안에서 수평선 위나 지상, 상공을 내다볼 수 있게 고안한 장치이다. 흐릿한 물속에서 물 밖을 내다볼 수 있는 거울이 바로 잠망경이다. 잠망경은 언젠가 수면 위로 부각될 그날을 고대하면서 바닥에서 정상을 올려다보는 거울이자, 수면 아래에서 올라갈 기회를 호시탐탐 엿보는 거울이다. 그래서 잠망경은 내려가야 올라갈 수 있고, 자세를 낮춰야 자신을 높일 수 있다는 깨달음을 전해주는 거울이다.

세 번째 거울은 겹눈으로 세상을 바라보는 쌍안경이다. 좌뇌와 우뇌, 왼손과 오른손이 균형을 이루듯이 왼쪽 눈과 오른쪽 눈도 균형을 잃지 않아야 올바르게 세상을 바라볼 수 있다. 좌우 날개가 균형을 이루어야 새가 높이 날 수 있듯이, 사람도 좌우 겹눈의 쌍안경으로 세상을 바라봐야 더 높은 곳으로 오를 수 있다. 한쪽 눈으로 세상을 바라보는 편견에 빠지지 않도록 경계해야 한다.

망원경, 현미경, 만화경과 투시경, 잠망경, 쌍안경보다 더 소중한 안경이 있다. 바로 나를 들여다보는 내시경內視鏡이다. 답은 '밖'에 있지 않고 '안'에 있다. 모든 거울의 거울이 바로 내시경이다. 내시경은 참 나를 발견할 수 있도록 도와주는 비장의 거울이다.

비전의 네 가지 종류 :
슬픈, 아닌, 몰래, 함께

비전은 시각화visualization의 약자略字다. 그래서 꿈은 비전이 달성된 모습을 시각화시켜 상상해보는 것이다. 그렇다면 어떤 비전이 미래의 꿈을 실현시켜줄 수 있을까? 비전이 갖추어야 될 네 가지 조건을 다음에서 살펴보자.

첫째, 비전을 듣는 순간 3초 이내에 가슴이 두근거려야 한다. 비전을 마음속에 품고 사는 사람의 가슴은 언제나 '두근두근' 또는 '두 근 반, 두 근 반' 할 정도로 뛴다. 그래서 비전을 가슴에 품고 사는 사람은 다른 사람의 가슴보다 무거운 네 근 —두 근+두 근— 또는 다섯 근—두 근 반+두 근 반—이라고 한다. 둘째, 비전을 생각하면 주먹이 불끈 쥐어지면서 어떠한 시련과 역경에도 반드시 비전을 달성하겠다는 결의가 생겨야 한다. 셋째, 비전을 보는 순간 눈이 번쩍 뜨여야 한다. 비전은 눈먼 시대, 먼눈을 뜨게 해주는 미래의 등불이기 때문이다. 넷째 비전을 듣는 순간 자다가도 벌떡 일어날 수 있어야 한다. "맞아!" 하는 탄성과 함께, 저게 바로 내가 그토록 꿈에 그리던 비전이라는 설렘과 흥분으로 한동안 밤잠을 설치게 만드는 게 바로 비전이다.

그런데 우리가 보는 대부분의 비전은 마음을 뛰게 하지 못한다. 그런 비전은 다음 세 가지로 정리할 수 있다. 첫째, 비전을 듣는 순간 마음이 슬퍼지는 비전悲典이다. 회사의 비전은 주로 숫자로 제시된다. '2015년 매출 15조 원 달성!' 이런 비전은 듣는 순간 가슴이 답답해진다. "휴일에도 출근해야 되는 것 아냐? 야근하는 날이 많겠군." 같은 푸념조의 말이 직원들 사이에 오고간다면, 그 비전은 듣는 순간 가슴이 답답해지는 슬픈 비전悲典으로 전락한다.

둘째, 어느 누구에게도 호소력을 지니지 못하는 비전非典이다. 구성원 간에 공감대가 조성되지 않은 상태에서 하향식으로 제시되는 일방적 비전이 여기에 해당된다. 셋째, 경영자와 리더 몇 사람만 비밀리에 공유하는 비전秘典이다. 이런 비전은 아는

사람만 알고 모르는 사람은 전혀 모르는 상태에서 비밀리에 전달된다.

　위의 세 가지 비전과 달리 심장박동을 마구 올리는 비전도 있다. 비전을 듣는 순간 불현듯 바로 나의 비전이라는 생각이 들면서 비전 달성에 대한 강한 열의를 품는 비전, 즉 비전飛典이다. 이런 비전은 경영자와 구성원이 혼연일체가 되어 꿈의 목적지를 향해 동행하는 원동력이 된다. 이런 비전이라야, 모두의 마음속에 희망과 꿈을 심어줄 수 있다.

비판과 비난 그리고 비전

비판은 비난이 아니다. 비난은 옳고 그름을 가리는 시비是非의 문제가 아니라 단순히 기분이 나쁘다는 감정적 표현이다. 비난은 가슴에 상처를 주지만, 비판은 가슴을 아프게 할 수 있다. 상처받은 가슴은 치유하기 어렵지만 아픈 가슴은 얼마든지 치유할 수 있다. 비판은 잘못을 지적하고 논리적 모순을 지적해서, 반성과 개선을 통해 발전적인 방향으로 이끌어주는 따끔한 충고이기 때문이다. 반면에 비난은 전후좌우를 가리지 않고, 자신의 감정을 건드렸다는 이유로 무조건 퍼붓는 욕설이거나 상대방을 무시하는 폄하貶下다.

사람이 공부를 하는 목적은 건전한 비판정신의 함양에 있다. 비판은 어떤 일이나 상황에 대해 원래 그래서 당연한 것이라고 생각하지 않고, 꼼꼼하게 따져보고 물어보면서 논리적 모순을 찾아보는 것이다. 또한 자기주장에 지나치게 치우칠 때 잘못된 점을 지적해주고 개선방안을 제시하는 것이다.

그런데 비판은 비판에 머물러서는 안 된다. 대안 없이 비판만 늘어놓으면 비난으로 받아들여질 수 있기 때문이다. 비전 없는 비판批判은 비굴卑屈함을 낳고, 비전 있는 비판은 비상하는 비약飛躍을 낳는다. 꿈을 심어주고 비전을 제시하는 비판만이 비판을 받는 사람의 비약적인 성장을 도와줄 수 있다.

비전을 제시하지 않는 비판은 자기 스스로를 비하하는 발언일 뿐만 아니라 상대방을 비굴하게 만들 수 있다. 하지만 제시한 비전이 가슴이 답답한 비전非典, 몇 사람만 비밀리에 아는 비전秘傳, 마음이 슬퍼지는 비전悲典이라면, 절대 비상할 수 없다. 함께 멋진 신세계로 날아가는 비전飛展이라야 비상할 수 있다. 그런 비전은 듣는 순간 가슴이 뛰고, 주먹이 불끈 쥐어지며, 입술이 깨물어지는 각오가 서고, 자다가도 벌떡 일어나게 만든다. 이런 비전만이 모든 구성원을 꿈의 목적지로 데려다줄 수 있다.

머리로 설명하는 비전보다 가슴이 뛰는 비전이 사람의 마음을 흔든다. 내가 먼저 흔들지 않으면 흔들림을 당한다. 가슴 뛰는 비전으로 나를 먼저 흔들어야 세상을 흔들 수 있다.

저명해지려면
공명을 일으켜야 한다

사람이 태어나면 작명作名, 즉 이름을 짓는다. 작명 후에 본명本名을 갖게 된다. 본명을 밝히기 어려울 때 가명假名을 쓴다. 왜 가명을 썼는지 종종 해명할 필요가 있지만, 가명은 차명借名에 비해 꺼림칙한 측면이 적다. 돈 세탁처럼 불법을 저지를 때는 다른 사람의 이름을 빌려서 차명借名을 쓴다. 그래서 차명계좌라는 말이 인구에 회자되는 것이다.

본명을 갖고 태어났으면 이름값을 해야 한다. 내 이름에 걸맞은 일을 찾아야 한다. 자신과 어울리는 일을 하는 사람은 내 이름으로 대변되는 일, 내가 하면 신나는 일, 내가 하지 않으면 안 되거나 후회할 것 같은 일, 내가 하면 의미와 가치가 있고 보람을 느낄 수 있는 일을 하는 사람이다. 어울리는 일을 하는 사람이 아름답다. 아름다움은 어울림에서 기원하기 때문이다.

자기가 하면 재미있고 의미심장한 일을 하는 사람이 바로 소명召命으로서의 직업을 찾은 사람이다. 연봉을 많이 주는지, 내가 요구하는 조건에 맞는지, 사회적 지위와 영광을 얻을 수 있는 자리인지 등을 따지기 전에 내가 하지 않으면 안 되는 일인지, 내가 하면 더욱 가치가 드러나고 빛나는 일인지를 따져보라. 그 작업이 바로 소명으로서의 직업을 결정하는 중요한 의사결정과 판단의 기준이 된다.

소명으로서 직업을 생각하는 사람은, 마지못해서 그럭저럭 직장에 다니는 사람과 일을 대하는 태도와 자세가 판이하게 다르다. 어쩔 수 없이 하는 일이 아니라 내가 마땅히 해내야 될 일이라고 생각하기 때문에, 일단 시작한 일은 성심성의껏 해낸다. 현재 자신이 하는 일을 소명이라고 생각하는 사람은, 남다른 사명감을 가지고 일을 대한다.

소명의식과 사명감을 가지고 일에 임하는 사람은 본래부터 총명聰明해서 그렇게 하는 것이 아니다. 일은 일차적으로는 먹고살기 위한 생계 수단이지만, 자신을 연마하고 단련하는 자기수양의 방편이기도 하다. 자신이 하면 신나는 일, 자신이 하면 잘할 수 있는 일을 택해서 재미있고 즐겁게 하다 보면 한 분야의 위업이 달성되고, 그 결과 지금보다 유명有名해지고 마침내 세상에 선한 영향력을 미칠 수 있는 저명著明한 인물이 되는 것이다.

유명해지고 저명해지면, 작은 노력으로도 어두운 세상을 보다 밝은 광명光明의 세상으로 바꾸는 데 일조할 수 있다. 저력을 발휘해서 자기 분야에서 한 획을 그을 저작을 만들어내면, 그것이 많은 사람들로부터 공감을 얻을 수 있는 수준까지 발전할 것이기 때문이다. 그렇게 되면 개인 차원의 저명함은 공동체의 공감을 일으키고 공명共鳴의 파장을 일으킬 수 있는 강력한 영향력을 발휘하게 된다.

검색하는 사람보다
검색당하는 사람이 세상을 이끈다

필자가 연구실에 나오면 매일 하는 일 중 하나는 내 이름을 검색해보는 것이다. 나와 관련된 기사, 내가 쓴 책의 내용을 인용하는 블로그나 포스트 그리고 내가 했던 강연 관련 후기 등을 검색해본다. 내가 쓴 칼럼이나 책, 강연 내용을 대중들이 어떻게 생각하는지 알아보기 위해서다.

때로 정보를 찾기 위해 검색 엔진에 키워드를 입력해보면 참으로 많은 정보를 순식간에 만날 수 있다. 그중에는 참을 수 없는 인식의 가벼움이 느껴지는 정보도 있고 해당 분야에 대한 깊이 있는 식견이 돋보이는 정보도 있다. 깊이 있다고 느껴지는 정보를 만나면 해당 정보를 최초로 작성한 사람을 추적해보기도 한다.

정보에 대한 신뢰도는 정보를 작성한 사람의 신뢰도와 직결된다. 정보 작성자가 지금까지 쓴 글은 물론 해당 분야에서 축적한 경험이나 이력을 살펴보면, 그가 작성한 정보의 깊이와 신뢰도를 판단할 수 있다. 신뢰도가 높은 글은 많은 사람들에 의해 다양한 목적으로 인용된다. 그래서 전문가적 식견과 안목, 자기만의 독창적인 체험적 깨달음이 담긴 글이나 정보는 많은 사람들에게 검색당한다. 영향력 있는 논문일수록 인용되는 경우가 많듯이, 많은 사람들이 고민하는 문제에 대해 인상적인 단서를 제공해주는 정보일수록 많이 검색당한다.

세상은 두 부류의 사람으로 나뉜다. 검색하는 사람과 검색당하는 사람이다. 잠시도 고민하지 않고 궁금한 정보가 있으면 모든 걸 검색하는 사람이 있는가 하면, 필요한 정보를 어느 정도 자신의 힘으로 가공해서 사용하는 사람이 있다. 검색하는 사람은 주로 정보를 공유할 권리를 주장하지만, 검색당하는 사람은 주로 정보가공의 의무를 이행한다. 지식기반사회가 될수록 지식을 스스로 창조하는 사람보다 남의 지식을 검색하고 공유하며 활용하는 사람이 많아진다.

지식기반사회의 진정한 경쟁력은 체험적 스토리에 근거해 자기 고유의 독창적인 지식을 창조하는 사람이 얼마나 많은가에 달려 있다. 남다른 지식을 창조하고 남에게 검색당하는 글을 쓰기 위해서는 더 깊은 사색의 우물을 내면에서 퍼올려야 한다. 사색의 우물이 마르지 않게 하는 방법은 책을 읽으면서 깊은 사색에 빠져보고, 자기 고유의 사유 체계를 확립해나가는 길밖에 없다.

의미가 심장에 박히면
의미심장해진다

의미意味가 심장心腸에 박히면 의미심장意味深長해진다. 재미없는 의미는 의의意義가 없으며, 의미 없는 재미는 재롱才弄에 지나지 않다. 재미있는 의미와 의미 있는 재미라야 의미가 심장에 박히고, 비로소 그 의미가 의미심장해진다.

많은 사람들은 의미를 이해시키기 위해 논리적으로 설명하려고 한다. 그러고는 메시지의 논리적 구조와 의미의 차이점을 설명한다. 설명을 들은 청중은 이해는 하지만 가슴에 와 닿지 않는다는 느낌을 받는다. 정서적 공감대가 형성되어 있지 않으면 상대방을 이해시키기 위한 논리적 설명이 역효과를 내는 경우도 있다. 이런 경우는 흔히 말하는 사람에게 신뢰가 가지 않거나 설명하는 내용에 대해 충분한 공감대가 형성되지 않았기 때문에 발생한다.

의미심장함은 논리적 설명 이전에 가슴으로 와 닿을 때 일어나는 깨달음이다. 머리로 설명하기 전에 설명하려는 화두나 이슈, 개념이나 원리에 대한 이해나 체험이 있으면, 설명에 공감이 가고 의미심장하게 다가오게 된다.

그 사막에서 그는
너무도 외로워
때로는 뒷걸음질로 걸었다
자기 앞에 찍힌 발자국을 보려고

오르텅스 블루Orthungh Blue가 쓴 '사막'이라는 시다. 나는 이 시를 보자마자, 시인의 설명을 듣기도 전에, 무언가 울컥한 것이 가슴속으로부터 느껴졌다. 오는 10월 사하라 레이스에 출전할 계획을 갖고 있는 나에게 더욱 의미심장하게 다가왔기 때문이다. ─이 책이 출간되었을 때 나는 아마 사하라 사막에 서 있을 것이다─ 사막을 갈 생각을 하니 벌써부터 가슴이 뛴다. 누군가에게 뭔가를 설득할 때 스스로 심장이 뛰지 않으면 듣는 사람의 심장을 뛰게 만들 수 없다. 장황한 설명을 하지만, 가슴으로 전해지는 감성적 설득에는 실패하게 된다. 심장에 꽂히는 의미심장한 메시지는 체험해본 사람의 느낌이 생생하게 전달될 때 만들어지는 것이다. 체험적 느낌 없는 앎은 상대방의 심장을 움직일 수 없다. 심장을 움직이려면 내 심장이 먼저 뛰어본 체험이 있어야 한다. 체험적 느낌 없는 앎으로는 상대를 감동시킬 수 없다.

상처가 아물면
아름다운 '앎의 무늬'가 생긴다

앎이 깊어질수록 기존의 앎에 새겨지는 상처는 깊을 수밖에 없다. 알아갈수록 상처는 더욱 깊어져 아픔의 강도는 심해진다. 그 아픔이 두렵다면 앎의 행로를 지금 여기서 빨리 멈춰야 한다. 반면 알아감으로 인하여 생기는 상처를 견디겠다는 의지가 있다면, 앎으로 인해 생기는 상처를 두려워해서는 안 된다.

상처는 아물게 마련이다. 다만 시간이 걸릴 뿐이다. 숱한 상처의 흔적에 기억과 추억이 새겨지면 아름다운 앎의 무늬가 재탄생한다. 아픈 앎의 뒤안길에 생긴 숱한 얼룩이 아름다운 앎의 무늬를 만들어내는 것이다. 알면 알수록 기존의 앎이 잘못되었다는 깨달음의 무늬는 심한 고통을 동반한다. 하지만 그것은 지적 충격이 주는 즐거운 고통이다.

삶이 공부이고 공부가 삶이라면, 공부와 삶 모두 상처받고 상처를 치유하는 과정이다. 상처의 골이 깊을수록 깨달음의 깊이도 깊어진다. 깨뜨리면 얼룩이 생기고, 깨달으면 무늬가 생긴다. 깨달음의 무늬는 깨뜨림의 얼룩 없이 생기지 않는다.

뭔가를 깨달으려면 스스로를 먼저 깨뜨려야 한다. 스스로를 먼저 깨뜨리지 않으면 깨진다. 깨지면 원상회복이 불가능하다. 깨지기 전에 스스로 자신의 한계와 굴레, 속박과 타성의 틀을 깨부숴야 한다. 그래서 깨달음의 여정은 아픔의 연속이다.

앎의 무늬는 아름답지만, 앎의 얼룩은 아프다. 그런데 사람들이 보는 것은 앎의 무늬이지 아픔의 얼룩이 아니다. 대부분 앎의 무늬에만 주목하기 때문에 앎의 얼룩은 쉽게 보지 못한다. 무엇인가를 안다는 것은 모른다는 것을 아는 것이다. 모르는 것을 알면 알수록 아프다. 그 아픔의 진면목을 믿고 부단히 정진해야 아픔을 아픔으로 치유할 수 있다. 이열치열以熱治熱처럼 이통치통以痛治痛의 원리로 과거의 아픔을 미래의 아픔으로 치유하는 것이다.

앎은 앓음이다. 앎이 성장하고 성숙할수록, 몰랐던 사실을 깨달으면 깨달을수록, 기존의 앎이 깨지는 심각한 통증이 수반된다. 그통증을 감내하는 유일한 방법은 또 다른 앎의 행로를 찾고 그 행로를 부단히 전개하는 것이다. 자신이 모르는 것이 무엇인지를 알기위해서는 끊임없이 배워야 한다.

배움은 새로운 것을 아는 과정인 동시에 모르는 것을 새롭게 아는 과정이기도 하다. 새로운 것을 알면 알수록 기존의 앎이 허술하고 부실함을 깨닫게 된다. 그럴수록 앎에는 더욱 큰 생채기가 생긴다. 그래서 앎은 기존의 앎에 심한 생채기를 내는 과정이다.

가교로서의 상창교와
종교로서의 상창교

앞으로 우리가 지향해야 될 창조성 계발 교육은 상상력을 창의력이나 창조력으로 연결하는 다리인 상창교想創橋, ImCreative Bridge : Imaginative= Imaginative+Creative를 건설하는 일로부터 시작해야 된다.

대부분의 창의력 교육은 상상력 없는 창의력이나, 상상력과 연결되지 않는 창의성을 가르친다. 상상력 없이는 창의력으로 연결되지 않으며, 상상력이 있다고 자동적으로 창의력으로 연결되지도 않는다. 창의력을 계발하기 위해서는 상상력을 발휘하는 별도의 체험적 기반과 교육적 뒷받침이 필요하다. 하지만 더욱 중요한 것은 상상이라는 새로운 생각의 씨앗이 창의적인 프로세스로 연계되어 마침내 세상을 변화시킬 창작품으로 태어나도록, 둘 사이의 가교架橋를 건설하는 것이다.

상창교想創橋의 다른 의미는 상창교想創敎, 즉 상상력과 창의력을 가르치는 교육이다. 교육이 일어나기 위해서는 선인들의 지혜와 전통이 담긴 경전이 필요하다. 상창교想創敎는 바로 그런 경전을 토대로 상상력과 창의력이 인류를 구원할 수 있는 가장 확실한 종교宗敎라고 주장한다. 상상력과 창의력, 창조성은 종교적 신념처럼 일상적 삶에서 실천을 통해 체득해야 얻어지는 능력이다. 교육은 이런 체득 과정을 도와주는 매개체이자 촉매제이다.

필자는 상창교想創敎를 보다 많은 사람들에게 전파하기 위해 상상과 창조 여정을 시작하고 마무리할 때 외울 '상상과 창조 주기도문1'과 '상상과 창조 주기도문2'을 만들었다.

상상과 창조 주기도문1

언제나 우리 주변에 계신 상상이여!
상상으로 인류에게 희망을 주시고
창조로 신세계를 열어주심에 몸 둘 바를 모르겠습니다.

상상이 공상으로 끝나지 않게 하시고

현실로 내려와 창조의 신천지를 건설하게 하소서.

오늘날 우리에게 문명의 이기를 주옵시고

누구나 창의적인 사람이 될 수 있다는 자신감을 주시옵소서.

좌절하는 영혼에게 창조로 가는 문을 열어주시고

절망하는 사람에게 창의적인 길을 안내해주소서.

인류의 모든 가능성과 희망이

상상과 창조에 있음을 굳게 믿습니다.

이매진imagine~.

상상과 창조 주기도문 2

언제나 우리 주변에 계신 상상이여!

일상을 주의 깊게 관찰하게 하시고

우리가 찾는 진리가 눈에 안 보여도 포기하지 않고

꿈을 그리다 보면 언젠가는

꼭 이루어질 수 있다는 확신을 주시옵소서.

똑바로 살다 안 되면

거꾸로 사는 삶의 지혜를 가르쳐주시고

다름과 차이 속에서 다양성의 싹이 트게 하소서.

모순과 역설 속에서 창조가 시작됨을 알려주시고

이것저것 엮어보고 좌우지간 저질러보면서

즐겁게 노는 것이 창조라는 점을 깨닫게 해주소서.

상상과 창조가 밑도 끝도 없는

허망하고 난해한 일이 아님을 두 눈으로 확인시켜 주시옵소서.

이 모든 은혜와 영광을

상창교주想創敎主 님에게 드리나이다!

크리에이티브creative~.

굳은 머릿속에
낯선 생각의 씨앗 심기

고욤나무에는 감이 열릴 수 없다!?

고욤이 열리는 고욤나무와 감이 열리는 감나무 사이에는 어떤 관계가 있을까? 고욤은 감보다 훨씬 열매가 작다. 고욤나무가 아무리 노력을 해도 감과 같은 크기로 열매가 열리지 않는다. 그런데 가끔 고욤나무에 감이 열린다. 비결이 무엇일까? 고욤나무에 감나무를 접接붙이는 것이다.

　'접목接木'이라는 말이 있다. 두 나무를 덧붙여서 하나의 나무로 만든다는 말이다. 고욤나무와 감나무를 접목하면 두 나무는 고욤나무나 감나무로 변신한다. 그래서 고욤나무가 감나무가 되기 위해서는 자기가 가진 가지를 잘라내고 거기에 감나무 가지를 덧붙여야 한다.

고욤나무가 주어진 상황에서 최선의 노력을 경주해도 혼자서는 절대 감나무로 변신할 수 없다. 고욤나무가 감나무로 변신해서 감이 열리기 위해서는, 자신이 가진 것을 모두 버리고 감나무 가지를 몸속으로 받아들여야 한다. 자신의 가지를 버리고 감나무 가지를 새롭게 받아들여야 감나무로 새롭게 태어날 수 있는 것이다.

생각도 마찬가지다. 기존 생각으로 넘을 수 없는 한계는 새로운 생각을 받아들여야 넘어설 수 있다. 넘어서기 위해서는 너머의 세계를 인정하고 수용해야 한다. 타성에 젖은 습관, 틀에 박힌 기존의 상식, 고정관념을 버리고 새로운 생각을 임신하기 위해서는 옳다고 생각하는 신념과 가치관을 재검토해보고 버릴 것은 과감하게 버려야 한다. 다른 생각과 행동을 이끌어내는 낯선 생각의 씨앗을 내 몸 안에 심으면, 뿌리 깊은 습관을 걷어내고 새로운 나로 재탄생할 수 있다.

다시 고욤나무 이야기를 해보자. 고욤나무가 감나무로 변신하는 과정에는 고통이 수반된다. 뿌리와 커다란 줄기는 그대로 간직한 채, 자신과 완전히 다른 감나무 가지를 내면에 심는 고통을 이겨내

야 한다. 마치 조개 속으로 들어온 모래가 조개의 속살에 상처를 내고 아무는 과정을 통해 진주조개가 탄생하는 과정과 유사하다. 몸속에 들어온 감나무 가지와 완전히 혼연일체가 되는 악전고투의 시련과 역경을 견뎌내야, 고욤나무에서 감이 열릴 수 있다.

따라서 고욤나무의 가지를 잘라내는 과정은 성장을 넘어 성숙하기 위한 몸부림이며 탈바꿈의 과정이다. 상처로 인한 아픔을 견딜 수 있는 것은, 지금보다 더 풍성하고 멋진 열매를 맺을 수 있다는 희망과 꿈이 있기 때문이다. 열매는 고통의 산물이며, 영광은 상처가 준 선물이다. 지금 시련과 역경에 처해 있다면, 그 시련과 역경 너머에 내가 도달하고 싶은 꿈의 목적지가 있다고 상상하자.

고욤나무가 감나무로 성장하는 고통 속에서 감이라는 축복의 열매를 맺는 것처럼 말이다.

주의는 요주의해야 된다

세상에는 무슨 '주의主義'가 많다. 심리학에서는 오로지 관찰이 가능한 인간의 행동만을 문제로 삼는 행동주의行動主義가 오랫동안 패러다임을 지배해왔다. 그러나 겉으로 관찰할 수는 없지만 사물을 인지하는 과정의 변화가 더 중요하다고 생각하는 인지주의認知主義가 등장하면서, 행동주의가 외면해왔던 인지 과정이 부각되기 시작했다. 마침내 행동주의와 인지주의는 구성주의構成主義로 패러다임의 변화를 겪으면서 인간의 사고와 행동을 설명하는 다양한 접근법을 구축하게 되었다.

이처럼 주의主義는 한동안 사람들의 사고 과정을 지배하는 패러다임을 형성하다, 다른 주의가 등장하면 쇠퇴기를 맞기도 하고 다시 일어서기도 한다. 그런데 이런 주의主義야말로 우리가 정말 주의注意해야 될 요주의要注意의 대상이다. 어떤 하나의 주의만으로 세상의 모든 것을 정확하게 설명할 수 없기 때문이다. 우리가 주의主義에 주의注意해야 하는 또 다른 이유는 하나의 주의를 지나치게 신봉하면 다른 주의를 이해할 수 있는 안목이 닫히기 때문이다. '주의主義'가 붙어 있다는 것은 그것이 철저한 기성복이며, 위에서 아래로의 하향식 철학과 사고방식이라는 것이다.

"어떤 것이든 하나의 '주의主義'가 되면 갑자기 독단적이며 엄격한 모습을 보이기 시작하고, '우리 편인가, 아닌가' 식의 극단적 편 가르기가 이뤄진다."

스웨덴의 세계적인 미래학자 매그너스 린드비스트Magnus Lindkvist의 《우리가 아는 모든 것은 틀렸다》에 나오는 말이다. 이처럼 세상의 많은 주의主義는 이전의 주의가 설명하지 못하는 한계와 문제점을 지적하면서 대안적인 주의를 양산해온 역사적 산물이다. 따라서 하나의 주의를 선호하되, 다른 주의가 주목을 끄는 이유 또한 생각해볼 필요가 있다. 주의主義에 주의注意하면서 또 다른 주의主義에 주목注目하는 안목眼目을 가져야, 주의 깊은 생각을 할 수 있다.

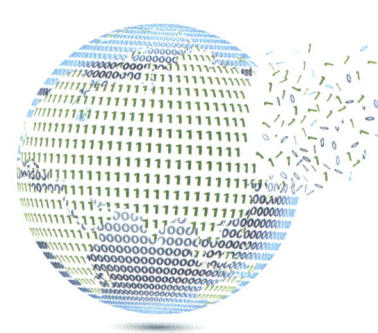

합리적 문화와
효율적 시스템의 중요성

옥황상제가 보낸 다섯 명의 과학자

조직이 발전하려면 조직 구성원의 창의력도 중요하지만, 구성원의 창의력이 발현될 수 있도록 지원하고 촉진하는 문화, 제도, 시스템 등이 뒷받침되어야 한다. 옥황상제가 한국의 과학을 부흥시키기 위해 파견한 다섯 명의 과학자 이야기를 통해, 합리적 문화와 효율적 시스템의 중요성에 대해 생각해보자.

한국의 과학을 발전시키기 위해 고심하던 옥황상제는 어느 날

퀴리 부인

아인슈타인

갈릴레오

뛰어난 과학자를 한국에 파견해 보자는 생각을 하게 되었다.

옥황상제가 첫 번째로 선택한 과학자는 퀴리 부인Marie Curie이다. 퀴리 부인은 대학 졸업 후 취직을 시도하다가 얼굴도 평범하고, 키도 작고, 몸매도 안 되니 선이나 보라는 조롱을 당했다. 충격에 빠진 퀴리 부인은 결국 혼자 외롭게 지내다가 자신의 뛰어난 아이디어와 창의적인 생각을 펼쳐보지도 못하는 좌절감을 맛보고 말았다.

옥황상제는 탁월한 발명가 에디슨Thomas Edison을 다시 파견하기로 결심하였다. 에디슨은 어느 날 발명특허를 내려다가, 초등학교도 못 나왔다는 이유로 특허 신청은커녕 무시만 당하게 되었다. 자신의 독특한 특허 아이디어를 받아주지 않는 한국의 엄청난 학력병에 크게 좌절한 에디슨은 기가 죽은 채로 암울한 인생을 보냈다고 한다.

옥황상제는 그래도 꿈을 버리지 않고 천재 물리학자 아인슈타인을 보냈다. 아이슈타인은 수학만 잘하고 다른 과목에서는 거의 낙제점을 면치 못해서, 결국 대학 문턱에도 못 가보고 무위도식하는 여생을 보냈다고 한다. 한국에서는 전과목을 다 잘하는 공부선수가 되어야 대학 문턱에라도 가보는데, 아이슈타인은 오로지 한 과목만을 잘해서 결국 좌절의 고배를 마셔야 했다.

네 번째로 한국에 파견된 과학자는 갈릴레오Galileo Galilei였다. 갈릴레오는 주변의 수많은 핍박과 온갖 횡포에도 불구하고 "그래도 지구는 돈다."라는 자신의 주장을 강력하게 피력하고, 대한민국의 과학 현실에 대해 입바른 소리를 했다. 결국 갈릴레오는 연구비 지원이 끊겨서 한강변에서 공공근로로 여생을 보내는 참으로 어처구니없는 시간을 보내고 말았다.

옥황상제는 마지막 희망을 걸고 천재물리학자 뉴턴Isaac Newton을 파견하였다. 뉴턴은 비상한 머리로 대학원에 진학했다. 그런데 뉴턴의 학위논문을 지도교수뿐만 아니라 논문심사 교수들이 이해하지 못해 졸업을 못했다. 결국 뉴턴은 집에서 놀고 있다가 철원 최전방으로 끌려가는 비운의 인생을 살고 말았다.

이 이야기는 아무리 개인적으로 똑똑하고 창의적인 생각을 갖고 있다고 할지라도, 조직이나 국가가 이를 수용하고 지원하며 촉진하는 문화와 시스템을 뒷받침해주지 못하면 아무런 힘을 발휘하지 못한다는 교훈을 우리에게 던져준다.

직급별 보내버리고 싶은 것

최근 잡코리아는 '보내버리고 싶은 그들에게 잡코리아를 추천하라!'는 문구의 광고를 통해 네티즌들의 뜨거운 호응을 얻어냈다. 광고는 일곱 편의 직급별 보내버리고 싶은 그들을 소개하는 문구로 구성되어 있는데, 조직의 현실과 실상을 적나라하게 묘사한 덕에 네티즌들의 웃음과 공감을 이끌어냈다.

　예를 들어 사원은 "사사건건 감시하고 고자질하는 그대는 사원인가 감사원鑑査員인가."라는 표현을 통해 사원의 일하는 습관과 조직 내에서 적응하는 방식을 드러내고 있다. 대리 버전은 "밥만 먹으면 방전되는 그대는 대리인가 밧데리인가." 과장 버전은 "신입 때 두 달 연속 밤 샜다는 그대는 과장인가 극과장極誇張인가."라는 식이다. 사원에서 대리로 승진하면 사원 때 품었던 도전정신과 열정은 어느새 조직의 관습과 제도적 메커니즘에 길들여지고 타성에 젖어들게 된다. 그래서 대리를 '밧데리'에 비유해, '밧데리'에 필요

한 충전이 대리에게도 필요하다고 역설하고 있다. 또한 과장은 과거에 자신이 보인 열정을 과장되게 떠든다고 해서 '극과장'이라는 말로 표현되었다. 차장은 "침 튀기면서 설교만 하는 그대는 차장인가 세차장洗車場인가."라는 문구와 함께 열변을 토하는 차장의 입에서 세차장의 물이 튀듯 침이 튀는 장면을 희화화시켜 보여준다.

아쉽게도 이번 발표에서 부장 버전은 없다. 그래서 필자가 지어 봤다. "차장과 이사 사이에서 우왕좌왕하는 당신은 부장인가 가부장假父長인가." 부장은 집안의 가부장처럼 아버지 역할을 해야 되지만, 실제로는 아래로 차장을 비롯한 직원들에게 치이고 위로는 이사를 비롯한 임원들에게 치여서 이러지도 저러지도 못하는 신세다. 그래서 이를 한탄해보았다.

한편 이사 버전은 "책임질 일에는 나 몰라라 하는 그대는 이사인가 남이사인가."라는 표현이 사용되었는데, 권리는 자신이 챙기고 책임은 부하 직원에게 돌리는 임원들의 전형적인 모습을 꼬집는 것이다.

국장 버전은 "일만 받으면 끌어안고 묵히는 그대는 국장인가 청국장인가."라는 말로 그려졌다. 청국장을 항아리에 담아 묵히고 삭히듯, 결재서류를 끌어안고 제때 결정해주지 않는 국장의 무심함을 원망하는 것이다.

마지막으로 사장 버전은 "실현불가 주문을 외는 그대는 사장인가 제사장祭司長인가."라는 말로 밑도 끝도 없이 계속해서 실현 불가능한 목표를 제시하는 사장의 욕심을 풍자하고 있다.

'반문'을 던져야
'반전'을 맞이할 수 있다

대부분의 사람들은 이전까지 세상을 지배한 대표적인 모형인 전형典型과 대표적인 사례인 전례典例를 믿고, 이에 따라 움직인다. 전형적인 사례를 참고하고, 전통적으로 내려온 관례를 근거로 행동하고 판단하며, 전례에 따라 결정한다. 전형에 위배되거나 전례에 없으면 믿지도 않고 인정해주지도 않는다. 믿을 만한 증거나 잘된다는 보장이 없다는 이유로 거부하거나, 심지어는 비난과 질책을 하기도 한다. 그런데 지금 우리가 살고 있는 세상은 이전의 그 어떤 세상과도 비교할 수 없을 만큼 불확실하고 불안정하다. 이런 사회를 헤쳐 나가면서 새로운 일을 과감하게 추진하기 위해서는 전형과 전례에 없는 색다른 일도 과감하게 추진할 줄 알아야 한다.

한 가지 정답이 존재하지 않는 불확실한 상황에 적응하는 방법은 전례에 반대反對되는 반례反例나 전례에 없는 비례非例를 찾아 과감하게 반문을 제기하는 것이다. '왜 안 돼?'라는 '반문反問'이 문제의 본질을 이해하는 단초가 된다. 세상 모든 사람이 안 된다고 생각할 때, 지루하더라도 꾸준히 반복反復해서 반격反擊을 시도해보아야 한다. 반문을 던져 반론反論을 제기하고, 제기된 반론에 다시 반론을 제기하고 반박反駁하는 과정이 반복되다 보면, 반항反抗과 반란叛亂이 일어날 수도 있다. 그러나 무조건 반항하거나 반란을 일으키는 것보다 사안의 전후좌우를 살펴보고 사연이나 배경을 유심히 생각해보자. 오히려 내가 반성해야 될 게 많을 수도 있다.

지나온 과정을 반추해보고, 그 과정에서 내가 생각하고 행동했던 결과를 반성하면, 비로소 반전의 포인트를 포착할 수 있다. 현재 상황에서 벗어나 도약하기 위해서는, 반전을 시작할 정확한 타이밍을 포착하는 게 무엇보다도 중요하다. 반전을 거듭하다 보면 상승 기류를 만나 급격한 반등反騰이 시작되고, 마침내 상황을 역전시킬 수 있다. 역전은 드라마다. 많은 사람들이 안 된다고 포기하는 순간, 바로 그 순간에 희망의 끈을 놓지 않은 사람이 역전 드라마를 탄생시킨다.

'고물'도 다시 보면 '보물'이 될 수 있다

'고물故物'을 요리조리 잘 살펴보면 나름대로 가치가 있는 '보물寶物'이 되는 경우가 있다. 나에게는 '고물'이지만 남에게 나눠주면 '보물'이 되는 경우도 있다. '고물'을 버리지 말고 두었다가 다른 사람에게 전해주면, 쓸모가 있는 쓸 이야기로 변신하는 '보물단지'가 될 수 있다.

물 중에서 정말 먹지 말아야 될 물은 '떡고물'이며, 가급적 피해야 될 물은 '흙탕물'이나 '구정물'이다. 물 중에서 제일 신기에 가까운 물은 '영물靈物'이고 제일 무서운 물은 '괴물怪物'이다. 먹으면 건강에 좋은 물은 '나물', '해물', '어물', '식물'이나 '곡물'이다. 육식보다 채식이 좋으니까 '동물'보다 '식물'이나 '해물'을 먹는 게 좋다.

물은 건강한 몸을 유지하는 데 없어서는 안 되는 중요한 요소다. 그래서 물을 물로 보면 안 된다. 물 먹지 말고 물처럼 살아야 한다. 흔히 '물 먹었다'고 하면 조직에서 쫓겨났다는 뜻이다. 반면 '물처럼 살라'는 말은 조급하게 생각하지 말고 여유를 가지고 묵묵히 자신의 갈 길을 가라는 뜻을 담고 있다.

이렇게 물은 다의적多義的으로 사용된다. 목이 마를 때 사람들이 찾는 곳은 우물이다. 극한의 갈증을 느낄 때 '우물'을 만나면 그보다 더 반가운 일이 있을까. 그런데 '우물'을 만나기 위해서는 직접 '우물'을 파거나 '우물'이 있는 곳으로 과감하게 떠나야 한다. '우물'이 나올 때를 기다리지 말고, 깊이 파고 들어가 물줄기를 찾아내야 '우물'을 만날 수 있다.

'사물'과 접촉하거나 유심히 관찰하면, 별 볼 일 없다고 생각했던 '사물'에서도 얼마든지 상상력의 '샘물'을 길어 올릴 수 있다. 또한 별 볼 일 있는 아이디어를 발견할 수도 있다. '사물'에 대한 사람의 사연이 결과적으로 상상력의 '샘물'을 길어 올릴 수 있는 '요물단지'로 변신하는 것이다.

원래부터 '고물'은 없다. '사물'이 '고물'이 되는 이유는 사람이 그 '사물'에 의미를 더 이상 부여하지 않기 때문이다. 멀쩡한 '사물'도 '고물'이 될 수 있으며, 반대로 '고물'도 의미심장한 '요물'로 변신할 수 있다.

'쓰레기'와 '쓸 이야기'

쓰레기는 쓸모가 없어서 버린 것이다. 그런데 누군가에게는 쓸모 없는 쓰레기도 누군가에게는 쓸모가 있는 경우가 있다. 버려진 쓰레기더미 속에서 쓸 이야기를 찾아내는 사람이 있는 이유는, 쓰레

지나온 과정을 반추해보고, 그 과정에서
내가 생각하고 행동했던 결과를 반성하면,
비로소 반전의 포인트를 포착할 수 있다.
현재 상황에서 벗어나 도약하기 위해서는,
반전을 시작할 정확한 타이밍을
포착하는 게 무엇보다도 중요하다.

기를 다른 시선과 관점으로 바라보면 쓸모가 나타나기 때문이다. 쓸모는 쓸 사람이 정한다. 쓰지 않는 사람은 쓸모가 없다고 생각하지만, 쓰려고 마음먹은 사람의 눈에는 쓸모가 보인다.

　세상에는 쓸 데 없는 것은 없다. "쓸 데 없는 이야기 하지 마라." 고 하지만, 어떤 사람에게는 새로운 의미와 가치를 지닌 쓸 데 있는 이야기가 될 수도 있다. 시인의 눈으로 바라보면 세상과 현상은 시적 호기심의 대상이다. 소설가의 눈으로 바라보면 세상과 현상은 작품 구상의 재료다. 음악가의 눈으로 바라보면 일상은 경이로운 선율이 흐르는 작곡과 작사의 원천이다. 화가의 눈으로 바라보면 세상은 화폭에서 춤추는 그리움의 대상이다. 이처럼 어떤 눈으로 바라보느냐에 따라 세상은 경이로운 기적의 한 장면이 되거나 그리움을 자극하는 창작의 원료가 된다.

그래서 한 사물의 쓸모 있음과 쓸모없음은 금방 써먹을 수 있는 실용적 가치나 도구적 기능만으로 판단해서는 안 된다. 맥가이버는 위기 상황에 처했을 때, 쓰레기처럼 보이는 주변 사물을 이용해 위기를 탈출한다. 이처럼 쓰레기로 보이는 사물이 언제 어떤 상황에서 어떤 목적으로 변용되어 쓸모가 있게 될지는 아무도 알 수 없다. 내가 직면한 문제 상황과 달성하려는 목적에 따라 쓸모없는 것도 쓸모 있는 것으로 바뀌게 된다.

'시래기'와 '우거지'도 버려진 '쓰레기'다. '시래기'는 무청을 말린 것이고 '우거지'는 푸성귀나 배추의 바깥 잎을 말린 것이다. 우거지나 시래기로 국을 끓여 먹으면 진하고 구수한 국물을 맛볼 수 있다. 버릴 것이지만 놔두어서 새로운 음식 재료로 탄생한 시래기와 우거지. 여기서 우리말의 묘미를 느낄 수 있다. 우리말에 '버려 둬'나 '내버려 둬'라는 표현이 있다. 버렸는데 놔두라는 말은 논리적 모순 같지만, 버렸지만 놔두었기에 새로운 이야기가 탄생하는 것이다. 주변을 둘러보자. 버려진 쓰레기더미 속에 놀라운 의미가 잠자고 있는지도 모른다.

智

—
16

‘경계’를 넘어서야
‘경지’에 이를 수 있다

경계는 이곳과 저곳이 만나는 접점이며, 두 가지 다른 영역이나 분야가 만나는 접경지대다. 경계는 하나의 세계가 다른 세계로 변화하는 전환점이며, 확연히 다른 세계가 대치하고 있는 긴장지대이기도 하다. 경계는 전혀 다른 세계가 새로운 관계를 형성하면서 이전에는 생각지도 못했던 또 다른 세계로 변신하는 변곡점이기도 하다.

두 가지 이질적 영역이나 분야가 접경지대에서 만나 이전과 다른 접선과 접목을 시도하면 새로운 창조가 시작된다. 이제까지 탄생한 새로운 문명도 접경지대에서 다양한 문화가 충돌하면서 꽃이 핀 것이다. 접경지대에서 낯선 문화와 접선하고 접촉한 경험이 이종결합되면서, 새로운 문명의 꽃이 피는 것이다. 함민복 시인도 "모든 경계에 꽃이 핀다."는 시구를 남겼다.

'경계境界'는 넘어서지 못할 '한계'가 아니라 또 다른 '경계'와 새로운 '관계' 맺음이 시작되는 접경지대다. '경계'는 '경계警戒'할 지점이 아니라, 경이로운 기적이 일어나는 출발점이다. 경계 너머의 '경지境地'를 추구할 때, '경계'는 '한계'가 아니라 '경탄'해 마지않는 경이로운 기적이 일어나는 지점이 된다.

우리말에는 경계가 모호한 경우가 많다. '들락날락, 오르락내리락, 갈까 말까, 할까 말까, 보일락 말락, 시원 섭섭, 하는 둥 마는 둥'처럼 양극단의 말이 하나의 단어에 접목되어 있는 경우를 쉽게 찾아볼 수 있다.

이처럼 우리말은 양자택일의 논리가 아니라 양자병합의 논리가 통용되는 언어다. 경계가 확연히 구분되지 않고 양극단의 경계가 하나의 단어 속에 어울려 있다.

경계를 넘어서 경지에 이르기 위해서는 어느 하나를 버리고 다른 하나를 선택하는 논리 대신, 모순되는 것처럼 보이는 두 가지 극단의 경계를 포용하고 인정하면서 대안을 모색해야 한다. 중심과 주변, 주류와 비주류, 안과 밖, 위와 밑, 혼돈과 질서, 슬픔과 기쁨처럼 두 가지 극단의 상태나 정서를 하나로 끌어안는 가운데 경지를 넘어서는 새로운 창조가 이루어진다.

'뜻밖'의 생각은 '뜻 밖'에서 일어난다

생각지도 못했는데 뜻밖의 일이 벌어지는 게 삶이다. 삶은 계획대로 진행되지 않고 우연히 일어나는 일의 연속인 경우가 더 많다. 우리가 매일 살아가는 삶은 확실한 것보다 불확실한 것이 더 많다. 생각지도 못한 우연한 기회가 행운을 불러오기도 하고, 예상하지 못한 우연이 반복되다 필연이 되기도 한다. '생각지도' 못했는데 기대를 저버리는 일도 있지만, '생각지도' 못했는데 '생각의 지도'가 떠오르는 경우도 있다. 또 순식간에 영감이 떠올라 골머리를 앓고 있던 난제가 엉킨 실타래 풀리듯이 술술 풀리는 경우도 있다.

　'뜻밖'의 세상은 '뜻 밖'에서 만날 수 있다. 뜻밖에서 뜻 밖의 세상을 만나려면 내 뜻을 안에 가둬놓고 고민하기보다, 뜻을 잠시 내려놓고 원점에서 생각해봐야 한다. 그래야 내 뜻이 어디로 가고 있으며, 현재 어디서 무엇을 하고 있는지를 알 수 있다. '뜻 밖'으로 '뜻'이 나가봐야 뜻이 이전과는 다른 방식으로 살아 움직이게 된다. 모든 것을 '뜻 안'에 가둬두고 완벽한 계획을 세워 철저하게 통제하고 조정한다면 삶의 재미는 반감된다.

삶이 계획대로 살아진다면 얼마나 재미가 없겠는가. 계획대로 풀리지 않고, 의도한 대로 진척되지 않을 때 이전과는 다른 생각과 방법으로 색다른 대안을 모색해볼 수 있다. 그렇게 해야 새로운 배움과 깨달음이 쌓여서 더욱더 의미심장한 삶을 살 수 있다.

앞날이 적당히 불확실하고 불안해야 어제와 다른 방법으로 내일을 준비한다. 내일도 오늘과 별반 다를 바가 없다고 생각하는 순간, 내일을 오늘과 다른 방법으로 준비하지 않는다. '뜻밖에' 일이 일어나야 '뜻 밖'의 방법으로 대처하게 된다.

'뜻'이 변신을 거듭하게 하려면, '뜻대로' 되지 않는 세상에 내 '뜻'을 방목하는 수밖에 없다. 그러면 '뜻'이 또 다른 '뜻'을 만나 색다른 '뜻'의 세계로 들어가 '뜻 밖'의 아이디어로 변신하게 될 것이다.

Idea

智

참된 지혜를 완성하는 **마지막 관문**

17

4차 산업혁명은
사고혁명이다

4차 산업혁명이 다가오면서 사물도 지능을 갖게 되고 인공지능으로 무장한 로봇이 인간은 수십 년에 걸쳐 학습한 지식을 하루도 안 돼서 학습하고 한 번 배운 지식은 잊어버리지도 않는다. 이제 정보를 넘어 지식을 학습하는 인간의 지능을 위협하는 기계 학습Machine Learning이 보편화되고 있다. 기계적으로 반복하면 기계에 당한다. 문제는 불편한 수고와 힘든 노력을 해서 배워야 하는 과정을 기계가 대신해줌으로써 학습을 통해 뇌 기능을 발전시킬 기회조차 상실하고 있다는 점이다. "인간은 반복을 통해 학습하게 되는데, 이

것을 기계가 대신해버리면 기계가 오용되는 일이 생긴다. 기계가 똑똑해질수록 반복과 지도, 실습으로 익히는 학습행위로부터 인간의 정신적 이해가 단절될 수 있다. 바로 이때 인간의 개념적 사고력에 장애가 생긴다."[28] 《장인》이라는 책을 쓴 리처드 세넷의 말이다. 고통스러운 노력으로 문제를 해결하는 과정에서 인간의 사고력은 발달한다. 그런데 기계가 이런 인간의 사고력을 활용할 기회를 빼앗으면서 문제가 생기기 시작한다. 색다른 사고는 뜻밖의 사고事故가 일어나서 정상적인 방법으로 해결되지 않는다는 판단이 설 때 생긴다. 정상적인 상황에서 뇌는 정상적인 방법으로 작동한다. 정상적인 방법으로 머리를 써서는 안 되는 비정상적인 상황이나 예기치 못한 상황에 직면하면 뇌는 이전과 다른 방법으로 생각하기 시작한다.

내 능력은 무언가를 이전과 다르게 시작하면 신장한다. 내가 할수 있는 능력의 범위와 수준을 넘어서는 도전을 해야만 한다. 힘든상황에 부닥쳐 힘들어 봐야 없었던 힘을 쓰면서 성장하기 시작한다. 내가 할 수 있는 수준에서 비슷한 일을 반복해서는 능력이 신장하지 않는다. 능력을 넘어서는 일을 시작할 때 능력 너머의 세계에 도달할 수 있다. 새로운 가능성은 능력을 능가하는 일에 도전할때 비로소 열리기 시작한다. 문제는 능력을 넘어서는 새로운 도전은 물론 기존의 능력을 활용할 기회를 기계가 대체함으로써 기존 능력조차도 퇴화하기 시작한다는 데에 있다. "냉장고 문이 열리는 순간, 인류가 오랜 시간 축적해온 귀중한 앎이 닫힌다."《사람의 부엌》을 쓴 디자이너 류지현의 말이다. 냉장고라는 가전제품이 생기기 전에는 인간은 자신이 할 수 있는 최대한의 능력을 발휘하여 음식을 썩지 않게 보관하는 방법을 연구하고 궁리하면서 새로운 음식 보관 방법을 개발해왔다. 어느 순간 냉장고가 개발되면서 사람들은 그동안 힘들게 노력하면서 개발한 음식 보관 노하우를 더 이상 개발하지 않고 어떤 음식이든 무조건 냉장고에 집어넣으면 안전하게 보관된다는 생각을 하게 되었다. 인간이 음식 보관 노하우를 개발하는 노력을 포기하면서 냉장고가 고장 났거나 아예 쓸 수 없는 예측불허의 상황이 발생하면 속수무책의 상황으로 내몰리게 된다.

"자동화 시스템이 진보할수록 능력을 개발할 동기는 떨어지며, 예외적인 상황에 맞닥뜨릴 확률은 높아진다."[29]《메시》라는 책을 쓰는 하포드의 말이다. 자동화가 진전될수록 굳이 내가 힘들여 노력하지 않아도 기계가 불편함을 해소해주면서 힘들게 능력을 개발할 필요성을 느끼지 못하는 상황이 된다. 문제는 사전에 설계된 알고리즘대로 기계가 자동으로 움직이다가 생각지도 못한 뜻밖의 상황이 발생해서 기계적으로 해결할 수 없는 상황이 발생했을 때 일어난다. "사람들이 알고리즘에 의존할수록 판단력은 점점 떨어지며, 이는 결국 알고리즘에 더욱 의존하게 만든다. 이러한 과정은 악순환 고리를 만든다. 알고리즘에 의사결정을 맡길수록, 사람들은 수동적으로 행동하며 비판적인 의심도 점점 하지 않게 된다." 인지 심리학자 게리 클라인의 말이다. 빅데이터가 축적되어 개인의 선호도나 취향은 물론 의중까지도 읽어내는 시대에 데이터 너머의 세계를 읽어내는 혜안과 알고리즘대로 움직이지 않는 예외적인 상황에 대처하는 현명한 지혜를 개발하는 사고의 혁명이 절실한 시점이다.

4차 산업혁명은 사람과 사람은 물론 사물과 사물을 연결하는 초연결성 시대이자 사물이나 기계가 사람의 지능을 능가하는 초지능성을 지니면서 스스로 통제하고 조정하는 자동화혁명 시대다. 나아가 방대한 데이터를 축적해서 미래 현상도 예측하는 전대미문의 세상이 펼쳐지는 시대다. 이런 시대일수록 초연결 시대를 주도하는 협업과 융합 능력을 개발하고 사물지능을 능가하는 지성과 지혜를 갖추며, 예측불허 상황에서 비상사태가 발생했을 때 대처할 수 있는 창의적 문제해결력을 갖춰야한다. 이런 지성과 지혜, 협업과 융합 능력, 그리고 창의적 문제해결력은 사고혁명이 일어나지 않고서는 생기지 않는 인간 고유의 능력이다. 4차 산업혁명이 기술혁명을 넘어서 사람을 위한 혁명으로 이어지기 위해서는 사고혁명이 동반해야 한다. 사고혁명은 기계적으로 학습해서 생기지 않는다. 오히려 사고혁명은 기계가 할 수 없거나 기계가 하지 않는 방식으로 사고할 때 비로소 생기는 4차 산업혁명의 원동력이다. 4차 산업혁명에서 강조하는 사고혁명은 관계없는 것을 관계있는 것으로 연결하거나 연결된 관계에 새로운 의미를 부여하는 사유의 혁명이다. 이런 사유의 혁명은 비유의 혁명에서 비롯된다.

비유는 다른 말로 메타포metaphor라고 한다. 메타포는 은유법이다. 겉으로 보기에는 닮은 점이 없는데 자세히 관찰하면서 닮은 점을 찾아내는 사유법이다. 스티브 잡스도 창의성이란 관계없는 사물을 연결하는 것이다Creativity is just connecting things라고 하지 않았던가. 여기서 'things'는 한 사람이 겪은 직간접적 경험의 총합을 말한다. 다시 말하면 창의성 데이터베이스에 들어있는 재료들이다. 창의성은 결국 연결할 재료가 풍부한 사람이 닮은 점을 찾아내 이전과 다르게 연결하며 발현하는 아이디어 연상 능력이다. 4차 산업혁명은 사람과 사람은 물론 사람과 사물, 사물과 사물이 지능을 갖고 연결되는 초연결성의 사회다. 이제 연결을 지배하는 사람이 세상을 지배하는 연결지배성의 사회[29]다. 4차 산업혁명에서 강조하는 '연결'은 단순한 '물리적 연결'이 아니라 닮지 않은 것에서 닮은 점을 찾아 연결하는 '은유적 연결Metaphoric Connection'이다. 예를 들면 '공부는 망치다'[30]라는 메타포에서 공부와 망치는 겉으로 보기에는 닮지 않았는데 자세히 관찰해보면 망치도 무엇인가를 깨부수는 도구이지만 공부도 기존 고정관념이나 타성을 깨부수는 창조의 방법이다. 공부와 망치는 기존의 앎에 생채기를 내고 부단히 새로운 앎을 축적하는 창조적인 파괴의 도구다. 연결을 지배하는 경쟁력은 물리적 연결에서 오지 않고 비유적 연결을 통해 누구도 사유할 수 없는 새로운 연상을 시도하는 사고혁명에서 유래한다.

사고혁명은 책상에서만 일어나지 않는다. 남다른 생각이 잉태하기 위해서는 남다른 체험적 자극을 뇌리에 입력해야 한다. 자신이 직접 체험體하면서 역지사지易地思之가 되거나 물아일체物我一體의 느낌으로 타자의 아픔을 공감仁할 때 드는 생각이 나를 바꾸고 세상을 변화change시킬 수 있다. 체험해보지 않고서는 공감 능력이 생기지 않는다. 공감 없는 지식이나 지성은 지루하거나 지겨울 수 있다. 나아가 공감 없는 지식은 타자의 아픔을 치유하기는커녕 설상가상으로 더 악화시킬 수 있다. 따뜻한 가슴이 없는 차가운 머리로만 생각할 때 나오는 냉철한 지성이 세상을 차갑게 만든다. 단순 지식을 넘어 타자와의 관계와 공동체 속에서의 집단지성을 통해 발현하는 지혜가 소중하다. 소통과 공감, 연대와 창조를 통해 감동하고 행동으로 유도할 수 있는 지성과 지혜의 향연, 바로 체인지體仁智가 지향하는 입장이다. 지덕체智德體 자체보다 지덕체의 조화가 중요하고, 지덕체智德體의 순서를 바꿔서 체덕지體德智 순서대로 강조할 때 우리가 기대하는 바람직한 체인지change가 일어날 수 있다. 체험은 단어와의 연상 능력을 강화하고 연상 능력은 은유적 사유를 강화하는 핵심 능력이다. 결국 사고의 혁명은 몸體과 가슴心과 머리知가 분리되어 일어나는 관념적인 혁명이 아니라 몸으로 느끼고 머리로 생각하는 가운데 기존 지식을 뛰어넘는 직관과 통찰이 총체적으로 관여하는 지혜의 혁명이다.

세상을 다르게 보는 시선,
곡선

첫 문장과 마지막 문장을 잘 쓰는 게 좋은 글의 비결이라고 한다. 첫 문장으로 독자의 시선을 끌고 마지막 문장으로 화룡점정을 찍어 강인한 인상을 심어줄 때 쉽게 잊을 수 없는 글로 기억되는 경우가 많다. 첫 문장과 마지막 문장을 잘 쓴 대표적인 글 중의 하나가 바로 카를 마르크스와 프리드리히 엥겔스가 쓴 《공산당 선언》[31]이다. "하나의 유령이 지금 유럽을 배회하고 있다. 공산주의라는 유령이"라는 문장으로 시작해서 "공산주의 혁명에서 프롤레타리아가 잃을 것은 족쇄뿐이고 그들이 얻을 것은 전 세계이다. 전 세계 노동자들이여, 단결하라!"라는 구호로 끝을 맺는다. 한때 금서로 지정되었던 《공산당 선언》을 인용하는 이유가 궁금하지 않은가. 효율이나 능률복음을 전파하면서 모든 걸 빨리 처리하는 게 최고의 선善인 것처럼 주장해온 성급한 직선주의의 폐해를 《공산당 선언》에 비추어 재진술해보는 것도 재미있는 작업이 될 것이다. 목적지에 빨리 가려는 촉급한 직선에서 벗어나 삶을 다르게 볼 수 있는 시선, 곡선의 의미와 가치에 비추어 《공산당 선언》을 《곡선당 선언》으로 바꿔서 생각해보는 것은 어떨까.

"하나의 유령이 온 세상을 휘젓고 다니고 있다. 직선주의라는 유령이. 낡은 능률복음과 성과주의 유령을 척결하기 위해 고속으로 질주하며 지친 모든 직장동맹들과 신성불가침 계약을 체결했다. 곡선의 아름다움과 의미심장함을 주장하는 사람들에게 한물간 시대착오적 발상이라고 비난받지 않은 곡선당이 어디 있으며, 곡선이 직선으로 바뀌면서 인간은 불행해졌다고 주장하는 급진적인 곡선 예찬론자들에게 지나친 논리적 비약이라며 대책 없이 쏘아대는 비난의 화살을 맞아본 적이 없는 곡선당이 어디 있는가? 직선 패러다임에 젖어 아직도 속도전을 부르짖는 직선주의자들로 하여금 곡선주의 혁명 앞에 전율하게 하라! 곡선주의 혁명 앞에서 잃은 것은 직선으로 물들은 폐해뿐이요, 얻을 것은 곡선으로 다시 찾은 행복

뿐이다. 자기성장의 절대법칙, 곡선만이 우리 삶을 구원해줄 영원한 구세주이며, 낡은 패러다임을 대체하고 모두가 행복한 신문명을 창조할 유일한 대안은 곡선으로 승부하는 길임을 만천하에 선포한다. 온 세상의 곡선당원이여, 단결하여 곡선으로 승부하라!"

'속도' 보다 '밀도' 에서 행복을 느낀다

'속도' 는 남과의 경쟁이지만 '밀도' 는 자신과의 경쟁이다. 밀도는 삶의 매 순간 느끼는 행복감이다. '속도' 가 빨라지면 '각도' 가 줄어들어 삶을 다르게 볼 가능성도 줄어든다. 속도를 줄이고 밀도를 늘려야 평범한 일상에서도 행복을 만끽할 수 있다. 평범한 일상에서 행복을 느끼려면 곡선의 물음표를 던져 직선의 느낌표를 만나야 한다. 곡선의 '물음표' 를 사랑해야 직선의 '느낌표' 가 감동으로 다가온다. 곡선의 물음표가 어제와 다른 의미심장함을 품고 있어야 거기서 태어나는 느낌표의 감동도 다르다. 곡선의 물음표를 바꾸지 않고, 고속으로 목적지에 도달해서 직선의 느낌표를 만나려고 노력할수록 틀에 박힌 답만 만날 수 있을 뿐이다. 앞만 보고 질주하는 삶에서 잠시 걸음을 멈추고 질문을 던져 어디로 왜 달려가고 있는지를 생각해봐야 한다. 빨리 습득한 지식은 나만의 지혜로 체화하기 어렵다. 금방 써먹을 수 있는 '기법'은 쉽게 개발할 수 있지만 모든 실력의 기반이 되는 '기본'은 시간이 오래 걸린다. 손쉬운 '기법'에 물들지 말고 힘들지만 튼실한 '기본'에 충실해야 오래간다. 직선적 삶은 출발지에서 목적지로 빨리 가는 기법 개발에 몰두하지만 곡선적 삶은 출발지에서 목적지로 가는 모든 순간을 의미 있는 삶의 기본으로 생각한다. 매 순간이 영원히 잊을 수 없는 추억거리다. 곡선적 삶을 추구하는 사람은 빨리 목적지에 도달하기보다 목적지로 가는 여정에서 보다 많은 것을 보고 느끼는 삶이 우리가 지켜나가야 할 삶의 기본이라고 생각한다.

곡선의 물음표를 사랑하는 사람은 직유법보다 은유법을 사랑한다. 직선의 느낌표를 좋아하는 사람은 에둘러 말하는 은유 속에 담긴 사유의 깊이를 사색을 통해 알아내려는 노력보다 직설적으로 말하는 직유법을 통해 단도직입적으로 의미전달 하는 것을 선호한다. 은유법은 다양한 해석을 하게 한다. 동일한 은유적 표현이 다양한 해석을 담고 있어서 그만큼 창조적으로 오독誤讀 할 가능성도 커진다. 은유는 의미를 이해하는 과정에서 은근과 끈기를 강조한다. 한 번에 그 의미가 와 닿지 않을 수 있지만 한 번 이해되면 오래도록 그 속에 담긴 의미가 은은하게 지속할 수 있다. 직선은 명사처럼 결과를 중요하게 생각하지만 곡선은 동사처럼 과정을 중요하게 생각한다. 직유는 표현의 완결성을 강조하지만 은유는 표현의 미완성을 강조한다. 그래서 직유는 결과로서 완성된 의미를 담고 있는 명사를 강조하지만 은유는 과정으로서 부단히 되어가는 미완성의 역동성을 강조하는 동사를 선호한다. 직선적 직유는 전경에 적나라하게 드러나지만 곡선적 은유는 사연을 품고 보이지 않는 배경 속에 숨어있다. 누군가 다가와서 그 의미를 캐내고 밝혀내려고 노력하지 않는 이상, 은유는 베일 속에 가려져 있다. 그래서 직선적 직유는 자신을 적나라하게 드러내면서 폼 잡지만 곡선은 따뜻한 가슴으로 다양한 해석 가능성을 기다리며 그리움을 품고 있다. 폼 잡지 말고 품으면 인품이 달라지고 저절로 품격도 높아진다.

직선적 삶을 살아가는 사람에게 실패는 목적지로 가는 여정을 방해하는 걸림돌이다. 반면에 곡선적 삶을 추구하는 사람에게 실패는 자신을 냉철하게 반성해보고 색다른 실력을 쌓을 수 있는 절호의 찬스다. 실패가 없는 직선 인생은 실패한 인생이다. 어제와 다른 '실패'가 어제와 다른 '실력'을 쌓아주는 원동력이다. 문제가 되는 실패는 어제와 비슷한 실패를 반복하는 데 있다. 동일한 실패를 반복하지 말고 색다른 실패를 반복하는 사람이 어제와 다른 도전을 즐기면서 인생을 통해 많은 깨달음을 얻는 사람이다. 직선형 삶을 살아가는 사람에게 실패는 곧 그 일의 끝이다. 즉 'END'는 끝장이다. 반면에 곡선형 삶을 살아가는 사람에게

'END'는 끝이 아니라 또 다른 시작으로 이어지는 'AND'다. 모든 끝은 영원한 끝이 아니라 또 다른 끝으로 가는 시작일 뿐이다. 끄트머리라는 말도 끝에 머리, 즉 시작이 있다는 말이다. 모든 끝은 어제와 다른 시작을 알리는 출발점이다. 어제와 다른 끝을 맺으려면 끝에서 이전과 다르게 시작해야 한다. 곧 다가올 올해 끝, 연말年末에서 연초年初가 시작된다. 비록 올해가 생각만큼 만족스러운 한 해가 되지 못했어도 올해와 다른 내년을 꿈꿀 수 있는 연초가 다가오고 있지 않은가.

체·인·지

智

직선적 지식보다
곡선적 지혜가 중요하다

"직선은 인간이 만든 선이고, 곡선은 신이 만든 선이다." 스페인의 건축가 안토니 가우디의 말이다. 자연에도 직선은 없다. 본래 곡선이었던 자연을 인간이 직선으로 만들었을 뿐이다. 아날로그의 여유로운 곡선이 디지털의 빠른 직선으로 바뀌면서 변화의 속도는 상상을 초월할 정도다. 최근 4차 산업혁명의 물결이 밀려오면서 변화의 속도는 더욱 가파르게 빨라지고 있다. 4차 산업혁명의 핵심은 자동화와 융합화 그리고 연결화다. 인공지능이 발달하면서 자동화는 가속화되고 있고 개별적으로 발달한 다양한 정보기술이 기술적으로 융합하면서 생각지도 못한 혁신적 변화가 일상이 되는 게 바로 제4차 산업혁명이 몰고 오는 변화의 조짐이다. 인간이 만든 기술이 인간을 위협하는 시대, 인간은 과연 어떤 역할을 발휘할 것인지가 관심사다. 변화의 속도가 빨라질수록 속도에서 벗어나 삶을 바라보는 각도를 중요하게 생각해야 한다. 속도가 빨라질수록 다르게 볼 수 있는 각도는 좁아지기 때문이다. 변화의 속도에 떠내려가지 않기 위해서는 급속도로 돌아가는 변화의 수레바퀴에서 벗어나 이전과 다른 각도에서 질문을 던져야 한다. 직선으로 질주하는 속도를 멈추고 다르게 생각할 가능성은 물음표의 곡선에서 비롯된다. 우리가 던져야 할 곡선의 물음표 중 하나는, 과연 기술 발전과 성장의 속도에 맞춰 인간도 함께 성숙해질 수 있는가이다.

속도 속에 성숙이 들어갈 자리가 없다. 속도의 친구는 양적 성장이다. 속도를 내면 양적으로 축적할 수 있다. 속도는 각고의 노력을 거부한다. 속도의 본질은 더 많은 것을 획득하면서 더 빨리 목적지에 도달하는 데 있다. 하지만 지식의 양적 축적과 이를 근간으로 이루어지는 신속한 판단은 이제 인간보다 기계가 더 잘 할 수 있다. 방대한 빅데이터를 분석해서 복잡한 상황에서도 현명한 판단과 의사 결정을 내릴 수 있는 인공지능이 눈앞의 현실로 다가오고 있다. 이런 시기일수록 인간은 기계가 할 수 없는 고유한 능력을 개발하여 인간다움을 추구해야 한다. 그것이 인간의 아름다움을 빛내는 길이다. 인간의 아름다움은 성숙과 숙성에서 비롯되는 사람다움이다. 지금 우리에게 필요한 능력은 풍부한 지식보다 깊은 체험적 지혜다. 지식이 아무리 빠르게 양적으로 축적되고 공유되어도 체험적 깨달음이 가미되지 않으면 질적으로 성숙하지 않는다. 답이 없는 가운데 곡선의 물음표를 던져 궁리에 궁리를 거듭하면 전대미문의 경이로운 감동의 느낌표가 다가온다. 직선의 마음은 급하게 지식을 만들어내지만 곡선의 마음은 때를 기다리며 지혜를 잉태한다. 물음표가 느낌표로 바뀌려면 기다려야 한다. 기다려야 물음표가 던진 호기심과 궁금증이 다양한 시도와 모색을 통해 감동의 느낌표로 숙성되어 우리에게 다가온다. 이때 다가오는 감동의 느낌표가 바로 곡선적 지혜다.

세상의 지식이 나의 지혜로 숙성되는 길은 각고의 노력을 통과하는 수밖에 없다. 지식은 밖에서 오지만 지혜는 내면에서 숙성하여 생긴다. 세상은 풍부한 지식으로 뭔가를 설명하고 이해시키는 사람보다 자기만의 체험적 지혜로 공감대를 형성하고 감동시키는 사람이 이끈다. 지식은 직선적 논리의 산물이지만 지혜는 우회축적하면서 체득한 곡선적 시행착오의 산물이다. 빠르게 축적한 지식은 기계의 지능을 능가할 수 없다. 기계적 지능이 인간적 지능을 능가하려는 새로운 변혁기에 우리에게 더욱 필요한 것은 숱한 시

아직 알려지지 않은
지식을 창조하고 여기에 자신만의
독특한 체험적 깨달음이
다양한 사회적 관계 속에서
숙성될 때 비로소
비전을 품는 지혜가 탄생한다.

행착오와 우여곡절의 체험을 통해서 축적된 곡선적 지혜다. 지혜로 세상을 내다보는 혜안과 상상력은 지식으로 다져진 유식함을 능가한다. 직선으로 속성 재배한 지식은 생각지도 못한 예측 불허의 상황에서 속수무책이다. 지금 우리에게 곡선으로 숙성된 지혜, 촌철살인의 번뜩이는 통찰력과 복잡한 관계 속에서 패턴을 찾아 전체를 꿰뚫는 직관력이 필요한 시기다. 넘어져보지 않고 빠른 시간에 성공한 사람들은 풍부한 지식을 지니고 있지만 결정적인 순간에 딜레마를 탈출하거나 복잡한 문제를 순간적으로 해결할 수 있는 지혜는 부족하다. 똑똑한 전문가, 책상 지식으로 무장한 인재는 무수히 양산되고 있지만 체험적 지혜와 내공으로 무장한 진정한 전문가는 부족하다. "지식은 학교교육의 결과이지만 지혜는 평생을 통해 분투노력해서 얻은 체험적 깨달음이다." 아인슈타인의 말이다. 딜레마 상황에서 위기를 탈출하고 문제에 대한 해법을 제공하는 힘은 교육을 통해서 배운 직선적 지식이 아니라 시행착오의 체험으로 축적된 곡선적 지혜다.

직선으로 축적된 지식은 빠르고 쉽게 적용할 수 있는 비법을 낳지만 시행착오 끝에 탄생한 곡선적 지혜는 비전을 품게 만든다. 지혜가 지식에게 경고한다. 관념으로 신념을 무너뜨리려는 무모한 노력을 경계하며 앎으로 삶을 재단하지 않도록 조심하고, 재주나 기교가 덕을 넘어서지 않도록 경고하며 글이 삶을 포장하거나 희석하지 않도록 언제나 주의하라고. "인간은 지식을 습득하는 한 살아 있다. 지식을 습득하는 것은 스스로에게 반박하는 과정이다. 모든 사람을 사랑하려는 야망을 뛰어넘기 위한 준비 과정이자 대다수 사람과 충돌하는 문제다. 양립 가능성이 두 사람을 평온하게 만들 수 있지만, 양립 불가능성은 두 사람을 반짝이고 빛나게 만들어 줄 수 있다."[32]

낯선 마주침이 주는 삶의 지혜

체험으로 축적한 체인지體仁知는 이제 한 단계 더 업그레이드하여 복잡한 난기류를 설명하고 해석할 수 있는 삶의 지혜로 발전해야 한다. 그 어떤 지식과도 양립 불가능한 지혜다. 그래서 불편하지만 불쾌하지는 않다. 언제나 세상을 움직이는 지혜는 기존 지식과 불편한 만남과 충돌을 하며 창조된다. 반박할 필요성을 느끼지 못하고 동조할 때, 암묵적 합의를 전제로 타협할 때 체인지體仁恝는 창조되지 않고 기존 지식에 안주한다. 그 순간부터 다른 사람의 지식 속에 기생하며 식민지적 사유를 시작한다. 사고의 식민지에서 벗어나 나만의 독자적인 사유를 시작할 때다. 이제 나만의 체인지體仁知를 넘어 세상을 체인지change하는 체인지體仁恝로 발전할 수 있다.

"포장된 넓은 길을 수많은 사람들이 아우성치며 걸어 본들 무슨 재미가 있을까. 승차감 좋은 차를 몰면서 정해진 속도와 교통질서에 얽매여 달리는 것에 과연 무슨 의미가 있을까. 그런 길을 그런 방법으로 달려서 사내의 들끓는 피를 잠재울 수 있을까. 길은 도처에 있다. 아니, 도처가 길이다."[33] 마루야마 겐지의 《세계폭주》에 나오는 말이다. 고속도로를 빠르게 달린다고 숙성된 지식과 지혜가 저절로 나오지 않는다. 오히려 심금을 울리는 지식과 세상을 움직이는 지혜는 직선주로에서 나오지 않고 굽이굽이 돌아가는 우직지계迂直之計에서 나온다. 정해진 길, 이미 누군가가 걸어간 길을 따라가는 모범생에게 지식은 기존 지식이며 내가 체험적으로 깨달은 산물이 아니다. 모범생에게 지식은 기억하고 암기해야 할 대상이다. 하지만 정해진 길을 가지 않고 남들이 걸어간 길보다 내 몸이 욕망하는 길을 따라가는 모험생에게 지식은 미지味知다. 아직 알려지지 않은 지식을 창조하고 여기에 자신만의 독특한 체험적 깨달음이 다양한 사회적 관계 속에서 숙성될 때 비로소 비전을 품는 지혜가 탄생한다. "모험이 부족한 사람은 좋은 어른이 될 수 없다." 일본철도 광고 카피 중의 하나다. 그 어떤 지식과도 비교할 수 없는 나만의 독창적인 체인지體仁知는 남의 길을 뒤따라서는 만들 수 없다. 내가 가는 길이 곧 길이고 그 길 위에서 온몸으로 사투를 벌이며 체화시킨 지식이 바로 체인지體仁智다.

이런 체인지體仁智를 개발하기 위해서는 습관과 관성, 타성과 고정관념의 틀을 벗어나야 한다. 익숙함이 주는 편안함에서 벗어나 낯선 마주침이 주는 불편함과 맞서 싸워야 한다. "포기가 습관이 된다고? 습관이야말로 포기다. 내일 할 일이 오늘 할 일과 다를 바 없다는 것, 다음 걸음이 이번 걸음과 다르지 않으리라는 것, 다음 걸음에 대해 생각 안 해도 된다는 것, 그게 포기다."[34] 습관과 관습, 타성과 관성대로 살아가는 삶, 그게 포기다. 색다름을 시도하지 않고 익숙한 삶에 안주하는 삶이 포기한 삶이라는 것이다. 어제와 다른 체인지體仁智로 나를 바꾸고 세상을 바꾸기 위해서는 반복되는 일상적 삶을 뒤집는 반전과 전복이 필요하다. "일상적 삶은 '느낌'에서 '사실'로, '위험'에서 '안전'으로의 끊임없는 이행이다. 예술이 진정한 삶을 복원하기 위한 시도라면, 예술은 일상적 삶과는 반대 방향으로 진행할 것이다. 즉 사실에서 느낌으로, 안전에서 위험으로"[35] 느낌이 왔을 때 안전지대를 벗어나 위험함을 무릅쓰고 모험을 해본 체험만이 내 삶을 지켜줄 가장 안전한 보험이다. 문제는 이런 체험적 지혜를 모두 언어로 표현할 수 없다는 점이다. 언어로 표현하는 순간 내가 체험한 당시의 느낌이 살아나지 않는 경우가 많다. 몸은 알고 있지만 언어로 표현되지 않은 앎이 나를 나답게 만들어가는 진실한 앎이기도 하다. "그림은 몰입 끝에 오는 오르가슴이다. 나의 오르가슴은 너에게 전달하기 불가능하다. 그 뼈와 살을 저미는 관능의 축제를 무슨 수로 설명하고 무슨 수로 맛보게 하랴."[36] 서석원의 그림을 감상한 손철주 미술평론가의 《꽃 피는 삶에 홀리다》에 나오는 말이다.

에
필
로
그

EPILOGUE

체인지體仁智로 나만의
지혜를 창조하라

한때는 세상 물정을 모르는 '철부지'로 지내거나 '청바지' 입고 '오렌지'족으로 살며 폼 잡으며 아무런 목적 없이 행패만 부리는 '떨거지'로 살기도 하다 인생의 의미를 모르고 '아버지'에게 반항하다가 사정없이 두들겨 맞기도 했다. '옷가지'를 제대로 챙겨 입지도 않고 '반바지' 차림으로 고삐 풀린 '송아지'나 '망아지'처럼 '갖가지' 말과 행동으로 '싸가지' 없게 떠벌였던 시절이 있었다. 일정한 '거주지'나 '주거지'도 없고 전국의 '도읍지'나 '도심지'를 돌아다니며 방황한 적이 있었다. 나의 '소재지' 파악을 하려고 경찰이 출동했지만 '시가지'나 '주택지' 또는 '휴양지'나 '유원지'를 가릴 것 없이 신출귀몰하기 때문에 나를 찾아내기는 쉽지 않았다. 봄에는 '등산지'를 찾아 산에 오르는 운동을 즐기기도 하고 전략적 '요충지'나 '격전지'에 들러 그 옛날의 총성을 들어보기도 했다. 새로운 문명의 꽃이 피었던 '진원지'나 전쟁 중에도 한곳에 모여 작전을 구상했던 '집결지' 그리고 주민들의 주요 '피난지'를 돌며 당시의 아픔을 느껴보기도 했고 전국의 주요 농산물이

나오는 '원산지'나 '주산지' 그리고 '발생지'나 '명산지'를 찾아 지역적 특산물과 지방의 고유한 문화적 특성을 알아보기도 했다. 한강이나 낙동강의 '발원지'나 '수원지'는 어디인지 새로운 사상적 꽃이 피었던 '발상지'를 공부하며 역사를 통해 오늘을 되살려 보기도 했다.

여름에는 '허벅지'가 거의 드러나는 '핫바지'를 입고 전국의 '휴양지'나 '피서지' 그리고 이름난 '유원지'를 돌아다녔다. 비가 그치고 햇살이 하늘을 찌르는 한여름에는 '경작지'나 '농경지'를 돌며 성하盛夏의 여름을 이겨내는 농작물의 작황을 둘러보고, 잠시 휴가를 내서 '고랭지' 채소나 '목초지'에서 노니는 소나 염소를 보고 '구릉지'에 가서 사색의 시간을 보내기도 했다. 가을에는 '고적지'나 '유적지' 또는 '명승지'와 같은 '여행지'를 찾아다니며 방황을 거듭하다 수많은 '경유지'를 지나 '근거지'나 '본거지' 없이 '목적지'를 찾아 헤매기도 했다. 때로는 '바가지' 요금을 덮어 씌우는 '버러지' 같은 족속들도 만났지만 '해코지'를 당하지 않은 것이 천만다행이었다. 겨울에는 주로 '유배지'나 '귀양지'를 찾아다니며 옛 성현들의 고독함을 '역지사지' 입장에서 느껴보기도 하고 '저수지'나 '급수지'에서 물먹지 말고 물처럼 살자는 다짐을 하기도 했다. 지도를 바꿔놓은 '개간지'나 '매립지', '간척지'나 '간석지'를 보며 작은 실천의 진지한 반복이 만들어내는 위대한 인간의 노력에 경이로움을 금치 못하는 경우도 있었다. 과거에는 '황무지荒蕪地'나 '불모지不毛地'였지만 그리고 누구에게도 알려지지 않은 '미개지未開地'였지만 지금은 수많은 생명체가 살아가는 '서식지'가 된 사연과 다양한 생명체의 '출생지'나 '번식지'가 된 배경도 알아보았다. '황무지'나 '불모지'가 지금은 동식물이 살아가는 '중심지'가 되었고 어느 날 '별천지'로 다가와 자연의 경이로운 기적을 알게 해주는 '메시지'를 던져주고 있다. 겨울 바다에 들러 '기항지寄港地'나 '기착지寄着地'가 담고 있는 적막함과 고요함이 무엇을 의미하는지 반추해보기도 했다.

지식은 '쌍심지'를 켜고 '근원지'나 '연고지'를 추적하며 사투 끝에 창조되는 '노다지'나 '판타지'일 수 있다. 지식은 저마다의 '행선지'를 따라 일정한 영역에 머물러 있는 '근무지'나 거기서 자라는 '재배지'나 '생산지'에서 저마다의 새로운 지식이 부단히 창조되기도 한다. 때로는 수많은 '후보지'가 각축전을 벌이다 마침내 '개최지'로 결정되면서 새로운 '도착지'가 완성되기도 한다. 지식은 한 개인이 독점하고 활용하는 '사유지私有知'나 '소유지所有知'가 아니라 널리 알리고 함께 나누는 '공유지共有知'다. 지식은 '기관지'나 '일간지' 또는 '주간지', '월간지'나 '전문지'에 그냥 실려 있지 않다. 지식은 그런 잡지에 실려 있는 정보를 내가 몸소 체험하면서 깨닫는 통찰력이 가미될 때 비로소 탄생된다. 어떤 지식은 수많은 사람을 대상으로 '설문지'를 통해 조사한 결과 탄생하기도 하고, 밤잠을 설치며 쓴 '원고지'에서 마감이 임박하여 영감이 떠오르면서 창조되기도 한다. 심금을 울리는 대부분의 지식은 '막바지'에 고군분투하다 마지막 '페이지'에서 화룡점정으로 불현듯 나타나기도 한다. 어떤 지식은 주어진 '시험지'와 씨름하다 쓴 '답안지'에 들어있기도 하고 '질문지'나 '메모지'와 '편지지'에 잠들어 있다가 우연히 발견되기도 한다.

지식은 '학습지'나 '소식지'에서 몰래 숨을 죽이고 잠을 자기도 하고, '문예지'나 '학술지'에서 뜻밖의 경이로운 지식의 광맥이 발견되기도 한다. 고민을 거듭하다 어느 순간 지식은 '겉표지'나 '속표지'에 잠자고 있는 경우도 있고, 수많은 시행착오 끝에 '교정지'에서 발견되는 경우도 있다. 지식은 '무크지'나 '정보지' 또는 '종합지'에 숨어 있는 경우도 있고, '실습지'에서 우여곡절 끝에 탄생하기도 한다. 지식에는 '꼬랑지'나 '꼬라지'처럼 꼴불견인 지식과 '코딱지' 같이 보잘것없는 지식, 그리고 '뚱딴지' 같은 허무맹랑한 지식과 거짓으로 포장된 위장된 말을 하다가 '알거지'로 전락하는 지식도 있다. '보이지' 않는 부문을 분명하게 밝혀주는 '투명지'가 있는가 하면 '여러 가지' 지식을 분석해보면 '마찬가지'인 '한 가지' 지식으로 분류되는 지식도 있다. '건전지'처럼 '에너지'를 주는 지식도 있고 '이미지'로 상상력을 불러

일으키는 지식도 있다. '마사지' 처럼 굳어진 생각 근육을 풀어주는 지식도 있다.

'소시지' 나 '꿀단지' 는 '멧돼지' 나 '통돼지' 처럼 맛있는 지식도 있고 '꽃가지' 나 '꽃다지' 또는 '도라지' 처럼 아름다운 지식도 있다. '금배지' 나 '금반지' 또는 '금박지' 처럼 화려한 지식도 있고 '흙먼지' 처럼 더러운 지식도 있다. '떼거지' 나 '패키지' 처럼 집단으로 몰려다니는 지식도 있고, '널빤지' 처럼 정체를 알 수 없는 지식도 있다. '게딱지' 나 '등딱지', '골판지' 나 '장판지' 처럼 딱딱한 지식도 있고, '스펀지' 나 '건덕지' 처럼 부드러운 지식도 있다. '급정지' 처럼 빠른 속도로 멈추면서 생명력을 잃는 지식도 있고, '엘피지' 처럼 폭발하는 지식도 있으며 '솥단지' 처럼 뜨거운 지식도 있다. '솜바지' 나 '면바지' 또는 '라운지' 처럼 푹신푹신한 지식도 있고 '콩깍지' 까는 것처럼 엉뚱한 지식도 있으며, '침팬지' 처럼 웃기는 지식도 있다. '투표지' 처럼 판단을 요구하는 지식도 있고 '십이지' 처럼 12가지 동물의 형상이 들어있는 지식도 있다. '약봉지' 처럼 아픈 사람을 치료할 수 있는 지식도 있고, '젖꼭지' 처럼 배고픈 사람에게 허기를 달래는 지식도 있다. '달구지' 처럼 요란한 지식도 있고 '뒤꼭지' 처럼 숨죽이고 조용히 숨어 있는 지식도 있다. '장딴지' 처럼 뚝심이 스며들어 있는 지식도 있고 '나머지' 처럼 끝까지 남아서 남을 위해 '이바지' 하는 지식도 있다. '솔가지'처럼 삭풍을 이겨내고 은은한 향기를 전해주는 지식도 있고, '잔가지'처럼 바람에 흔들리며 미묘한 감동을 전해주는 지식도 있다. '속바지'처럼 꼭꼭 숨어서 자신의 정체를 드러내지 않는 지식도 있고 '손깍지'처럼 다양한 지식이 어울려 튼튼한 믿음을 주는 지식도 있다.

이런 지식의 향연은 언제 '그칠지' 아무도 모르며, 색다른 도전 체험을 하면서 인생의 기념비적인 '기념지'가 언제 나올지 그 누구도 모른다. 지식은 '신문지'나 '포장지', '마분지'나 '습자지', '화선지'나 '오선지', '도화지'나 '인화지', '문풍지'나 '창호지', '도배지'나 '화장지'에서 저절로 창조되지 않는다. 지식은 내버려 두었던 '우거지'나 딱딱한 '누룽지'를 '설거지'하다가도 탄생된다. 지식은 별로 중요하지 않다고 생각했던 '곁가지'나 짜장면과 함께 '단무지'를 먹으면서도 불현듯 창조되기도 한다. 지식은 어두운 땅속을 헤매다 '두더지'처럼 만날 수도 있고 원칙과 규율을 지키려고 애쓰는 가운데 '수호지'에서도 만날 수 있다. 지식은 외국에서 수입한 단순한 이론이나 '식민지'적 사고방식에서 탄생하지 않고 여기와 저기, 지금과 나중, 과거와 현재와 미래를 연결하는 '브리지'에서 탄생한다. 지식은 교만하고 자만에 빠져 거만하고 오만한 '모가지'에서 탄생되지 않고 오랫동안 숙성시켜 탄생하는 '묵은지'에서 창조된다. '묵은지'는 쉽게 말로 설명할 수 없는

'암묵지暗默知, Tacit knowledge'이지 쉽게 매뉴얼로 만들 수 있는 '형식지型式知, Explicit Knowledge'가 아니다. 경지에 오른 사람들이 보유하고 있는 지식은 다양한 '형식지'를 문제 상황에 직접 온몸을 던져 실험하고 모색하면서 체득되는 '암묵지'다. '도무지' 알 수 없지만 말로 설명할 수 없는 독창적인 칼라와 스타일이 보이는 나만의 고유한 지식을 넘어 세상을 바꿀 수 있는 지혜를 갖추고 있어야 불특정 다수가 지니고 있는 지식과 구분되는 '분별지'로 부각될 수 있다. 그렇다면 앞으로 체인지體仁智는 어떤 지혜를 중점적으로 창조하고 공유함으로서 나를 포함해 세상을 체인지change할 것인가?

체인지體仁智가 강조하는 첫 번째 지혜는 묵은지智다. 묵은지가 탄생하기 위해서는 일정 기간의 숙성시간이 필요한 것처럼 삶에 대한 깊은 통찰력과 혜안을 전해주는 지식이 되려면 다양한 정보를 체험적 적용으로 자기만의 통찰력이 추가되어야 한다. 빛의 속도로 정보에 접속한다고 그것이 모두 나의 지식으로 전환되지 않는다. 지식 생태계로 유입되는 다양한 정보는 일정 기간의 체험적 적용과 성찰 과정을 통해 저마다의 신념과 철학이 추가되어 색깔 있는 지식으로 거듭난다. 체인지體仁智는 이런 지혜를 창조하고 공유하는 과정을 촉진하는 지혜다. 우리가 일상에서 창조하는 거의 모든 지식은 쉽게 말로 다 할 수 없는 암묵지이자 개인의 신념과 철학이 반영된 인격적 지식이다. 이런 지식은 하루아침에 탄생하

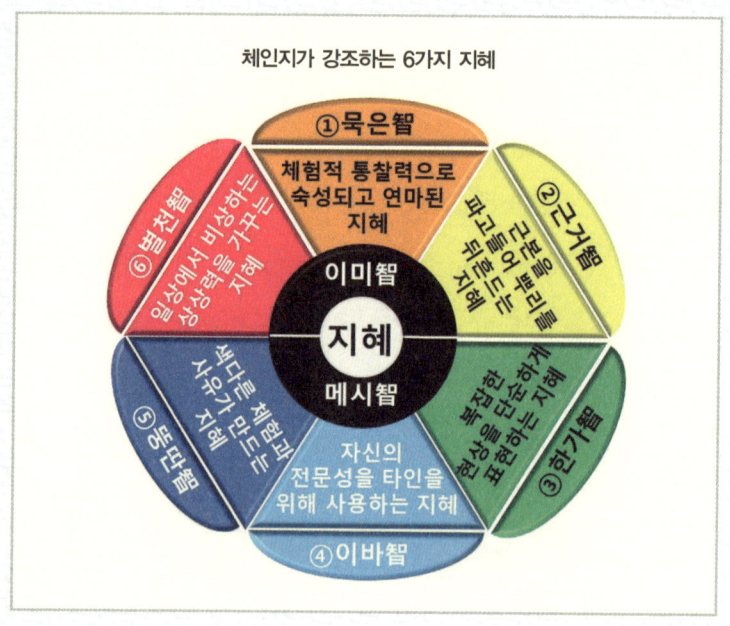

체인지가 강조하는 6가지 지혜

①묵은智
체험적 통찰력으로
숙성되고 연마된
지혜

②근거智
지식을 낳는
문제의식과
배경을 읽는 지혜

③한가智
적절한 타이밍에
적용할 수 있는
맥락을 읽는 지혜

④이바智
자신의
전문성을 타인을
위해 사용하는 지혜

⑤통찰智
색다른 체험과
사유가 만드는
지혜

⑥변전智
낯선 상상력과
이질적인 것을
부단하는 지혜

이미智 지혜 메시智

지 않는다. 시행착오와 우여곡절 끝에 깨달은 체험적 교훈이 지식으로 숙성되면서 지혜로 탄생한다. 묵은지知는 체험적 통찰력으로 숙성되고 연마된 지혜다.

체인지體仁智가 강조하는 두 번째 지혜는 근거지智다. 모든 지식은 태생적 배경과 사연을 담고 있다. 동일한 지식이라고 할지라도 언제 어디서 누가 어떤 문제의식을 근간으로 창조했는지, 그리고 그런 지식이 어떤 상황적 맥락에서 적용되고 논의되는지에 따라 전혀 다른 의미로 다가온다. 모든 지식은 특정한 사회문화적 배경과 문제의식을 지니고 탄생한다. 체인지體仁智는 특정한 맥락에서 문제의식을 느끼고 태어난 구체적인 지식, 문제 상황의 고유한 맥락을 강조하는 독창적인 지식을 근간으로 탄생한다. 모든 지식에는 저마다의 사연과 배경이 담겨 있다. 달리 말하면 모든 지식은 자신을 탄생시킨 뿌리를 지니고 있다. 체인지體仁智가 강조하는 지혜는 뿌리를 갖고 태어나서 사용자의 문제의식과 적용 맥락에 따라 의미가 부여되고 새롭게 재탄생한다. 근거지智에는 근거 있는 배경과 사연이 담겨 있다. 근거지智는 근본을 파고들어 뿌리를 뒤흔드는 지혜다. 근거지가 창조되는 지식생태계는 시류에 흔들리지 않고 남과 비교하지 않고 오로지 자신의 색깔을 찾아가는 철학을 갖고 있다.

체인지體仁智가 강조하는 세 번째 지혜는 한가지智다. 모든 지식은 저마다의 문제의식과 탄생 배경, 그리고 지식 창조 주체의 사연을 담고 있다. 색깔이 다르고 스타일도 다르다. 체인지體仁智가 강조하는 지혜는 어떤 상황에서도 일반적으로 통용되는 절대 진리眞理라기보다 해당 지식생태계를 구성하는 공동체 멤버들이 공감하고 합의하는 일리一理에 대한 집단적 성찰의 결과다. 체인지體仁智는 실천 현장에서 숱한 고뇌와 좌절, 절망과 고통을 먹고 자란 인고의 산물, 임상적 지식에 상황적 맥락성과 인간적 고뇌 및 열정과 철학이 뒤섞여 숙성 끝에 탄생한 인고의 산물이다. 따라서 체인지體仁智

는 책상 논리로 만들어내는 공허한 관념적 지식을 넘어선다. 체인지體仁智는 저마다의 문제의식과 사연을 담고 있지만 한 가지 공통점은 집단적인 체험적 깨달음을 담고 있어서 공감대를 형성하고 공명共鳴을 유도하는 지혜다. 다양한 문제의식과 사연과 배경을 지니고 있는 여러 가지 지식이지만 다 마찬가지다. 나무에는 가지 여러 개가 있지만 모두 한 가지 뿌리와 줄기에서 뻗어 나온 것이다. 한가지智는 복잡한 현상을 단순하게 표현하는 다양한 지식이 숱한 시행착오를 겪으며 일관된 깨달음의 심지를 제공해주는 지혜다.

체인지體仁智가 강조하는 네 번째 지혜는 이바지智다. 생태계에서 살아가는 모든 생명체는 저마다의 개성을 뽐내며 살아가지만 서로가 서로에게 영향을 주고받으면서 살아가는 상호의존적 존재다. 체인지體仁智가 강조하는 지혜는 자신의 안위와 이해관계를 위해서 존재하는 지식이라기보다 다른 구성원들에게 도움을 제공하고 집단적 연대망과 공감대를 형성하는 지혜다. 공동체의 선을 위해 봉사하는 지식, 다른 사람의 아픔을 치유하기 위해 기꺼이 발 벗고 나서서 쓰이는 지식이 숙성하면서 태어나는 지혜다. 이바지할 수 없는, 이바지하지 않는 지혜는 무용 지식이나 다름없다. 다른 사람의 생존과 성장에 도움을 주는 지혜가 되려면 우선 자신의 위치에서 최선을 다해 꽃을 피우고 열매를 맺어야 한다. 모든 지식은 덕분에 창조된 사회적 합작품이다. 내가 가진 전문성도 수많은 사람 및 환경과의 사회적 상호작용을 통해서 창조된 사회적 합작품이다. 체인지體仁智가 강조하는 지혜는 소유하는 실체가 아니라 부단히 공유하면서 봉사하고 기여하는 흐름 속에서 일어나는 집단지성group intelligence의 결과다. 이바지智는 자신의 전문성을 기꺼이 남을 위해 사용하는 가운데 공동체 내부의 변화를 끌어내는 지혜다.

체인지體仁智가 강조하는 다섯 번째 지식은 뚱딴지智다. 누구나 살아가면서 뚱딴지같다고 핀잔을 받은 적이 있다. 뚱딴지는 두 가지 의미가 있다. 우선 완고하고 우둔하며 무뚝뚝한 사람을 놀림조로 이르는 말이다. 뚱딴지의 또 다른 의미는 행동이나 사고방식 따위가 너무 엉뚱한 사람을 놀림조로 이르는 말이다. 여기서는 두 번째 의미에 근거해서 엉뚱한 사고방식을 촉진하는 비정상적 지혜다. 딴생각은 딴짓에서 나온다. 딴짓을 하지 않으면 딴생각을 할 수 없고 딴생각을 하지 못하면 기존 고정관념이나 타성을 깨부수는 새로운 발상이 어렵다. 체인지體仁智는 기존 생태계에 교란이나 파란을 일으키는 뚱딴지같은 발상을 환영한다. 뚱딴지智는 색다른 체험과 사유가 만들어내는 지혜다. 뚱딴지가 탄생하려면 인식과 관심이 다른 사람과 자주 만나 대화를 하고 때로는 의도적으로 충돌도 해야 한다. 갈등과 반목 속에서 서로의 허점이 드러나고 모순을 찾아내며 합의에 이를 수 있는 대안을 모색하는 가운데 이전에는 생각지도 못했던 놀라운 지혜가 탄생한다. 뚱딴지는 발상의 전환을 촉진해 기존 지식생태계에 파란을 일으키는 지혜다.

체인지體仁智가 강조하는 여섯 번째 지식은 별천지智다. 별천지는 일상에서 찾을 수 없는 상상의 목적지가 아니라 누구나 마음만 먹으면 어제와 다른 방식으로 즐기고 의미를 찾을 수 있는 근무지다. 체인지體仁智는 일상에서 비상하는 상상력이 자라는 텃밭을 강조한다. 별천지는 지금 여기를 벗어나 전혀 다른 세계를 상상하는 판타지가 아니다. 오히려 별천지는 기정사실도 사실로 받아들이지 않고 원래 그런 세계와 물론 그렇다고 생각하는 당연함에 어제와 다른 물음표를 던져 새로운 가능성을 부단히 모색하는 무한한 가능성의 텃밭, 도화지智다. 도화지는 자신이 생각하는 대로 얼마든지 다른 가능성을 꿈꿀 수 있는 별천지다. 별 볼 일 없는 일상에서도 어제와 다르게 별다른 세계를 부단히 만들어가는 과정에서 별천지가 탄생한다. 별천지는 기정사실을 사실로 받아들이지 않고 이방인의 눈으로 세상을 바라보는 가운데 창조되는 지혜다. 뚱딴지가 기존 지식생태계에 색다른 발상을 촉진해 현실에 안주하려는 구성원들의 사유체계를 뒤흔드는 지혜라면 별천지는 지혜 창조 주체가 이상적으로 꿈꾸는 상상의 세계로 이끌어가는 지혜다. 뚱딴지가 딴짓과 딴생각의 결과라면 별천지는 꿈의 목적지를 구체적으로 그리며 상상하는 가운데 탄생한 구상의 산물이다.

체인지體仁智를 통해서 창조되고 공유되는 모든 지혜는 자기만의 문제의식으로 숙성묵은지시켜 그 어디에서도 찾을 수 없는 고유하면서 튼실한 뿌리(근거지)를 갖고 있다. 묵은지에 담긴 신념과 철학의 숙성이 어떤 세파에도 흔들리지 않는 근거지로 이어진다. 묵은지와 근거지는 이를 필요로 하는 모든 사람에게 발 벗고 나서서 봉사하며 '이바지'할 수 있는 지혜다. 나아가 지식생태계에서 창조되는 지혜는 상식과 고정관념에 의문을 던져 타성을 깨뜨리며 색다른 사유를 촉진하는 '뚱딴지'를 통해 그 누구도 경험해보지 못한 색다른 '별천지'에 이르게 한다는 독특한 이미지와 메시지를 지니고 있다. 뚱딴지가 엉뚱한 생각으로 색다른 발상을 촉진한다면 별천지를 통해 우리는 지금 여기서 가볼 수 없는 이상적인 세계를 꿈꿀 수 있다. 하나의 작품을 완성한 작가는 목숨을 걸고 아이를 출산한 여인과 같다. 자신이 아니면 쓸 수 없는 작품을 완성했다는 것, 이것은 결국 작가에게 삶의 완성일 수밖에 없다. 이제 그에게 죽음은 아무것도 아니라고 느껴진다. 마침내 작가는 죽음으로부터 구원받은 것이다. 그때가 바로 체인지體仁智로 자신의 작품을 출산한 때다. "어떤 이의 처절한 드라마 같은 인생을 마주하는 날에는 정수리까지 치고 올라간 긴장과 비애가 심장 밑으로 내려가지 않아 숨 쉬기가 힘들 때도 있었다."[37]이화경의 《사랑하고 쓰고 파괴하다》에 나오는 말이다. 체인지體仁智로 창작한 작품만이 정수리까지 올라간 긴장과 비애가 심장 밑으로 내려가지 않아 숨쉬기를 힘들게 만든다. 그리고 체인지體仁智로 쓴 글은 사유를 관통한 감각으로 가슴을 뛰게 만들고 머리까지 뒤흔든다. "사유를 건너뛴 감각은 가슴만 물들이지만 사유를 관통한 감각은 머리까지 흔든다."**38** 신형철의 《느낌의 공동체》에 나오는 말이다.

이제 체인지體仁智로 내가 살아가는 삶의 여정을 체인지change할 때가 왔다. 긴 여행을 끝에서 다시 다른 여행을 시작할 때다. 중국 작가 잔홍즈도 말하지 않았던가. "독서는 앉아서 하는 여행이고, 여행은 서서 하는 독서다." 이제 앉아서 하는 체인지體仁智 여행을 마치고 독자 여러분의 서서 하는 체인지體仁智 독서 여행을 떠날 시점이다. 앙드레 지드의 《지상의 양식》에 나오는 문장을 인용하면서 여러분의 체인지體仁智 여행을 떠나기를 촉구한다.

"이제 나의 책을 던져버려라. 너 스스로 해방시켜라. 나를 떠나라. 나의 책을 던져버려라. 거기에 만족하지 말라. 너의 진실이 어떤 다른 사람에 의하여 찾아진다고 믿지 말라. 그 점을 그 무엇보다도 부끄럽게 생각하라. 내가 너의 양식들을 찾아낸다 하더라도 너는 그걸 먹을 만큼 배고프지 않을 것이다. 내가 너의 침대를 마련한다 하더라도 너는 거기에서 잠잘 만큼 졸리지 않을 것이다. 내 책을 던져버려라. 이것을 인생과 대면하는 데서 있을 수 있는 수

많은 자세 중 하나에 불과하다는 것을 명심해라. 너 자신의 자세를 찾아라. 너 자신이 아닌 다른 사람도 할 수 있었을 것이라면 하지 말라. 너 자신이 아닌 다른 사람도 말할 수 있었을 것이라면 말하지 말고— 글로 쓸 수 있었을 것이라면 글로 쓰지 말라. 너 자신의 내면 이외의 그 어느 곳에도 있지 않은 것이라고 느껴지는 것에만 집착하고, 그리고 초조하게 혹은 참을성을 가지고 너 자신을 아! 존재들 중에서도 결코 다른 것으로 대치할 수 없는 존재로 창조하라."[39]

참고문헌

1 아리스토텔레스, 《니코마코스 윤리학》, 김재홍·강상진·이창우 옮김, 길, 2011.

2 배리 슈워츠·케니스 샤프, 《어떻게 일에서 만족을 얻는가》, 김선영 옮김, 웅진지식하우스, 2012.

3 팀 하포드, 《메시(Messy): 혼돈에서 탄생하는 극적인 결과》, 윤영삼 옮김, 위즈덤하우스, 2016, 82쪽.

4 위의 책, 87.

5 위의 책, 118–119쪽.

6 다사카 히로시, 《슈퍼제너럴리스트 – 지성을 연마하다》, 최연희 옮김, 싱긋, 2016.

7 신영복, 《냇물아 흘러흘러 어디로 가니 – 신영복 유고》, 돌베개, 2017, 65쪽.

8 시어도어 젤딘, 《인생의 발견: 우리 삶을 가치 있고 위대하게 만드는 28가지 질문》, 문희경 옮김, 어크로스, 2016, 174–175쪽.

9 리처드 라이트 외, 《천천히, 스미는 – 영미 작가들이 펼치는 산문의 향연》, 강경이·박지홍 엮음, 봄날의책, 2016, 203쪽.

10 요한 볼프강 폰 괴테, 《파우스트 1》, 정서웅 옮김, 민음사, 1999. 29–30쪽.

11 황현산, 《잘 표현된 불행 – 황현산 비평집》, 문예중앙, 2012, 43쪽.

12 위의 책.

13 박웅현 외, 《안녕 돈키호테》, 민음사, 2017, 176쪽.

14 앙드레 지드, 《지상의 양식》, 김화영 옮김, 민음사, 2007, 39쪽.

15 신형철, 《느낌의 공동체》, 문학동네, 2011, 363쪽.

16 강신주, 《강신주의 감정수업 – 스피노자와 함께 배우는 인간의 48가지 얼굴》, 민음사, 2013, 478쪽.

17 이성복, 《네 고통은 나뭇잎 하나 푸르게 하지 못한다》, 문학동네, 2001, 92쪽.

18 마스다 무네아키, 《지적자본론: 모든 사람이 디자이너가 되는 미래》, 이정환 옮김, 민음사, 2015.

19 아서 프랭크, 《몸의 증언 – 상처 입은 스토리텔러를 통해 생각하는 질병의 윤리학》, 최은경 옮김, 갈무리, 2013, 9쪽.

20 은유, 《싸울 때마다 투명해진다》, 서해문집, 2016, 24쪽.

21 은유, 《글쓰기의 최전선: '왜' 라고 묻고 '느낌' 이 쓰게 하라》, 메멘토, 2015, 55쪽.

22 이영광, 《나는 지구에 돈 벌러 오지 않았다》, 이불, 2015, 197쪽.

23 신영복, 《처음처럼: 신영복의 언약(개정신판)》, 돌베개, 2016, 페이지 쪽.

24 한승태, 《인간의 조건 인간의 조건: 꽃게잡이 배에서 돼지 농장까지, 대한민국 워킹 푸어 잔혹사》, 시대의창, 2013, 229쪽.

25 글렌 커츠, 《다시, 연습이다: 연습이 얼마나 중요한지를 재발견해야 하는 우리 모두를 위한 책》, 이경아 옮김, 뮤진트리, 2017, 15쪽.

26 신영복, 《담론 - 신영복의 마지막 강의》, 돌베개, 2015, 415쪽.

27 김훈, 《라면을 끓이며》, 문학동네, 2015, 175-176쪽.

28 리차드 세넷, 《장인: 현대문명이 잃어버린 생각하는 손》, 김홍식 옮김, 21세기북스, 2010.

28 팀 하포드, 《메시(Messy): 혼돈에서 탄생하는 극적인 결과》, 윤영삼 옮김, 위즈덤하우스, 2016, 82쪽.

29 조광수, 《연결지배성: 연결을 지배하는 자가 세상을 지배한다》, 클라우드나인, 2017.

30 유영만, 《공부는 망치다》, 나무생각, 2016.

31 카를 마르크스 · 프리드리히 엥겔스, 《공산당 선언: 세계 역사를 바꾼 위대한 선언(개정판)》, 권혁 옮김, 돋을새김, 2017.

32 시어도어 젤딘, 《인생의 발견: 우리 삶을 가치 있고 위대하게 만드는 28가지 질문》, 문희경 옮김, 어크로스, 2016, 162쪽.

33 마루야마 겐지, 《세계폭주》, 김난주 옮김, 바다출판사, 2017, 118쪽.

34 이영광, 《나는 지구에 돈 벌러 오지 않았다》, 이불, 2015, 76쪽.

35 이성복, 《네 고통은 나뭇잎 하나 푸르게 하지 못한다》, 문학동네, 2011, 92쪽.

36 손철주, 《꽃 피는 삶에 홀리다 - 손철주 에세이(개정신판)》, 오픈하우스, 2012, 282쪽.

37 이화경, 《사랑하고 쓰고 파괴하다》, 행성B(행성비), 2017, 6쪽.

38 신형철, 《느낌의 공동체》, 문학동네, 2011, 54쪽.

39 앙드레 지드, 《지상의 양식》, 김화영 옮김, 민음사, 2007, 202쪽.

'경계'를 넘어 '경지'에 이르는 지혜의 보물지도
체인지

초   판 1쇄 발행 2012년 11월 01일
개정판 1쇄 발행 2018년 01월 25일

지은이 | 유영만
펴낸이 | 홍경숙
펴낸곳 | 위너스북

경영총괄 | 안경찬
기획편집 | 임소연, 김효단

출판등록 | 2008년 5월 2일 제310-2008-20호
주   소 | 서울특별시 마포구 토정로 222, 202호(신수동, 한국출판콘텐츠센터)
주문전화 | 02-325-8901
팩   스 | 02-325-8902

표지 | 송윤형
본문 | 정현옥
종이 | 한솔PNS(주)
인쇄 | 영신문화사

값 16,000원

ISBN 978-89-94747-86-6 13320

위너스북에서는 출판을 원하시는 분, 좋은 출판 아이디어를 갖고 계신 분들의 문의를 기다리고 있습니다.
winnersbook@naver.com | Tel 02)325-8901